Moses Mendelssohn

Abhandlung von der Unkörperlichkeit der Menschlichen Seele

Moses Mendelssohn

Abhandlung von der Unkörperlichkeit der Menschlichen Seele

ISBN/EAN: 9783742875778

Hergestellt in Europa, USA, Kanada, Australien, Japan

Cover: Foto ©ninafisch / pixelio.de

Manufactured and distributed by brebook publishing software
(www.brebook.com)

Moses Mendelssohn

Abhandlung von der Unkörperlichkeit der Menschlichen Seele

Vorrede.

Folgende Gespräche des Sokrates mit seinen Freunden, über die Unsterblichkeit der Seele, sollten meinem Freunde Abbt gewiedmet werden. Er war es, der mich aufgemuntert hatte, diese vor einigen Jahren angefangene und weggelegte Arbeit wieder vorzunehmen. Als er noch zu Rinteln Professor war, gab er mir, in einem von seinen freundschaftlichen Briefen, seine Gedanken über Spaldings Bestimmung des Menschen zu erkennen. Aus unserm Briefwechsel über diese Materie sind die kleinen Aufsätze genommen, die in dem neunzehnten Theil der Litteraturbriefe, unter dem Titel: Zweifel und Orakul, die Bestimmung des Menschen betreffend, vorkommen. Ich hatte das Vergnügen, über einige der wichtigsten Punkte meines Freundes Einstimmung zu erhalten, ob ich ihm gleich nicht in allen Genüge leisten konnte. Mit der Offenherzigkeit eines wahren Freun-

des

des goß er die geheimsten Empfindungen seiner Seele, sein ganzes Herz in meinen Busen aus. Seine philosophischen Betrachtungen erhielten durch die sanften Empfindungen des guten Herzens einen eignen
Schwung, ein reges Feuer, wodurch sie die
Liebe zur Wahrheit in der kältesten Brust
würden entzündet haben; und seine Zweifel
selbst unterließen niemals neue Aussichten zu
entdecken, und die Wahrheit von einer noch
unbemerkten Seite zu zeigen. Unserer Abrede
gemäß, sollte ich folgende Gespräche ausar-
beiten, und darinn die vornehmsten Lehrsätze,
worinn wir übereinkamen, auseinanderse-
tzen; und diese sollten in der Folge zur Grundlage unsers Briefwechsels dienen.

Allein es hat der Vorsehung gefallen, dieses aufblühende Genie vor der Zeit der Erde
zu entziehen. Kurz und rühmlich war die
Laufbahn, die er hienieden vollendet hat.
Sein Werk vom Verdienste wird den
Deutschen ein unvergeßliches Denkmaal seiner

ner eigenen Verdienste bleiben: mit seinen Jahren verglichen, verdienet dieses Werk die Bewunderung der Nachkommenschaft. Was für Früchte konnte man nicht von einem Baume hoffen, dessen Blüthe so vortreflich war? Er hatte noch andere Werke unter der Feder, die an Vollkommenheit, wie er an Erfahrenheit und Kräften des Geistes, zugenommen haben würden. Alle diese schönen Hoffnungen sind dahin! Deutschland verliert an ihm einen treflichen Schriftsteller, die Menschlichkeit einen liebreichen Weisen, dessen Gefühl so edel, als sein Verstand aufgeheitert war; seine Freunde den zärtlichsten Freund, und ich einen Gefährten auf dem Wege zur Wahrheit, der mich vor Fehltritten warnete. —

Nach dem Beyspiel des Plato habe ich den Sokrates in seinen letzten Stunden die Gründe für die Unsterblichkeit der menschlichen Seele seinen Schülern vortragen lassen. Das Gespräch des griechischen Schrift-

stellers,

stellers, das den Namen Phädon führet, hat eine Menge ungemeiner Schönheiten, die, zum Besten der Lehre von der Unsterblichkeit, genützt zu werden verdienten. Ich habe mir die Einkleidung, Anordnung, und Beredtsamkeit desselben zu Nutze gemacht, und nur die metaphysischen Beweisthümer nach dem Geschmacke unserer Zeiten einzurichten gesucht. In dem ersten Gespräche konnte ich mich etwas näher an mein Muster halten. Verschiedene Beweisgründe desselben schienen nur einer geringen Veränderung des Zuschnittes, und andere einer Entwickelung aus ihren ersten Gründen zu bedürfen, um die Ueberzeugungskraft zu erlangen, die ein neuerer Leser in dem Gespräche des Plato vermisset. Die lange und heftige Deklamation wider den menschlichen Körper und seine Bedürfnisse*), die Plato mehr in dem Geiste des Pythagoras, als seines Lehrers geschrieben zu haben scheinet, mußte, nach unsern

bessern

*) S. 51. u. f.

bessern Begriffen von dem Werthe dieses
göttlichen Geschöpfes, sehr gemildert werden; und dennoch wird sie den Ohren manches jetzigen Lesers fremde klingen. Ich gestehe es, daß ich bloß der siegenden Beredtsamkeit des Plato zu gefallen, diese Stelle bey-
behalten habe.   .

In der Folge sahe ich mich schon genöthiget, meinen Führer zu verlassen. Seine Beweise für die Immaterialität der Seele scheinen, uns wenigstens, so seichte und grillen-
haft, daß sie kaum eine ernsthafte Widerlegung verdienen. Ob dieses von unserer bessern Einsicht in die Weltweisheit, oder von
unserer schlechten Einsicht in die philosophische Sprache der Alten herrühret, vermag
ich nicht zu entscheiden. Ich habe in dem
zweyten Gespräche einen Beweis für die
Immaterialität der Seele gewählet, den die
Schüler des Plato gegeben, und einige neuere Weltweisen von ihnen angenommen. Er
schien mir nicht nur überzeugend, sondern

* 4   auch)

auch am bequemsten, nach der Sokratischen
Methode vorgetragen zu werden.

In dem dritten Gespräche mußte ich
völlig zu den Neuern meine Zuflucht nehmen,
und meinen Sokrates fast wie einen Weltweisen aus dem siebenzehnten oder achtzehn-
ten Jahrhunderte sprechen lassen. Meine
Absicht war nicht, die Gründe anzuzeigen,
die der griechische Weltweise zu seiner Zeit
gehabt, die Unsterblichkeit der Seele zu glauben; sondern was ein Mann, wie Sokrates, der seinen Glauben gern auf Vernunft
gründet, in unsern Tagen, nach den Bemühungen so vieler großen Köpfe, für Gründe
finden würde, seine Seele für unsterblich zu
halten.

Auf solche Weise ist folgendes Mittelding
zwischen einer Uebersetzung und eigenen Aus-
arbeitung entstanden. Ob ich auch etwas
Neues habe, oder nur das so oft gesagte anders vorbringe, mögen andere entscheiden.
Es ist schwer, in einer Materie, über welche

so

so viel große Köpfe nachgedacht haben, durch=
gehends neu zu seyn, und es ist lächerlich,
Neuheit affektiren zu wollen. Wenn ich hät=
te Schriftsteller anführen mögen, so wären
die Namen Plotinus, Cartes, Leibnitz,
Wolf, Baumgarten, Reimarus u. a. oft
vorgekommen. Vielleicht wäre dem Leser
auch alsdenn deutlicher in die Augen gefal=
len, was ich von dem Meinigen hinzugethan
habe. Allein dem bloßen Liebhaber ist es
einerley, ob er einen Beweisgrund diesem
oder jenem zu verdanken hat; und der Ge=
lehrte weiß das Mein und Dein in so wichti=
gen Materien doch wohl zu unterscheiden.
Ich bitte gleichwohl meine Leser, auf die
Gründe, die ich von der Harmonie der mora=
lischen Wahrheiten, und insbesondre *)
von dem System unserer Rechte und Oblie=
genheiten herhole, aufmerksam zu seyn. Ich
erinnere mich nicht, sie bey irgend einem
Schriftsteller gelesen zu haben, und sie
scheinen

*) S. 70. u. f.

scheinen mir für denjenigen, der in die Grundsätze einstimmet, vollkommen überzeugend
zu seyn. Die Art des Vortrags hat mich
genöthiget, sie als bloße Ueberredungsgrün-
de anzubringen: ich halte sie aber für fähig,
nach der Schärfe der strengsten Logik ausgeführet zu werden.

Den Charakter des Sokrates, habe ich
für dienlich erachtet, voraus zu schicken, um
bey meinen Lesern das Andenken des Weltweisen aufzufrischen, der in den Gesprächen
die Hauptperson ausmachet. *Coopers* Life
of Socrates*) hat mir dabey zum Leitfaden
gedienet; jedoch sind auch die Quellen zu
Rathe gezogen worden.

*) London 1750.

Leben

und

Charakter

des

Sokrates.

Sokrates, Sohn des Bildhauers Sophros niskus und der Hebamme Phänareta, der weiseste und tugendhafteste unter den Griechen, ward in dem vierten Jahre der sieben und siebzigsten Olympiade, zu Athen, in der alopecischen Zunft daselbst geboren. Der Vater hielt ihn in seiner Jugend zur Bildhauerkunst an, in welcher er es ziem lich weit gebracht haben muß, wenn die bekleideten Grazien, die auf der Mauer zu Athen hinter der Bildsäule der Minerva standen, wie verschiedene ver sichern, von seiner Arbeit gewesen. Zeiten, in wel chen ein Phidias, Zeuris und Myron lebten, kön nen keiner mittelmäßigen Arbeit eine so wichtige Stelle eingeräumt haben.

Etwa in seinem dreyßigsten Jahre, als sein Vater längst todt war; und er, ohne sonderliche Neigung, aber aus Noth, die Bildhauerkunst noch immer trieb, lernte ihn Krito, ein vornehmer Athenienser, ken nen, bemerkte seine erhabenen Talente, und urtheilte, daß er dem menschlichen Geschlechte durch sein Nach denken weit nützlicher werden könnte, als durch seine

Hand

Handarbeit. Er nahm ihn aus der Schule der Kunst, und brachte ihn zu den Weisen der damaligen Zeit, um ihm Schönheiten einer höhern Ordnung zur Betrachtung und Nachahmung vorhalten zu lassen. Lehret die Kunst, das Leben im Leblosen nachzuahmen, den Stein dem Menschen ähnlich zu machen; so suchet die Weisheit hingegen, das Unendliche im Endlichen nachzuahmen, die Seele des Menschen jener ursprünglichen Schönheit und Vollkommenheit so nahe zu bringen, als es in diesem Leben möglich ist. Sokrates genoß den Unterricht und den Umgang der berühmtesten Leute in allen Wissenschaften und Künsten, von welchen seine Schüler den Archelaus, Anaxagoras, Prodikus, Evenus, Isimachus, Theodorus und andere nennen.

Krito versahe ihn mit den Nothwendigkeiten des Lebens, und Sokrates legte sich anfangs mit vielem Fleiße auf die Naturlehre, die zur damaligen Zeit sehr im Schwange war. Er merkte aber gar bald, daß es Zeit sey, die Weisheit von Betrachtung der Natur auf die Betrachtung des Menschen zurückzuführen. Dieses ist der Weg, den die Weltweisheit allezeit nehmen sollte. Sie muß mit Untersuchung der äußerlichen

Gegen-

Gegenstände anfangen, aber bey jedem Schritte, den sie thut, einen Blick auf den Menschen zurückwerfen, auf dessen wahre Glückseligkeit alle ihre Bemühungen abzielen sollten. Wenn die Bewegung der Planeten, die Beschaffenheit der himmlischen Körper, die Natur der Elemente u. s. w. nicht wenigstens mittelbar einen Einfluß in unsre Glückseligkeit haben: so ist der Mensch gar nicht bestimmt, sie zu untersuchen. Sokrates war der erste, wie Cicero sagt, der die Philosophie vom Himmel herunter gerufen, in die Städte eingesetzt, in die Wohnungen der Menschen geführet, und über ihr Thun und Lassen Betrachtungen anzustellen genöthiget hat. Indessen gieng er, wie überhaupt die Neuerungsstifter zu thun pflegen, auf der andern Seite etwas zu weit, und sprach zuweilen von den erhabensten Wissenschaften, mit einer Art von Geringschätzung, die dem weisen Beurtheiler der Dinge nicht geziemet.

Damals stand in Griechenland, wie zu allen Zeiten bey dem Pöbel, die Art von Gelehrten in grossem Ansehen, die sich angelegen seyn lassen, eingewurzelte Vorurtheile und vergährten Aberglauben durch allerhand Scheingründe und Spitzfindigkeiten zu be

günsti

günstigen. Sie gaben sich den Ehrennamen Sophi=
sten *), den ihre Aufführung in einen Ekelnamen ver=
wandelte. Sie besorgten die Erziehung der Jugend,
und unterrichteten auf öffentlichen Schulen sowohl, als
in Privathäusern, in Künsten, Wissenschaften, Sit=
tenlehre und Religion, mit allgemeinem Beyfalle. Sie
wußten, daß in demokratischen Regierungsverfassun=
gen die Beredsamkeit über alles geschätzt wird, daß ein
freyer Mann gerne von Politik schwatzen höret, und
daß die Wissensbegierde schaaler Köpfe am liebsten durch
Mährchen befriediget seyn will: daher unterliessen sie
niemals, in ihrem Vortrage gleißende Beredsamkeit,
falsche Politik und ungereimte Fabeln so künstlich durch
einander zu pflechten, daß das Volk sie mit Verwunde=
rung anhörte und mit Verschwendung belohnte. Mit
der Priesterschaft standen sie in gutem Vernehmen;
denn sie hatten beiderseits die weise Maxime: leben
und leben lassen. Wenn die Tyranney der Heuchler
den freyen Geist der Menschen nicht länger unter dem
Joche halten konnte: so waren jene Scheinfreunde der
Wahrheit bestellt, ihn auf falsche Wege zu verleiten, die
natürlichen Begriffe durcheinander zu werfen, und al=
　　　　　　　　　　　　　　　　　　　　　　　len

---

*) Der ursprünglichen Bedeutung nach, **Weisheitslehrer**.

len Unterschied zwischen Wahrheit und Irrthum, Recht und Unrecht, Gutem und Bösem, durch blendende Trugschlüsse aufzuheben. In der Theorie war ihr Hauptgrundsatz: Man kann alles beweisen und alles widerlegen, und in der Ausübung: Man muß von der Thorheit anderer, und seiner eigenen Ueberlegenheit, so viel Vortheil ziehen, als man nur kann. Diese leztere Maxime hielten sie zwar, wie leicht zu erachten, vor dem Volke geheim, und vertrauten dieselbe nur ihren Lieblingen, die an ihrem Gewerbe Theil nehmen sollten; allein die Moral, die sie öffentlich lehrten, war nichts destoweniger für das Herz des Menschen eben so verderblich, als ihre Politik für die Rechte, Freyheit und Glückseligkeit des menschlichen Geschlechts.

Da sie listig genug waren, das herrschende Religionssystem mit ihrem Interesse zu verwickeln; so gehörte nicht nur Entschlossenheit und Heldenmuth dazu, ihren Betrügereyen Einhalt zu thun, sondern ein wahrer Tugendfreund durfte es ohne die behutsamste Vorsichtigkeit nicht wagen? Es ist kein Religionssystem so verderbt, das nicht wenigstens einigen Pflichten der Menschheit eine gewisse Heiligung giebt, die der Men-

schen-

schenfreund verehren, und der Sittenverbefferer,
wenn er nicht feiner eigenen Abficht zuwider handeln
will, unangetaftet laffen muß. Von Zweifel in Reli=
gionsfachen zur Leichtfinnigkeit, von Vernachläßigung
des äufferlichen Gottesdienftes zur Geringfchätzung
alles Gottesdienftes überhaupt, pflegt der Uebergang
fehr leicht zu feyn, befonders für Gemüther, die nicht
unter der Herrfchaft der Vernunft ftehen, fondern von
Geitz, Ehrfucht oder Wolluft regieret werden. Die
Priefter des Aberglaubens verlaffen fich nur allzufehr
auf diefen Hinterhalt, und nehmen zu demfelben, wie
zu einem unverletzlichen Heiligthum, ihre Zuflucht,
fo oft ein Angriff auf fie gefchiehet.

Solche Schwierigkeiten und Hinderniffe ftanden
dem Sokrates im Wege, als er den großen Entfchluß
faßte, Tugend und Weisheit unter feinen Nebenmen=
fchen zu verbreiten. Er hatte, von der einen Seite,
feine eignen Vorurtheile der Erziehung zu befiegen, die
Unwiffenheit andrer zu beleuchten, Sophifterey zu
beftreiten, Bosheit, Neid, Verleumdung und Be=
fchimpfung von Seiten feiner Gegner auszuhalten,
Armuth zu ertragen, feftgefetzte Macht zu bekämpfen,
und, was das fchwerfte war, die finftern Schreckniffe
des

des Aberglaubens zu vereiteln. Von der andern Seite
waren die schwachen Gemüther seiner Mitbürger zu
schonen, Aergernisse zu vermeiden, und der gute Einfluß, den selbst die albernste Religion auf die Sitten
der Einfältigen hat, nicht zu verscherzen. Alle diese
Schwierigkeiten überstand er mit der Weisheit eines
wahren Philosophen, mit der Geduld eines Heiligen,
mit der uneigennützigen Tugend eines Menschenfreun-
des, mit der Entschlossenheit eines Helden, auf Unkosten und mit Verlust aller weltlichen Güter und Ver-
gnügungen. Gesundheit, Macht, Bequemlichkeit,
Leumund, Ruhe und zuletzt das Leben selbst, gab er
auf die liebreichste Weise für das Wohl seiner Nebenmenschen hin. So mächtig wirkte in ihm die Liebe
zur Tugend und Rechtschaffenheit, und die Unverletz-
lichkeit der Pflichten gegen den Schöpfer und Erhalter der Dinge, den er durch das unverfälschte Licht
der Vernunft auf eine lebendige Art erkannte.

Diese höhern Aussichten des Weltbürgers hielten
ihn indessen nicht ab, die gemeinen Pflichten gegen
sein Vaterland zu erfüllen. In seinem sechs und
dreyßigsten Jahre that er Kriegsdienste wider die Po-
tidäer, die Einwohner einer Stadt in Thrazien,

die sich wider ihre Tributherren, die Athenienser
empört hatten. Allhier versäumete er die Gelegenheit
nicht, seinen Körper wider alle Beschwerlichkeiten des
Kriegs und Rauhigkeit der Jahreszeit abzuhärten,
und seine Seele in Unerschrockenheit und Verachtung
der Gefahr zu üben. Er trug, durch die allgemeine
Einstimmung seiner Mitwerber selbst, den Preis der
Tapferkeit davon, überließ aber denselben dem Alcibiades, den er liebte, und hierdurch aufmuntern
wollte, solche Ehrenbezeugungen von seinem Vaterlande künftighin durch eigene Thaten zu verdienen.
Kurz vorher hatte er ihm in einem Gefechte das Leben
gerettet. — Man belagerte die Stadt Potidäa in
der strengsten Kälte. Andere verwahrten sich wider den
Frost, er blieb bey seiner gewöhnlichen Kleidung, und
gieng mit bloßen Füßen über das Eis. Die Pest wütete
in dem Lager und in Athen selbst. Es ist fast nicht zu
glauben, was Diogenes Laertius und Aelian versichern: Sokrates soll der einzige gewesen seyn, den
sie gar nicht angegriffen. Ohne aus diesem Umstande,
der allenfalls ein bloßer Zufall hat seyn können *),

etwas

*) Die Arzneyverständigen wollen aus der Erfahrung wissen,
daß die Pest die stärkste Leibesbeschaffenheit gerade am we-
nigsten verschone.

etwas zu schließen, kann man überhaupt mit Zuver:
läßigkeit sagen, daß er von einer starken und dauer:
haften Leibesbeschaffenheit gewesen, und solche durch
Mäßigkeit, Uebung und Entfernung von aller Weich:
lichkeit so zu erhalten gewußt hat, daß er wider alle
Zufälle und Beschwerlichkeiten des Lebens abgehärtet
war. Gleichwohl hat er auch im Felde nicht unter:
lassen, seine Seelenkräfte nicht nur zu üben, sondern
äußerst anzustrengen. Man sahe ihn zuweilen vier
und zwanzig Stunden auf eben der Stelle, mit un:
verwandten Blicken, in Gedanken vertieft stehen, als
wenn der Geist von seinem Körper abwesend
wäre, sagt Aulus Gellius. Man kann nicht läug:
nen, daß diese Entzückungen eine, wenigstens ent:
fernte, Anlage zur Schwärmerey gewesen, und man
findet in seinem Leben mehrere Spuren, daß er nicht
völlig davon befreyet geblieben. Indessen war es eine
unschädliche Schwärmerey, die weder Hochmuth noch
Menschenhaß zum Grunde hatte, und die in der
Verfassung, in welcher er sich befand, ihm sehr nütz:
lich gewesen seyn mag. Die gemeinen Kräfte der Natur
reichen vielleicht nicht hin, den Menschen zu so großen
Gedanken und standhaften Entschließungen zu erheben.

Nach

Nach geendigtem Feldzug kehrte er in seine Vaterstadt zurück, und fieng an mit Nachdruck Sophisterey und Aberglauben zu bekämpfen, und seine Mitbürger in Tugend und Weisheit zu unterrichten. Auf
öffentlichen Straßen, Spaziergängen, in Bädern,
Privathäusern, Werkstätten der Künstler, wo er nur
Menschen fand, die er besser zu können glaubte, da
hielt er sie an, ließ sich mit ihnen in Gespräche ein*),
erklärte ihnen, was recht und unrecht, gut und böse,
heilig und unheilig sey; unterhielt sie von der Vorsehung und Regierung Gottes, von den Mitteln ihm
zu gefallen, von der Glückseligkeit des Menschen, von
den Pflichten eines Bürgers, eines Hausvaters, eines Ehemanns u. s. w. Alles dieses niemals in

dem

*) Mit dem Xenophon ward er auf folgende Weise bekannt. Er
begegnete ihm in einem engen Durchgange. Der schöne und
bescheidene Anstand des jungen Menschen gefiel ihm so wohl,
daß er ihm den Stock vorhielt, und ihn nicht weiter gehen lassen wollte. Jüngling! sprach er, weißt du, wo die Bedürfnisse des Lebens zu bekommen sind? — O ja! antwortete
Xenophon — Weißt du aber auch, wo Tugend und Rechtschaffenheit zu erhalten ist? — Der junge Mensch stutzte
und sah ihn an. — So folge mir, fuhr Sokrates fort, ich
will es dir zeigen. Er folgte ihm, ward sein treuester Schüler,
und man weiß, wie viel er ihm zu verdanken gehabt.

dem aufdringenden Ton eines Lehrers, sondern als
ein Freund, der die Wahrheit selbst erst mit uns suchen will. Er wußte es aber durch die einfältigsten
Kinderfragen so einzuleiten, daß man von Frage zu
Frage, ohne sonderliche Anstrengung, ihm folgen
konnte, ganz unvermerkt aber sich am Ziele sah, und
die Wahrheit nicht gelernet, sondern selbst erfunden
zu haben glaubte. Ich ahme hierinn meiner Mutter
nach, pflegte er im Scherze zu sagen: Sie gebieret
selbst nicht mehr, aber sie besitzet Kunstgriffe, wodurch
sie andern ihre Geburten zur Welt bringen hilft.
Auf eine ähnliche Weise versehe ich bey meinen Freunden das Amt eines Geburtshelfers. Ich frage und
forsche so lange, bis die verborgene Frucht ihres Verstandes ans Licht kömmt.

Diese Methode, die Wahrheit zu erfragen, war
auch die glücklichste, die Sophisten zu widerlegen.
Wenn es zu einem ausführlichen Vortrage kam, so
war ihnen nicht beyzukommen. Denn da standen
ihnen so viel Ausschweifungen, so viel Mährchen, so viel
Scheingründe, und so viel rednerische Figuren zu Ge-
bote, daß die Zuhörer verblendet wurden, und überzeugt zu seyn glaubten. Ein allgemeines Händeklat-

schen

schen pflegte ihnen selten zu entstehen. Und man stelle
sich den triumphirenden Blick vor, mit welchem sol=
che Lehrer alsdann auf ihre Schüler, oder wohl
gar Widersacher, herabsahen. Was that Sokra=
tes bey einer solchen Gelegenheit? Er klatschte mit;
wagte aber einige gar leichte, von der Sache etwas
entfernte, Fragen, die der hochgelehrte Mann für
albern hielt, und aus Mitleiden beantwortete. Nach
und nach schlich er sich der Sache näher, immer
mit Fragen, und immer indem er seinem Gegner
die Gelegenheit abschnitt, in anhaltende Reden aus=
zuschweifen. Dadurch wurden sie genöthigt, die
Begriffe deutlich auseinander zu setzen, richtige Er=
klärungen gelten, und aus ihren falschen Vorausse=
tzungen ungereimte Folgen ziehen zu lassen. Zuletzt
sahen sie sich so in die Enge getrieben, daß sie unge=
duldig wurden. Er aber ward es niemals, sondern
ertrug ihre Unart selbst mit der größten Gelassenheit,
fuhr fort die Begriffe zu entwickeln, bis endlich die
Ungereimtheiten, die aus den Grundsätzen der So=
phisten folgten, dem einfältigsten Zuhörer handgreif=
lich wurden. Auf solche Weise wurden sie ihren eignen
Schülern zum Gelächter.

In

In Ansehung der Religion scheinet er folgende Maxime vor Augen gehabt zu haben. Jede falsche Lehre oder Meinung, die offenbar zur Unsittlichkeit führet, und also der Glückseligkeit des menschlichen Geschlechts entgegen ist, wurde von ihm auf keinerley Weise verschont, sondern öffentlich, im Beyseyn der Heuchler, Sophisten und des gemeinen Volks, bestritten, lächerlich gemacht, und in ihren ungereimten und abscheulichen Folgen gezeigt. Von dieser Art waren die Lehren der Fabeldichter von den Schwachheiten, Ungerechtigkeiten, schändlichen Begierden und Leidenschaften, die sie ihren Göttern zuschrieben. Ueber dergleichen Sätze, so wie über unrichtige Begriffe von der Vorsehung und Regierung Gottes, auch über die Belohnung des Guten und die Bestrafung des Bösen, war er niemals zurückhaltend, niemals, selbst zum Scheine nicht, zweifelhaft; sondern allezeit entschlossen, die Sache der Wahrheit mit der größten Unerschrockenheit zu verfechten, und, wie der Erfolg gezeigt, sein Bekenntnis mit dem Tode zu versiegeln. Eine Lehre aber, die bloß theoretisch falsch, und den Sitten so großen Schaden nicht bringen konnte, als von einer Neuerung zu befürchten war, ließ er unangefochten, bekannte sich vielmehr öffentlich zu der

Herrs

herrschenden Meynung, beobachtete die darauf gegrün=
deten Ceremonien und Religionsgebräuche, vermied
hingegen alle Gelegenheit zu einer entscheidenden Erklä=
rung; und wann ihr nicht auszuweichen war, so hatte
er eine Zuflucht in Bereitschaft, die ihn niemals ent=
stehen konnte: er schützte seine Unwissenheit vor.

Hierunter begünstigte ihn vorzüglich die Methode zu
lehren, die er, wie wir gesehen, aus andern Absichten
gewählt hatte.   Denn da er seine Lehre niemals mit
dem Hochmuthe eines allwissenden Mannes ankün=
digte, da er vielmehr nichts selbst behauptete, sondern al=
lezeit die Wahrheit durch Fragen von seinen Zuhörern
herauszulocken suchte: so war ihm erlaubt, das nicht zu
wissen, was er nicht wissen konnte, oder durfte.   Die
Eitelkeit, auf alle Fragen eine Antwort zu wissen, hat
so manchen großen Geist verführt, Dinge zu behaupten,
die er in dem Munde eines andern getadelt haben würde.
Sokrates war von dieser Eitelkeit weit entfernt. Von
Dingen, die über seinen Horizont waren, gestand er
mit der naivesten Freymüthigkeit: Dieses weiß ich
nicht; und wann er merkte, daß ihm Fallen gelegt wur=
den, und gewisse Geständnisse abgelockt werden wollten,
so zog er sich aus dem Spiele, und sagte: Nichts weiß
                                        ich!

ich)! Das Orakel zu Delos erklärte ihn für den weisesten unter allen Sterblichen. Wie es scheinet, so hatte
die Priesterinn die listige Absicht, einen ihr so gefähr-
lichen Mann durch diese Schmeicheley zu gewinnen,
und in die Nothwendigkeit zu setzen, ihre Orakel-
sprüche für untrüglich zu erklären, wenn er für den
weisesten Sterblichen gehalten werden wollte. Allein
Sokrates gab der Sache eine gar besondere Wendung.
„Wißt ihr, sprach er, warum Apollo mich für den
„größten Weisen auf Erden hält? Weil andere meh-
„rentheils etwas zu wissen glauben, das sie nicht wis-
„sen; ich aber sehe wohl ein und gestehe, daß alles,
„was ich weis, darauf hinausläuft, daß ich nichts
„weiß.„

Der Ruhm des Sokrates verbreitete sich in ganz
Griechenland, und es kamen die angesehensten und ge-
lehrtesten Männer von allen Gegenden zu ihm, um
seines freundschaftlichen Umgangs und Unterrichts
zu genießen Die Begierde ihn zu hören, war unter
seinen Freunden so groß, daß mancher sein Leben wagte,
um nur täglich bey ihm zu seyn. Die Athenienser
hatten bey Lebensstrafe verboten, daß sich kein Mega-
renser auf ihrem Gebiete betreten lassen sollte. Eu-

Klides

Klides von Megara, ein Freund und Schüler des Sokrates, ließ sich dadurch nicht abhalten, seinen Lehrer zu besuchen. Des Nachts gieng er, in bunte Weiberkleider gehüllt, von Megara nach Athen, und des Morgens, ehe es Tag war, gieng er wieder seine zwanzig tausend Schritte zurück nach Hause. Bey dem allen lebte Sokrates in der äußersten Armuth und Dürftigkeit, und wollte sich nichts für seinen Unterricht bezahlen lassen, obgleich die Athenienser so lehrbegierig waren, daß sie sichs große Summen würden haben kosten lassen, wann er auf Belohnung gedrungen hätte. Die Sophisten wusten von dieser Bereitwilligkeit schon bessern Gebrauch zu machen.

Es muß ihm desto mehr Ueberwindung gekostet haben, diese Dürftigkeit zu ertragen, da seine Frau, die berüchtigte Xantippe, eben nicht die genügsamste Hausfrau gewesen, und er auch für Kinder zu sorgen gehabt, die ihre Verpflegung von seiner Hand erwarteten. Es ist zwar noch nicht ausgemacht, daß die Xantippe von so böser Gemüthsart gewesen, als man gemeiniglich glaubet. Die Mährchen, die zu ihrer Beschimpfung bekannt sind, rühren von spätern Schriftstellern her, die sie nur vom Hörensagen haben konnten.

ten. Plato und Xenophon, die am besten davon unterrichtet seyn mußten, scheinen sie als eine mittelmäßige Frau gekannt zu haben, von der sich weder viel
gutes noch viel böses sagen läßt. Ja man wird in fol-
gendem Gespräche nach dem Plato finden, daß sie,
an dem letzten Tage des Sokrates, mit ihrem Kinde
bey ihm im Kerker gewesen, und sich außerordentlich
über seinen Tod betrübt hat. Alles, was man sonst
bey diesen glaubwürdigsten Schriftstellern zu ihrem
Nachtheile findet, ist etwa eine Stelle in dem Tisch-
gespräche Xenophons, wo jemand den Sokrates fragt,
warum er sich eine Frau genommen, die so wenig um-
gänglich wäre? worauf dieser in seinem gewöhnlichen
Tone antwortet: „Wer mit Pferden umgehen lernen
„will, der wählet sich zu seiner Uebung kein geduldiges
„Lastthier, sondern ein muthiges Roß, das schwer zu
„bändigen ist. Ich, der ich mit Menschen umgehen
„lernen will, habe mir aus eben der Ursache eine
„Hausfrau gewählt, die unerträglich ist, um die ver-
„schiedene Laune der Menschen desto besser ertragen
„zu lernen.„ An einer andern Stelle läßt eben dieser
Schriftsteller den Sohn des Sokrates, den Lam-
proklus, sich gegen seinen Vater über die harte Begeg-

nung,

nung, mürrische Gemüthsart und unerträgliche Laune seiner Mutter beschweren. Allein aus der Antwort des Sokrates erhellet, zu ihrem Lobe, daß sie,
bey ihrem zänkischen Gemüthe, die Pflichten einer
Hausmutter gleichwohl sorgfältig beobachtet, und ihre
Kinder geliebt, und gehörig verpflegt hat. Dieses
Zeugnis ihres Ehemannes widerlegt offenbar alle
schimpfliche Histörchen, die man auf ihre Unkosten er-
sonnen, und wodurch man sie der Nachwelt als ein Beyspiel eines bösen Weibes aufgestellt hat. Man kan mit
gutem Grunde glauben, daß Sokrates seine Kunst
mit Menschen umzugehen an seiner Ehegenoßinn nicht
vergebens geübt hat; daß er vielmehr durch unermü-
dete Geduld, Gefälligkeit, Sanftmuth, und durch seine
unwiderstehlichen Ermahnungen die Härte ihres Temperaments überwunden, ihre Liebe gewonnen, und
sie dergestalt gebessert haben wird, daß sie aus einem
unverträglichen Weibe eine gute Haußmutter, und,
wie ihre Aufführung vor seinem Ende ausweiset, eine zärtliche Ehefrau geworden. Dem sey indessen wie
ihm wolle, so müssen ihm seine häußlichen Umstände
die Armuth weit beschwerlicher gemacht haben; da er
nicht sich allein, sondern einer ganzen Familie, und
vielleicht

vielleicht einer unzufriedenen und über seine strenge Ge=
nügsamkeit sich beklagende Familie, von seinem Thun
und Lassen Rechenschaft zu geben hatte. Niemand war
besser von den Pflichten eines Hausvaters unterrichtet,
als Sokrates. Er wußte wohl, daß ihm obliege, so
viel zu erwerben und anzuschaffen, als zum ehrlichen
Auskommen für seine Familie nöthig sey, und er hat
diese natürliche Pflicht seinen Freunden sehr oft ein=
geschärft. Allein was ihn selbst betraf, so stand ihm
eine höhere Pflicht im Wege, die ihn verhinderte, je=
ner Genüge zu leisten. Das Verderbniß der Zeiten,
da alles des feilen Gewinnstes halber geschahe, und
insbesondere die niederträchtige Habsucht der Sophi=
sten, die ihre verderblichen Lehren um baares Geld ver=
kauften, und die schändlichsten Mittel anwendeten, sich
auf Unkosten des betrogenen Volks zu bereichern; diese
legten ihm die Verbindlichkeit auf, der niedrigen Ge=
winnsucht die äußerste Uneigennützigkeit entgegen zu
setzen, damit seine reinen und unbefleckten Absichten
keiner übeln Auslegung fähig seyn möchten. Er wollte
lieber darben, und, wenn ihn der Mangel zu sehr
drückte, von Allmosen leben, als durch sein Beyspiel
den schmuzigen Geldgeiz dieser falschen Weisheitslehrer
nur einigermaßen rechtfertigen. b 3 Er

Er unterbrach diese wohlthätigen Beschäftigungen,
und zog abermals freywillig mit zu Felde wider die Boeo-
tier. Die Athenienser verloren eine Schlacht bey Deli-
um, und wurden aufs Haupt geschlagen. Sokrates
zeigte seine Tapferkeit so wohl im Treffen, als auf dem
Rückzuge. „Hätte jedermann seine Pflicht so gethan,
„wie Sokrates, spricht der Feldherr Laches beym
„Plato, so wäre der Tag gewiß nicht unglücklich für
„uns gewesen.„ Als alles floh, gieng er auch zurück, aber Schritt vor Schritt, und indem er sich
öfters umkehrte, um einem Feinde, der ihm etwa
auf den Hals käme, Widerstand zu thun. Er fand
den Xenophon, der vom Pferde gefallen und ver-
wundet war, unterwegens liegend, nahm ihn auf seine Schulter, und brachte ihn in Sicherheit.

- Die Priester, Sophisten, Redner und andre,
die dergleichen feile Künste trieben, Leute, denen Sokrates ein Dorn im Auge seyn mußte, machten sich
desselben Abwesenheit zu Nutz, und suchten die Gemüther wider ihn aufzubringen. Bey seiner Zurück-
kunft fand er eine geschlossene Partey, der kein Mittel ihm zu schaden zu niederträchtig war. Sie mie-
theten, wie man zu glauben Ursach hat, den Komö-
dienschrei-

dienschreiber Aristophanes, daß er durch ein Pos-
senspiel, das man damals Komödie nannte, den Sokrates verhaßt und lächerlich zu machen suchte; um
das gemeine Volk theils auszuholen, theils vorzube-
reiten, und wann der Streich gelänge, ein mehreres zu wagen. Diese Fratze führte den Namen die
Wolken. Sokrates war die Hauptperson; und
die Figur, die diese Rolle machte, gab sich Mühe, ihn
nach dem Leben zu conterfeyen. Kleidung, Gang,
Geberde, Stimme, alles äffte er natürlich nach.
Das Stück selbst hat sich, zur Ehre des verfolgten Weltweisen, bis auf unsre Zeiten erhalten. Man kann
sich kaum etwas ungezogeners gedenken.

Sokrates pflegte sonst niemals das Theater zu
besuchen, außer wann die Stücke des Euripides,
(daran er selbst, wie einige wollen, Antheil gehabt,)
aufgeführet wurden. Den Tag, da dieses Pasquill
aufgeführt werden sollte, gieng er gleichwohl hinein.
Er hörte, daß viele Fremde, die zugegen waren, sich
erkundigten, wer dieser Sokrates im Originale sey,
der auf der Bühne so gehöhnt werde? Er trat mitten im Schauspiele hervor, und blieb, bis ans Ende
des Stücks, auf einer Stelle stehn, wo ihn jeder-

mann

mann fehen und mit der Kopey vergleichen konnte.
Dieſer Streich war für den Dichter und ſeine Komödie tödtlich. Die poſſenhafteſten Einfälle thaten keine Wirkung mehr: denn das Anſehen des Sokrates
erregte Hochachtung und eine Art von Erſtaunen
über ſeine Unerſchrockenheit. Auch fand das Stück
keinen Beyfall. Der Dichter veränderte es, und
brachte es das folgende Jahr wieder auf die Bühne,
aber mit eben ſo ſchlechtem Erfolge. Die Feinde des
Weltweiſen ſahen ſich genöthiget, die vorgehabte Verfolgung bis auf eine günſtigere Zeit zu verſchieben.

Kaum war der Krieg mit den Boeotiern geendi-
get, ſo mußten die Athenienſer ſchon ein neues Heer
anwerben, um den Lacedämoniſchen Feldherrn Bra-
ſidas Einhalt zu thun, der in Thrazien verſchiedene
Städte, und unter andern die wichtige Stadt Am-
phipolis ihrer Herrſchaft entzogen hatte. Sokrates ließ ſich die Gefahr, in die ihn ſeine letzte Abwe-
ſenheit geſetzt, nicht abhalten, dem Vaterlande abermals zu dienen. Dieſes war das letztemal, daß er
ſeine Vaterſtadt verlaſſen hatte. Nach der Zeit kam
er, bis an ſein Ende, nicht aus dem Gebiete der
Athenienſer, und unterlies niemals, der Jugend, die
ihn

ihn suchte, seinen freundschaftlichen Umgang zu gönnen, und ihr durch Lehren und gutes Exempel die
Liebe zur Tugend einzuflößen. Wie er aber überall
ein großer Freund und Liebhaber der Schönheit war,
so schien er in der Wahl seiner Freunde auch auf körperliche Schönheit zu sehen. Ein schöner Körper,
pflegte er zu sagen, verspricht eine schöne Seele, und
wenn sie der Erwartung nicht zusagt, so muß sie ver-
wahrlost worden seyn. Daher er sich denn viele Mühe gab, das Inwendige dieser Personen mit ihrem
wohlgebildeten Aeußerlichen übereinstimmend zu machen. Niemand aber war ihm so angelegen, als Alcibiades, ein junger Mensch von ungemeiner Schönheit und von großen Talenten, der hochfahrend, mu-
thig, leichtsinnig und überaus feuriges Temperaments
war. Diesen verfolgte er unermüdet, ließ sich bey
allen Gelegenheiten mit ihm in Unterredung ein, um
ihn durch freundschaftliche Ermahnungen und lieb-
reiche Verweise von den Ausschweifungen des Ehr-
geizes und der Wollust, wozu er von Natur sehr geneigt war, abzuhalten. Plato läßt ihn bey dieser
Gelegenheit öfters Ausdrücke brauchen, die beinahe
verliebt scheinen: daher man in spätern Zeiten Gele-

genheit

genheit genommen, den Sokrates eines sträflichen
Umgangs mit jungen Leuten zu beschuldigen. Allein
die Feinde des Sokrates selbst, Aristophanes in
der Komödie, und Melitus in seiner Anklage, thun
hiervon nicht die geringste Erwähnung. Melitus
beschuldigt ihn zwar, daß er die Jugend verderbe;
allein, wie aus der Antwort des Sokrates gar deut=
lich erhellet, gieng dieses auf die Gesetze der Reli=
gion und der Politik, gegen welche er die Jugend
gleichgültig gemacht haben sollte. Gesetzt auch, die
damalige Verderbniß der Sitten wäre so weit gegan=
gen, daß man dieses widernatürliche Laster beynahe
für natürlich gehalten, so hätten seine Feinde dennoch
diesen Umstand nicht ganz verschwiegen: wenn' es
nicht offenbar unmöglich gewesen wäre, das Muster
der Keuschheit und Enthaltsamkeit einer so viehischen
Geilheit zu beschuldigen. Man lese die strengen Vor=
würfe, die er dem Kritias und Kritobulus ma=
chet; man lese das Zeugniß, das ihm der muthwil=
lige, halbberauschte Alcibiades, in Platons Tisch=
gespräche, giebt. Das Stillschweigen der Feinde und
Verläumder, und seine Freunde positives Zeugniß
vom Gegentheile lassen keinen Zweifel zurück, daß

die

die Beschuldigung ungegründet und eine strafbare Verläumdung sey. Die Ausdrücke des Plato, so fremde sie auch in unsern Ohren klingen, beweisen weiter
nichts, als daß diese unnatürliche Galanterie damals
die Modesprache gewesen, wie etwa der ernsthafteste
Mann in unsern Zeiten sich nicht entbrechen würde,
wenn er an ein Frauenzimmer schreibt, wie verliebt
zu thun.

Ueber den Genius, den er zu besitzen vorgab, und der
ihn, wie er sagte, allezeit abhielt, wenn er etwas Schäd-
liches unternehmen wollte, sind die Meynungen der Gelehrten getheilt. Einige glauben, Sokrates habe sich
hierinn eine kleine Erdichtung erlaubt, um bey dem aber-
gläubischen Volke Gehör zu finden; allein dieses scheint
mit seiner gewöhnlichen Aufrichtigkeit zu streiten.
Andere verstehen unter diesem Genius ein geschärftes
Gefühl vom Guten und Bösen, eine durch Nachdenken,
durch lange Erfahrung und anhaltende Uebung zum In-
stinkt gewordene moralische Beurtheilungkraft, vermöge welcher er jede freye Handlung nach ihren muthmaß-
lichen Folgen und Wirkungen prüfen und beurtheilen
konnte, ohne sich selbst von seinem Urtheile Rechenschaft
geben zu können. Man findet aber beym Xenophon so
wohl

wohl als Plato verschiedene Vorfälle, wo dieser Geist
dem Sokrates Dinge vorher gesagt haben soll, die sich
aus keiner natürlichen Kraft der Seele erklären lassen.
Vielleicht sind diese von seinen Schülern aus guter Mey=
nung hinzu gesetzt worden; vielleicht auch hatte Sokra=
tes, der, wie wir gesehen, zu Entzückungen aufgelegt
war, selbst Schwachheit oder schwärmende Einbildungs=
kraft genug, dieses lebhafte moralische Gefühl, das er
nicht zu erklären wußte, in einen vertraulichen
Geist umzuschaffen, und ihm hernach auch diejenigen
Ahndungen zuzuschreiben, die aus ganz andern Quel=
len entspringen. Muß denn ein vortreflicher Mann
nothwendig von allen Schwachheiten und Vorurthei=
len frey seyn? In unsern Tagen ist es kein Verdienst
mehr, Geistereingebungen zu verspotten. Vielleicht
hat zu den Zeiten des Sokrates eine Anstrengung des
Genies dazu gehört, die er nützlicher angewendet hat.
Er war ohnedem gewohnt, jeden Aberglauben zu
dulden, der nicht unmittelbar zur Unsittlichkeit füh=
ren konnte, wie bereits oben erinnert worden.

Die Glückseligkeit des menschlichen Geschlechts war
sein einziges Studium. So bald ein Vorurtheil, oder
Aberglaube zur offenbaren Gewaltthätigkeit, Kränkung
der

der menschlichen Rechte, Verderbniß der Sitten u. s.
w. Anlaß gab: so konnte ihn nichts in der Welt abhalten, aller Drohung und Verfolgung zum Trotze,
sich dawider zu erklären. Es war unter den Griechen ein hergebrachter Aberglaube, daß die Schatten
der unbegrab nen Todten am Ufer des Styx hundert
Jahre rastlos herum irren müßten, bevor sie herüber
gelassen würden. Diesen Wahn mag dem rohen Volk
von dem ersten Stifter der Gesellschaft aus löblichen
Absichten beygebracht worden seyn. Indessen hat er
zu den Zeiten des Sokrates, durch einen schändlichen
Mißbrauch, manchen wackern Patrioten das Leben
gekostet. Die Athenienser hatten bey den Arginu-
sinischen Inseln über die Lacedämonier einen vollkommenen Sieg erhalten. Die Befehlshaber der siegenden Flotte wurden aber durch einen Sturm abgehäl-
ten, ihre Todten zu begraben. Bey ihrer Rückkunft
nach Athen wurden sie, auf die undankbarste Weise,
dieser Unterlassung halben öffentlich angeklagt. Sokrates hatte denselben Tag den Vorsitz in dem Senät
der Prytanen, welche die öffentlichen Angelegenheiten zu besorgen hatten. Die Bosheit einiger Mächtigen im Reiche, die Heucheley der Priester und die

Nieder-

Niederträchtigkeit feiler Redner und Demagogen hatten sich vereinigt, den blinden Eifer des Volks wider
diese Beschützer des Staats aufzubringen. Das Volk
drang mit Ungestüm auf ihre Verdammung. Ein
Theil des Senats war selbst von diesem pöbelhaften
Wahne bethört; und der Ueberrest hatte nicht Muth
genug, sich der allgemeinen Raserey zu widersetzen.
Alles willigte darein, diese unglücklichen Patrioten
zum Tode zu verurtheilen. Nur Sokrates allein hatte die Herzhaftigkeit, ihre Unschuld zu vertheidigen.
Er verachtete die Drohungen der Mächtigen, und die
Wut des aufgebrachten Pöbels, stand ganz allein auf
der Seite der verfolgten Unschuld, und wollte lieber
das Aergste über sich ergehen lassen, als in eine so
heillose Ungerechtigkeit willigen. Wiewohl alle seine
Bemühungen zu ihrem Besten dennoch fruchtlos ab-
liefen. Er hatte den Verdruß, zu sehen, daß der
blinde Eyfer die Oberhand erhielt, und daß die Republik sich selbst die Schmach anthat, ihre tapfersten
Beschützer einem übelverstandenen Vorurtheil aufzuopfern. Das Jahr darauf wurden die Athenienser
von den Lacedämoniern auf das Haupt geschlagen,
ihre Flotte zu Grunde gerichtet, ihre Hauptstadt bela-

                                              gert

gert und dergestalt aufs Aeußerste gebracht, daß sie sich
den Siegern auf Gnade und Ungnade ergeben mußte.
Es ist sehr wahrscheinlich, daß der Mangel an er-
fahrnen Anführern auf Seiten der Athenienser an dieser Niederlage nicht wenig Schuld gewesen.

Lysander, der Feldherr der Lacedämonier, der die
Stadt eingenommen hatte, begünstigte eine in derselben entstandene Empörung, verwandelte die demokra-
tische Regierungsform in eine Oligarchie, und setzte
einen Rath von dreyßig Männern, die unter dem
Namen der dreyßig Tyrannen bekannt sind. Die
grausamsten Feinde hätten in der Stadt so nicht wü-
ten können, als diese Ungeheuer gewütet haben. Unter dem Vorwande, Staatsverbrechen und Meuterey
zu bestrafen, wurden die rechtschaffensten Leute im
Staat ihres Lebens oder ihres Vermögens beraubt.
Plündern, rauben, verbannen, diesen öffentlich,
jenen meuchelmörderisch hinrichten lassen, waren Thaten, mit welchen sie ihre Regierung bezeichneten. Wie
mußte das Herz des Sokrates bluten, den Kritias,
der vormals sein Schüler war, an der Spitze dieser
Scheusale zu sehen! Ja, dieser Kritias, sein vor-
maliger Freund und Zuhörer, zeigte sich nunmehr als
seinen

seinen offenbaren Feind, und suchte Gelegenheit, ihn
zu verfolgen. Der weise Mann hatte ihm einst seine
viehische und widernatürliche Geilheit mit harten Worten verwiesen, und seit der Zeit trug ihm der Un-
mensch einen heimlichen Groll nach, der jetzo auszu-
brechen Gelegenheit suchte.

Als er und Charikles zu Gesetzgebern ernennt wurden, führten sie, um eine Ursache an dem Sokrates
zu finden, das Gesetz ein, daß niemand in der Redekunst
unterrichten sollte. Sie erfuhren darauf, daß sich
Sokrates, mit Worten wider sie vergangen, und verschiedentlich hatte verlauten lassen, es wäre zwar wunderbar, wenn Hirten die ihnen anvertraute Heerde
kleiner und magerer machten, und dennoch nicht für
schlechte Hirten wollten gehalten seyn; aber weit wun-
derbarer wäre es, wenn die Vorsteher eines Staats
die Bürger weniger und schlechter machten, und dennoch nicht schlechte Vorsteher seyn wollten. Sie
ließen ihn kommen, zeigten ihm das Gesetz, und verboten ihm, mit jungen Leuten sich in Unterredung ein-
zulassen. „Ist es erlaubt, versetzte Sokrates, eines
„und das andere zu fragen, das mir in diesem Ver-
„bote nicht deutlich genung ist? — O ja! antwortete
„man.

„man. — Ich bin bereit, erwiederte er, dem Gesetze
„zu folgen, und befürchte nur aus Unwissenheit da=
„wider zu verstoßen: ich bitte daher um eine deutli=
„chere Erklärung, ob ihr unter der Redekunst eine Kunst
„recht zu reden, oder unrecht zu reden versteht? Ist je=
„nes: so muß ich mich enthalten, jemanden zu sagen,
„wie er recht reden soll; ist aber dieses: so werde ich
„niemand unterweisen, wie er unrecht reden soll.

„Charikles entrüstete sich, und sprach: Wenn du
„dieses nicht verstehest, so haben wir dir es faßlicher
„gemacht, und schlechterdings verboten, mit jungen
„Leuten zu reden. — Damit ich aber auch hierinn
„wisse, wie ich mich zu verhalten habe, sprach So=
„krates: so bestimmt mir die Zeit, wie lange ihr die
„Menschen für junge Leute haltet? So lange sie nicht
„im Rathe sitzen können, antwortete Charikles, das
„ist, so lange sie nicht zu reifem Verstande gekommen
„sind, nehmlich bis zu dreyßig Jahren.

„Wenn ich aber etwas kaufen will, erwiderte
„Sokrates, das ein junger Mensch unter dreyßig
„Jahren zu verkaufen hat, soll ich nicht fragen, wie
„theuer? Dieses ist dir nicht verboten, sprach Chari=
„kles; aber du fragst manchmal Dinge, die du gar wohl

c   „weißt:

„weißt: solcher Fragen enthalte dich ferner! — Und
„antworten? sprach Sokrates weiter. Wenn ein
„junger Mensch mich fragt, wo Charikles oder Kri=
„tias wohne? darf ich ihm hierauf antworten? — Ja,
„ja, sprach Kritias; aber enthalte dich der abgenutz=
„ten Beyspiele und Gleichnisse von Riemenschneidern,
„Zimmerleuten und Schmieden. Vermuthlich, er=
„wiederte Sokrates, auch der Begriffe, die ich durch
„diese Beyspiele zu erläutern pflege, von der Gerech=
„tigkeit, Heiligkeit, Frömmigkeit, u. s. w.? Ganz
„recht! antwortete Charikles, und vor allen Dingen
„auch der Viehhirten. Merke dir das, oder ich be=
„fürchte, du wirst auch die Heerde kleiner machen.“

Sokrates achtete ihre Drohungen so wenig, als
ihr ungereimtes Gesetz, das sie, der gesunden Ver=
nunft und dem Gesetz der Natur schnurstracks zuwi=
der, keine Befugniß gehabt einzuführen. Er setzte
seine Bemühungen zum Besten der Tugend und Ge=
rechtigkeit mit dem unermüdesten Eifer fort, und die
Tyrannen unterstunden sich gleichwohl nicht, ihm so
gerade auf den Leib zu kommen. Sie suchten Umwe=
ge, und wollten ihn mit in ihre Ungerechtigkeiten ver=
wickeln: trugen ihm daher nebst vier andern Bür=

gern

gern auf, den Leon von Salamin nach Athen zu
bringen, um ihn hinrichten zu lassen. Die andern
übernahmen den Auftrag; Sokrates aber erklärte sich,
daß er niemals zu einer ungerechten Sache die Hände
bieten werde. So willst du denn, sprach Charikles
Freyheit haben, zu reden, was du willst, und gar
nichts dafür leiden? Alles mögliche Uebel, antwortete er, will ich dafür leiden, nur das nicht,
jemanden Unrecht zu thun. Charikles schwieg,
und die übrigen sahen sich einander an. Diese Frey-
heiten würden dem Sokrates am Ende dennoch das
Leben gekostet haben, wenn nicht das Volk, der Grausamkeit dieser Tyrannen müde, einen Aufstand erregt,
ihre vornehmsten Anführer umgebracht, und die übrigen zur Stadt hinaus gejagt hätte.

Unter der wiederhergestellten demokratischen Regierung gieng es dem Sokrates gleichwohl nicht besser.
Die alten Feinde desselben, die Sophisten, Priester
und Redner, fanden nunmehr die längst erwünschte
Gelegenheit, ihn mit besserm Glück zu verfolgen, und
endlich gar aus dem Wege zu räumen. Anytus, Melitus und Lykon, sind die drey zu ihrer Schmach
unvergeßliche Namen derer, die sich zur Ausführung

dieses schändlichen Vorhabens haben brauchen lassen.
Sie brachten die Verläumdung unter das Volk: Sokrates habe dem Kritias die Grundsätze der Tyrannen beygebracht, die er neulich mit so unerhörter Grausamkeit
ausgeübt hätte. Wer die Leichtgläubigkeit und Unbe-
ständigkeit des Pöbels kennt, wird sich nicht verwundern,
daß die Athenienser einer so offenbaren Falschheit Gehör
gegeben, obgleich jedermann wußte, was zwischen dem
Sokrates und den Tyrannen vorgefallen. Einige Jahre
vorher hatte Alcibiades, der große Talente, aber einen
sehr wilden Charakter hatte, in Gesellschaft anderer muth-
willigen Jünglinge, die Bildsäule des Merkurs zerschla-
gen, die Eleusinischen Geheimnisse öffentlich verspottet,
und wegen dieses Uebermuths aus seiner Vaterstadt ent-
weichen müssen. Anjetzo wurde diese Geschichte wieder
rege gemacht, und von den Feinden des Sokrates ausgestreut, er habe dem jungen Menschen die Verachtung der
Religion beygebracht. Nichts war den Lehren und der
Aufführung des Sokrates mehr zuwider, als ein solcher
Frevel. Den öffentlichen Gottesdienst, so abergläubisch
er auch seyn mochte, hat er allezeit in Ehren gehalten; und was die Eleusinischen Geheimnisse betrifft,
so rieth er allen seinen Freunden, sich in denselben ein-

weihen

weihen zu laſſen; ob er gleich ſelbſt ſeine Urſachen haben mochte, es nicht zu thun. Man hat ſehr guten
Grund, zu glauben, daß die größern Geheimniſſe zu
Eleuſis nichts anders waren, als die Lehren der wahren natürlichen Religion, und eine vernünftige Auslegung der Fabeln. Wenn Sokrates ſich weigerte,
die Einweihung anzunehmen, ſo geſchah es, wahrſchein-
licher Weiſe, um die Freyheit zu behalten, dieſe Geheimniſſe ungeſtraft ausbreiten zu dürfen, die ihm die
Prieſter durch die Einweihung zu entziehen ſuchten.

Als die Verläumder, durch dergleichen boshafte
Ausſtreuungen, das Volk genugſam vorbereitet zu haben glaubten, brachte Melitus eine förmliche Anklage wider den Sokrates an die Obrigkeit der Stadt,
welche alſofort dem Volk davon Nachricht gab. Das
Gericht der Heliäa wurde zuſammen berufen und die
gewöhnliche Anzahl der Bürger durch das Loos beſtimmt, die den Angeklagten richten ſollten. Die Anklage
war: Sokrates handelt wider die Geſetze, indem
er 1) die Götter der Stadt nicht verehrt, und
eine neue Gottheit einführen will, und 2) die Jugend verderber, der er eine Verachtung alles
deſſen, was heilig iſt, beybringer. Seine Strafe
ſey der Tod. c 3 Seine

Seine Freunde brachten ihm wohlausgearbeitete
Reden zu seiner Vertheidigung. „Sie sind sehr schön,
„sprach er, aber für mich alten Mann schicken sich
„dergleichen Künste nicht.“ Willst du nicht selbst et=
was zu deiner Vertheidigung aufsetzen? fragten sie
ihn. „Die beste Vertheidigung, die ich machen kann,
„antwortete er, ist, daß ich in meinem Leben nieman=
„den Unrecht gethan. Ich habe zu verschiedenen ma=
„len angefangen, auf eine Schutzrede zu denken, bin
„aber allemal von Gott daran verhindert worden.
„Vielleicht ist es sein Wille, daß ich in diesen Jah=
„ren, bevor das hinfällige und einer Krankheit ähn=
„liche Alter kömmt, eines leichtern Todes sterben,
„und weder meinen Freunden noch mir selbst zur Last
„werden soll.“ In diesen Worten hat jemand vor
einiger Zeit den Beweis finden wollen, daß Sokrates
feigherzig gewesen, und die Unbequemlichkeiten des Al=
ters, mehr als den Tod, gefürchtet habe. Es gehö=
ret nicht wenig Dreustigkeit dazu, dem Leser so was
einbilden zu wollen!

An dem zu dieser Untersuchung öffentlich anberaum=
ten Tage erschienen Melitus, Anytus und Lyko, der
erste für die Dichter, der zweyte für das Volk, und

der letzte für die Redner, bestiegen einer nach dem andern den Rednerstul, uud hielten die giftigsten und verleumderischsten Reden wider den Sokrates. Er betrat nach ihnen den Platz, ohne zu zittern oder zu zagen, ohne, nach der damaligen Gewohnheit auf Gerichtsstuben, seine Richter durch einen jämmerlichen Anblick zum Mitleiden bewegen zu wollen; sondern mit dem gesetzten und zuversichtlichen Wesen, das sei-ner Weisheit anständig war. Er hielt eine zwar un-gekünstelte und unvorbereitete, aber männliche und sehr nachdrückliche Rede, in welcher er alle Verläumdungen und boshaften Gerüchte, die man zu seinem Nachtheil ausgestreut, ohne Bitterkeit widerlegte, seine Ankläger beschämte und in ihren eigenen Beschuldigungen Wi-dersprüche und Ungereimtheiten zeigte. Seinen Rich-tern begegnete er zwar mit der erforderlichen Ehrerbie-tigkeit, sprach aber in einem so festen und seines Vor-zugs sich bewußten Tone, daß seine Rede öfters durch unzufriedenes Murmeln unterbrochen ward. Er be-schloß mit folgenden Worten:

„Werdet nicht ungehalten, Athenienser! daß ich, „wider die Gewohnheit der Verklagten, nicht in Thrä-„nen zu euch rede, oder meine Kinder, Verwandten

„und Freunde in einem kläglichen Aufzuge erscheinen
„lasse, um euch zum Mitleiden zu bewegen. Nicht
„aus Hochmuth oder Trotz habe ich dieses unterlas-
„sen; sondern weil ich es für unanständig halte, einen
„Richter anzuflehen, und ihn anders, als durch die
„Rechtmäßigkeit der Sache, einnehmen zu wollen.
„Der Richter hat sich durch einen Eid verpflichtet,
„nach Gesetz und Billigkeit zu urtheilen, und sein Mit-
„leiden so wenig als seinen Zorn den Ausspruch thun
„zu lassen. Wir Angeklagten handeln also wider Recht
„und Billigkeit, wenn wir euch durch unsre Klagen
„eidbrüchig zu machen suchen, und wider die Achtung,
„die wir euch schuldig sind, wenn wir euch fähig hal-
„ten, es zu werden. Ich will auf keinerley Weise
„meine Rettung solchen Mitteln zu verdanken ha-
„ben, die weder recht, noch billig, noch gottesfürch-
„tig sind; vornehmlich da ich vom Melitus so eben
„der Gottlosigkeit beschuldiget worden bin. Wenn
„ich durch mein Flehen euch meineidig zu machen
„suchete, so wäre dieses der überzeugendste Beweis,
„daß ich keine Götter glaube; mithin würde mich die-
„se Vertheidigung selbst der Atheisterey überführen.
„Aber nein! ich bin, mehr als alle meine Ankläger, von
                                        „dem

„dem Daseyn Gottes überzeugt, und ergebe mich da-
„her Gotte und euch, mich nach Wahrheit zu rich-
„ten, und über mich zu verhängen, was ihr so wohl
„für euch, als für mich für das Beste haltet.”

Die Richter waren höchst unzufrieden über dieses
gesetzte und unerschütterte Wesen, und unterbrachen
den Plato, der nach ihm hervortrat, und zu reden
begonn. „Ob ich schon der jüngste bin, Athenienser!
„fieng Plato an, von denen, welche diesen Ort hin-
„aufgestiegen—„ Heruntergestiegen, riefen sie ihm
zu, und ließen ihn seine Rede nicht fortsetzen. Sokrates wurde durch die Mehrheit von drey und dreyßig
Stimmen für schuldig erkannt.

Es war die Gewohnheit zu Athen, daß die Verurtheilten sich selbst eine gewisse Strafe, Geldbuße;
Gefängniß oder Verbannung auflegen mußten, um
dadurch die Billigkeit des Urtheils zu bekräftigen, oder
vielmehr ihre Verbrechen einzugestehen. Sokrates sollte wählen; aber er wollte auf keinerley Weise gegen
sich selbst so ungerecht seyn, sich für schuldig zu erkennen, und sprach:

„Wenn ich frey sagen soll, was ich verdient zu
„haben glaube, so wisset, Athenienser! ich glaube,

„durch die Dienſte, die ich der Republik geleiſtet,
„wohl werth zu ſeyn, daß man mich auf öffentliche
„Koſten im Prytaneum unterhalte.„   Auf Zure=
den ſeiner Freunde verſtand er ſich gleichwohl zu einer
kleinenGeldbuße,wollte aber nicht zugeben,daß ſie unter
ſich eine größere Summe zuſammen ſchießen ſollten.

Die Richter berathſchlageten ſich, welche Strafe ſie
ihm zuerkennen ſollten, und die Bosheit ſeiner Fein=
de brachte es dahin, daß er zum Tode verurtheilt wur=
de: „Ihr ſeid mit eurem Urtheil ſehr voreilig gewe=
„ſen, Athenienſer! ſprach Sokrates, und habt da=
„durch den Verleumdern dieſer Stadt Stoff gegeben,
„euch vorzuwerfen, daß ihr den weiſen Sokrates
„ums Leben gebracht; denn ſie werden mich weiſe
„nennen, wenn ich es ſchon nicht bin, um euch deſto=
„mehr tadeln zu können.   Ihr hättet nicht lange war=
„ten dürfen, ſo wäre ich, ohne euer Zuthun, geſtor=
„ben.   Ihr ſehet, wie nahe ich ſchon dem Tode bin *).
„Euch meyne ich hiermit, die ihr mir den Tod zuer=
„kannt habet! Glaubet ihr etwa, Männer von Athen!
„daß es mir an Worten gefehlt, euch einzunehmen
„und zu überreden, wenn ich der Meynung geweſen
                                          „wäre,

---

*) Er war damals 70 Jahr alt.

„wäre, man müßte alles thun und alles sprechen, um
„ein günstiges Urtheil zu erhalten? Gewißlich nicht!
„Wenn ich unterliege, so ist es nicht aus Mangel an
„Worten und Vorstellungen, sondern aus Mangel
„an Unverschämtheit und Niederträchtigkeit, euch solche
„Dinge hören zu lassen, die euch angenehm zu verneh-
„men, aber einem rechtschaffenen Manne unanständig
„sind zu sagen. Heuchlen, schreyen und andre solche krie-
„chende Ueberredungsmittel die ihr an andern gewohnt
„seyd, sind meiner höchst unwürdig. Ich hatte mir
„gleich anfangs vorgenommen, lieber das Leben zu
„verlieren, als es auf eine unedle Weise zu retten.
„Denn ich halte dafür, daß man eben so wenig be-
„rechtiget sey, vor Gericht alles zu thun, um dem
„Tode zu entfliehen, als im Kriege. Wie oft hat
„ein Mann nicht in einem Gefechte Gelegenheit sein
„Leben zu erretten, wenn er die Waffen von sich wer-
„fen und denjenigen, der ihm nachsetzt, um Gnade
„bitten will? Und so giebt es im menschlichen Leben
„viele Vorfälle, wo der Tod gar wohl vermieden
„werden kann, wenn man nur unverschämt genug
„ist, alles zu thun und zu sagen, was dazu erfor-
„dert wird. Dem Tode zu entfliehen, Männer von
Athen!

„Athen! ist zuweilen so schwer nicht, aber der Schan-
„de zu entkommen, ist weit schwerer: denn sie ist
„schneller, als der Tod. Daher kömmt es auch, daß
„ich langsamer, alter Mann von dem langsamsten
„ergriffen worden; da hingegen meine Ankläger, die
„ganz munter und lebhaft sind, von der sehr schnel-
„len Schande eingeholt worden sind. Ich gehe zum
„Tode, zu welchem ihr mich verurtheilt habet, und
„sie zur Schmach und Unehre, zu welcher sie von
„der Wahrheit und Gerechtigkeit verdammt werden.
„Ich bin mit dem Urtheilsspruche zufrieden, vermuth-
„lich sie auch: mithin gehen die Sachen, recht wie sie soll-
„ten, und ich für mein Theil finde die Wege des Schick-
„sals auch hierinn gerecht und verehrungswerth.„

Nachdem er hierauf den Richtern, die ihn verurtheilt, freymüthig, aber ohne Galle, einige Wahrheiten gesagt, wendete er sich zu denenjenigen, die für seine Lossprechung gestimmet hatten, und unterhielt sie
mit einer Art von Betrachtung für Leben, Tod und
Unsterblichkeit, die damals ziemlich der Fassungskraft
des gemeinen Volks angemessen gewesen seyn mag.
Als er aber mit seinen Schülern und vertrauten Freunden allein war, ließ er sich über eben diese Materie
mit

mit mehrerer Gründlichkeit heraus: daher wir unsre Leser, die in folgenden Gesprächen mit den reifern Gedanken dieses Weltweisen unterhalten werden sollen, mit jener exoterischen Philosophie billig verschonen.

Man führte ihn ins Gefängniß, das, wie Seneka sagt, durch die Gegenwart dieses Mannes seine Schmach verlor, indem das kein Kerker seyn kann, wo ein Sokrates ist. Unterwegs begegneten ihm einige von seinen Schülern, die über dasjenige, was ihm wiederfahren, ganz untröstlich waren. „Warum weinet ihr? fragte sie der Weise. Hat mich die Natur „nicht gleich bey meiner Geburt zum Tode verurtheilt? „Wenn mich der Tod einem wahren und ersprießlichen „Gute entrissen, so hätte ich und diejenigen, die mich „lieben, Ursache, meine Schicksal zu bedauren. Da „ich aber hienieden nichts, als Jammer und Elend „zurücklasse: so sollten mir meine Freunde zu meiner „Reise vielmehr Glück wünschen.‚‘

Apollodorus, der als ein sehr gutherziger Mensch, aber etwas schwacher Kopf, beschrieben wird, konnte sich gar nicht zufrieden geben, daß sein Lehrer und Freund so unschuldig sterben müßte. Guter Apollodorus! sprach Sokrates lächelnd, indem er ihm

die

die Hand auf den Kopf legte, würdeſt du es lieber
ſehen, wenn ich ſchuldig ſterben müßte? —

Was übrigens im Gefängniſſe und in den letzten
Stunden des ſterbenden Sokrates vorgegangen, wird
der Leſer in folgenden Geſprächen erfahren. Nur iſt
noch eine Unterredung mit dem Krito nicht aus der
Acht zu laſſen, aus welcher Plato ein beſonderes Ge-
ſpräch gemacht hat. Einige Tage vor der Hinrichtung
des Sokrates, kam Krito vor Anbruch des Tages zu
ihm ins Gefängniß, fand ihn in ſüßen Schlafe, und
ſetzte ſich leiſe neben ſein Bett, um ihn nicht zu ſtö-
ren. Als Sokrates erwachte, fragte er ihn, „war-
„um heute ſo früh? Freund Krito!„ Dieſer mel-
dete ihm, er hätte Nachricht, daß den nächſten Tag
das Todesurtheil vollzogen werden ſollte. „Wenn es
„der Wille Gottes iſt, antwortete Sokrates, mit ſeiner
„gewöhnlichen Gelaſſenheit, ſo ſey es! Indeſſen glau-
„be ich nicht, daß er morgen vor ſich gehen werde.
„Ich hatte, ſo eben als du zu mir kamſt, einen an-
„genehmen Traum. Mir erſchien ein Frauenzim-
„mer von ungemeiner Schönheit, in einem langen
„weißen Gewande, rief mich beym Namen und
„ſprach: In drey Tagen wirſt du in dein frucht=
„bares

„bares Phthia anlangen.„ — Eine feine Anspie-
lung! wodurch er zu verstehen gab, daß er sich nach
jenem Leben, wie beym Homer der erzürnte Achilles
sich aus dem Lager weg, und nach Phthia, seinem
Vaterlande, sehnete. Krito aber, der ganz andre
Absichten hatte, entdeckte seinem Freunde, daß er die
Wache bestochen, und alles Nöthige vorgekehrt hätte,
ihn bey nächtlicher Weile aus dem Gefängnisse zu ent-
führen; und daß es nunmehr nur auf ihn ankäme,
ob er einem schimpflichen Tode entkommen wollte.
Er suchte ihn auch durch die wichtigsten Vorstellungen zu überführen, daß dieses seine Pflicht und Schuldigkeit sey. Da er seine Liebe für sein Vaterland kann-
te: so stellte er ihm vor, wie er verbunden wäre
zu verhüten, daß die Athenienser nicht unschuldi-
ges Blut vergössen; er führte überdem an, daß ers
um seiner Freunde willen thun müßte, die, außer
den Schmerz über seinen Verlust, auch der schmäh-
lichen Nachrede würden ausgesezt bleiben, daß sie seine Befreyung vernachläßiget. Endlich unterließ er
auch nicht, ihm ein bewegliches Bild von dem Unglück
seiner hülflosen Kinder vorzuhalten, die alsdann seines väterlichen Unterrichts, Beyspiels und Schutzes
beraubt

beraubt seyn würden. Hierauf antwortete Sokrates:
„Mein lieber Krito! deine freundschaftliche Vorsorge
„ist löblich; und daher mit Dank anzunehmen, wenn
„sie sich mit der gesunden Vernunft verträgt. Ist
„sie aber derselben zuwider, so haben wir uns um so
„viel mehr dafür zu hüten. Wir sollten daher erst
„in Ueberlegung nehmen, ob dein Vorschlag gerecht
„und mit der Vernunft übereinstimmig sey, oder nicht.
„Ich habe mich allezeit gewöhnt, mich zu nichts be-
„reden zu lassen, als was ich, nach reiflicher Ueber-
„legung, für das Beste gehalten, und ich sehe kei-
„nen Grund, warum ich von meinen bisherigen Le-
„bensregeln anjetzo abwiche, ob ich gleich in der Ver-
„fassung bin, in welcher du mich siehest: sie erschei-
„nen mir noch immer in eben dem Lichte, und da-
„her kann ich nicht anders, als sie immer noch werth
„schätzen und verehren.„ Nachdem er seine falschen
Bewegungsgründe widerlegt, und ihm gezeigt, was
ein vernünftiger Mann den Gesetzen und dem Vaterlande schuldig sey, fährt er fort: „Wenn ich jetzt im
„Begriffe wäre, davon zu laufen, und die Repu-
„blik samt ihren Gesetzen erschienen, um mich zu fra-
„gen: Sprich, Sokrates! was bist du Willens zu
                                                „thun?

„thun? Bedenkst du nicht, daß dieses uns, den
„Gesetzen und dem gesamten Staate, so viel an dir
„liegt, den Untergang bereiten heißt? Oder glaubest
„du, daß ein Staat Bestand habe, und nicht noth=
„wendig zerrüttet werden müsse, in welchem die Ge=
„richtsurtheile keine Kraft haben, und von jeder Pri=
„vatperson vereitelt werden können? Was kann ich
„hierauf antworten, mein Werther? — Etwa, daß
„mir unrecht geschehen, und ich das Urtheil nicht
„verdiene, das wider mich gesprochen worden? Soll
„ich dieses antworten? — Krit. Beym Jupiter!
„ja, o Sokrates! — Sokr. Wenn aber die
„Gesetze erwiederten: Wie? Sokrates, hast du dich
„gegen uns nicht anheischig gemacht, alle Rechtssprü=
„che der Republik zu genehmigen? — Ich würde
„über diesen Antrag stutzen; allein sie würden fort=
„fahren: Laß dich dieses nicht befremden, Sokra=
„tes! sondern antworte nur; du bist ja sonst ein
„Freund von Fragen und Antworten; sag an, was
„mißfällt dir an uns und an der Republik, daß du
„uns zu Grunde richten willst? Mißfallen dir etwa
„die Gesetze der Ehe, durch welche dein Vater deine
„Mutter geheyrathet, und dich zur Welt gebracht;

d   miß=

„mißfallen dir diese? — Keineswegcs! würde ich ant-
„worten. So mißbilligest du etwa unsre Weise die
„Kinder zu erziehen und zu unterrichten? Ist die
„Einrichtung nicht löblich, die wir zu diesem Behufe
„gemacht, und die deinen Vater veranlaßt hat, dich
„in der Musik und Gymnastik *) unterrichten zu las-
„sen? — Sehr löblich! müßte ich antworten. — Du
„gestehest also, daß du uns deine Geburt, deine Auf-
„erziehung und deine Unterweisung zu verdanken hast,
„und folglich können wir dich sowohl, als jeden von
„deinen Vorfahren, als unsern Sohn und Unterge-
„benen betrachten. Ist dem aber also, so fragen
„wir: kömmt dir mit uns ein gleiches Recht zu? und
„bist du befugt, uns alles, was wir dir thun, mit glei-
„cher Münze zu bezahlen? Du wirst dir kein glei-
„ches Recht mit deinem Vater anmaßen, kein glei-
„ches Recht mit deinem Gebieter, wenn du einen
„hast: sie alles, was du von ihnen leidest, wieder
„empfinden zu lassen, dich mit Worten oder Thaten
„wider sie zu vergehen, wenn sie dir etwa zu nahe
„treten; und mit dem Vaterlande, und mit den
„Gese

---

*) Die Uebungen der Seelenkräfte wurden Musik, und der Leib-
besgeschicklichkeiten Gymnastik genannt.

„Gesetzen willst du gleiches Recht haben? Gegen uns
„willst du dich für befugt halten, so bald wir etwas
„wider dich beschlossen, dich wider uns aufzulehnen?
„den Gesetzen, dem Vaterlande, so viel bey dir steht,
„den Untergang anzurichten? und du glaubst recht=
„schaffen zu handeln? du, der du dich im Ernste der
„Tugend befleißigen willst? Steht es so um deine
„Weisheit, daß du nicht einmal einsiehest, daß Va=
„ter und Mutter und Vorfahren lange nicht so ehr=
„würdig, nicht so hoch zu schätzen, nicht so heilig sind,
„bey den Göttern sowohl, als bey allen Menschen,
„die bey Verstande sind, in keinem solchen Ansehen
„stehen, als das Vaterland?„ Sie fahren in diesem
Tone fort, und setzen endlich hinzu: „Bedenke,
„Sokrates! ob du nicht unbillig gegen uns ver=
„fährst? Wir haben dich gezeugt, erzogen und un=
„terrichtet; wir haben dich, und jeden atheniensischen
„Bürger, so viel bey uns gestanden, aller Wohltha=
„ten theilhaftig gemacht, die das gesellschaftliche Le=
„ben gewähren kann; und gleichwohl haben wir dir,
„und jedwedem, der sich zu Athen niedergelassen, die
„Erlaubniß gegeben, wenn ihm unsre Staatsverfas=
„sung, nach einer hinlänglichen Prüfung, nicht an=

„steht,

„steht, mit den Seinigen davon zu gehen, und sich
„wohin er will zu begeben. Die Thore von Athen
„stehen einem jeden offen, dem es in der Stadt nicht
„gefällt, und er kann das Seinige ungehindert mit-
„nehmen. Wer aber gesehen, wie es bey uns zu-
„gehet, und wie wir Recht und Gerechtigkeit handha-
„ben, und dennoch bey uns geblieben, der ist still-
„schweigend einen Vertrag eingegangen, sich alles ge-
„fallen zu lassen, was wir ihm befehlen; und wenn
„er ungehorsam ist, so begehet er eine dreyfache Un-
„gerechtigkeit. Er ist ungehorsam gegen seine Eltern,
„ungehorsam gegen seine Zucht- und Lehrmeister,
„und er übertritt den Vertrag, den er mit uns ein-
„gegangen ist. Liebster Freund Krito! diese Reden
„glaube ich zu hören, wie die Korybanten sich ein-
„bilden, den Ton der Flöten zu hören, und die
„Stimme klinget so stark in meinen Ohren, daß ich
„nichts anders darüber vernehmen kann.„ Krito
gieng weg, überzeugt, aber unwillig, daß die Vernunft seinen Vorschlag gemißbilliget hatte.

<hr />

Phädon

Phädon,

oder

über die Unsterblichkeit

der Seele.

Phädon,

oder
über die Unsterblichkeit
der Seele.

Echekrates, Phädon, Apollodorus, Sokrates,
Cebes, Krito, Simmias.

Erstes Gespräch.

Warst du selbst, mein Phädon! denselben Tag
beym Sokrates, als er im Kerker den Gift
zu sich nahm, oder hat es dir jemand erzählet?

Phädon.

Ich selbst, Echekrates! war da.

Echekrates.

Was waren denn des Mannes letzte Reden? Wie
verschied er? Ich möchte dieses so gern erzählen hören. Keiner von unsern Phliasischen Bürgern reiset
itzt sehr ofte nach Athen, und auch von daher hat
uns schon lange niemand besucht, der uns dergleichen

A 2   Nach-

Nachrichten hätte überbringen können. So viel ha=
ben wir vernommen: Sokrates hat Gift getrunken,
und ist gestorben; nicht den geringsten Umstand mehr.

Phädon.

Nichts von seiner Verurtheilung?

Echekrates.

O ja! das hat uns jemand erzählet. Wir ver=
wunderten uns noch, daß man ihn, nachdem er be=
reits verurtheilt gewesen, noch so lange hat leben
lassen. Wie kam dieses? Phädon!

Phädon.

Ganz von ungefähr, Echekrates! Es traf sich
eben, daß das Schiff, welches die Athenienser jähr=
lich nach Delos zu schicken pflegen, den Tag vor
seiner Verurtheilung bekränzt wurde.

Echekrates.

Und was ist das für ein Schiff?

Phädon.

Dasselbe, wie die Athenienser sagen, in welchem
einst Theseus die sieben Paar Kinder nach Kreta
geführt, die er allda, sowohl als sich selbst, beym Le=
ben erhalten hat. Die Stadt soll, wie es heißt, dem
                                        Apollo

Apollo damals das Gelübde gethan haben, wenn die junge Leute leben bleiben würden, ihm jährlich in diesem Schiffe stattliche Geschenke nach Delos zu schicken, und seit der Zeit hat man dem Gotte noch immer Wort gehalten.

Wenn das heilige Schiff abgehen soll, so behänget der Priester des Apollo das Hintertheil desselben mit Kränzen, und sofort nimmt die Feyer der Theorie ihren Anfang. Dieses Fest dauert so lange, bis das Schiff zu Delos angelangt, und von da wieder zurück gekommen ist, binnen welcher Zeit die Stadt von allem Blutvergießen rein gehalten wird, und nach dem Gesetze niemand öffentlich hingerichtet werden darf. Wenn das Schiff von widrigen Winden aufgehalten wird, so können die Verurtheilten hierdurch lange Frist gewinnen.

Der Zufall fügte es, wie ich schon vorhin gesagt, daß die Bekränzung des Schiffes einen Tag vorher geschahe, ehe Sokrates verurtheilet worden, und darum verstrich eine so geraume Zeit zwischen seiner Verurtheilung und seinem Tode.

Eche=

Echekrates.

Aber den letzten Tag, Phädon! wie gieng es da? Was hat er gesprochen? Was hat er gethan? Welche Freunde waren in der Todesstunde bey ihm? Oder wollten die Archonten niemanden zu ihm lassen? Und verschied er, ohne einen Freund um sich zu haben?

Phädon.

Keinesweges! es waren ihrer viele zugegen.

Echekrates.

Entschließe dich immer, lieber Phädon! uns alles dieses umständlich zu erzählen, wenn dich keine Geschäfte abhalten.

Phädon.

Ich habe itzt Muse, und werde euch suchen Genüge zu leisten. Mir ist nichts angenehmer, als meines Sokrates mich zu erinnern, von ihm zu reden oder reden zu hören.

Echekrates.

Und deine Zuhörer, Phädon! sind der nehmlichen Gesinnung. Erzähle also alles, so genau und so umständlich, als es dir möglich ist.

Phädon.

Ich war zugegen, Freund! aber mir war wunderbar

derbar zu Muthe. Ich fühlte kein Mitleiden, kein
solches Beklemmen, als wir zu empfinden pflegen,
wenn ein Freund in unsern Armen erblasset. Der
Mann schien mir glückselig, beneidenswerth, Echekrates! so sanft, so ruhig war sein Betragen in der
Todesstunde, so gelassen waren seine letzten Worte.
Sein Thun dünkte mich, nicht wie eines Menschen,
der vor seiner Zeit zu den Schatten des Orkus hinun-
ter wandelt; sondern wie eines Unsterblichen, der
versichert ist, da, wo er hinkömmt, so glückselig zu
seyn, als je einer gewesen. Wie konnte ich also die
bangen Empfindungen haben, mit welchen der Anblick eines gemeinen Sterbenden unser Gemüth zu
verwunden pflegt? Gleichwohl hatten die philosophischen Unterredungen unsers Lehrers damals die
reine Wollust nicht, die wir an ihnen gewohnt waren. Wir empfanden eine seltsame, nie gefühlte Mischung von Lust und Bitterkeit; denn das Vergnügen ward beständig von der nagenden Empfindung
unterbrochen: „Bald werden wir ihn auf ewig
„verlieren.„

Wir Anwesenden befanden uns alle in diesem son-

derba-

derbaren Gemüthszustande, und die entgegengesetzten
Wirkungen desselben zeigten sich gar bald eben so son-
derbar auf unsern Gesichtern. Man sah uns itzt lachen, itzt Thränen vergießen, und öfters zeigte sich
ein Lächeln um die Lippen, und heiße Zähren in den
Augen. Jedoch übertraf Apollodorus hierinnen
uns alle. Du kennest ihn, und sein weichmüthiges
Wesen.

Echekrates.

Wie sollte ich ihn nicht kennen?

Phädon.

Dieser machte die seltsamsten Bewegungen. Er
empfand alles weit feuriger, war entzückt, wenn wir
lächelten, und wo uns die Augen wie bethauet waren, da schwamm er in Zähren. Wir wurden durch
ihn fast mehr gerührt, als durch den Anblick unsers
sterbenden Freundes.

Echekrates.

Wer waren denn die Anwesenden alle?

Phädon.

Von den hiesigen Stadtleuten: Apollodorus,
Kritobulus und sein Vater Krito, Hermogenes,
Epi-

Epigenes, Aeschines, Antisthenes, Ktesippus, Menexenus und noch einige andere. Plato, glaube ich, war krank.

Echekrates.

Waren auch Fremde da?

Phädon.

Ja! aus Theben: Simmias, Cebes und Phädondes und aus Megara: Euklides und Terpsion.

Echekrates.

Wie? waren denn Aristippus und Kleombrotus nicht da?

Phädon.

O nein! diese sollen sich damals zu Aegine aufgehalten haben.

Echekrates.

Sonst war also niemand dabey?

Phädon.

Ich weiß mich auf keinen mehr zu besinnen.

Echekrates.

Nun, mein Lieber! was für Unterredungen sind dabey vorgefallen?

A 5   Phädon.

Phädon.

Ich werde dir alles vom Anfange bis zum Ende erzählen.

Wir waren gewohnt, so lange Sokrates im Gefängnisse saß, ihn täglich zu besuchen. Wir pflegten zu diesem Ende in der Gerichtsstube zusammen zu kommen, in welcher das Urtheil über ihn gesprochen worden (denn diese ist sehr nahe am Gefängnisse), und allda uns so lange mit Gesprächen zu unterhalten, bis die Kerkerthür aufgethan ward, welches denn nicht sehr früh zu geschehen pflegt. So bald diese aufgieng, begaben wir uns zum Sokrates, und brachten mehrentheils den ganzen Tag bey ihm zu. Den letzten Morgen fanden wir uns früher als gewöhnlich ein, denn wir erfuhren Abends vorher, als wir nach Hause giengen, daß das Schiff von Delos angekommen sey, und beschlossen, das letztemal uns so früh als möglich einzustellen.

Als wir zusammen waren, kam uns der Schliesser, der die Kerkerthür zu öffnen pflegte, entgegen, bat uns, zu verziehen, und nicht hinein zu gehen, bis er rufen würde. Denn die eilf Männer, sprach er, nehmen itzt dem Sokrates die Fessel ab, und melden ihm, daß

er

er heute sterben müsse. Nicht lange hernach kam er,
uns zu rufen. Als wir hinein giengen, fanden wir
den so eben losgebundenen Sokrates auf dem Bette
liegend, Xantippe, du kennest sie, saß neben ihm in
stiller Betrübniß, und hielt ihr Kind auf dem Schooße.
Als sie uns erblickte, fieng sie an, nach Weiberart,
überlaut zu jammern. Ach! Sokrates! dich se=
hen heute deine Freunde, und du sie zum letz=
tenmale! und ein Strom von Thränen folgte auf
diese Worte. Sokrates wandte sich zum Krito, und
sprach: Freund! laß sie nach Hause bringen. —

Kritons Bedienten führten sie hinweg: sie gieng
und heulete, und zerschlug sich jämmerlich die Brust.
Wir standen wie betäubt. Endlich richtete sich So=
krates im Bette auf, krümmete das Bein, das vorhin
gefesselt war, und indem er dasselbe mit der Hand rieb,
sprach er: O meine Freunde! welch ein seltsames
Ding scheinet das zu seyn, was die Menschen angenehm
nennen! wie wunderbar! Dem ersten Anblicke nach
ist es dem Unangenehmen entgegen gesetzt, indem keine
Sache dem Menschen zu gleicher Zeit angenehm und
unangenehm seyn kann; und dennoch kann niemand

eine

eine von diesen Empfindungen durch die Sinne erlangen, ohne unmittelbar darauf die entgegengesetzte zu
fühlen, als wenn sie an beiden Enden an einander be-
festiget wären. Hätte Aesopus dieses bemerkt, fuhr
er fort, so hätte er vielleicht folgende Fabel erdichtet.
„Die Götter wollten die streitenden Empfindungen mit
„einander vereinigen; als aber dieses sich nicht thun
„ließ, knüpften sie dieselben an beiden Enden zusam-
„men, und seit der Zeit folgen sie sich einander bestän-
„dig auf dem Fuße nach.„ So ergehet es mir auch itzt.
Die Fessel hatten mir Schmerzen verursacht, und itzt,
da sie hinweg sind, folgt die angenehme Empfindung nach.

Beym Jupiter! ergriff Cebes das Wort, gut, daß
du mich erinnerst, Sokrates! Du sollst, wie man sagt,
hier im Gefängnisse einige Gedichte verfertiget, nehmlich Aesopische Fabeln poetisch ausgeführet, und eine
Hymne an den Apollo aufgesetzet haben. Nun fragen
mich viele, und vornehmlich der Dichter Evenus, was
dich hier auf die Gedanken gebracht, Gedichte zu ver-
fertigen, da du doch solches vorher niemals gethan?
Soll ich dem Evenus Bescheid geben, wenn er mich
wieder

wieder fragt: (und fragen wird er gewiß,) so sage mir, was ich ihm antworten soll.

Sage ihm, o Cebes! erwiederte Sokrates, nichts als die Wahrheit: daß ich diese Gedichte keineswegs in der Absicht verfertiget, ihm in der Dichtkunst den Rang abzulaufen; denn ich weiß, wie schwer dieses ist; sondern bloß um eines Traumes willen, dem ich mir vorgenommen in allen möglichen Bedeutungen nachzuleben, und daher auch in dieser Art von Musik, in der Dichtkunst, meine Kräfte zu versuchen. Die Sache verhält sich aber folgender Gestalt. Ich hatte in vergangenen Zeiten sehr oft einen Traum, der mir unter vielerley Gestalten erschien, aber immer eben denselben Befehl gab: Sokrates! befleißige dich der Musik und übe sie aus! Bisher hielt ich diese Ermahnung bloß für eine Aufmunterung und Anfrischung, wie man sie den Wettläufern nachzurufen pflegt. Der Traum, dachte ich, will mir nichts neues zu thun befehlen; denn die Weltweisheit ist ja die vortreflichste Musik, und dieser habe ich mich stets beflissen; er will also bloß meinen Eifer, meine Liebe zur Weisheit anfeuern, damit sie nicht erkalte. Nunmehr aber, nachdem das Urtheil über

mich

mich gesprochen worden, und das Fest des Apollo
meinen Tod eine Zeitlang aufgeschoben, kam mir der
Gedanke ein, ob man mir nicht vielleicht der gemeinen
Musik obzuliegen befohlen, und ich hatte Muße ge=
nug, diesen Gedanken nicht fruchtlos verschwinden zu
lassen. Ich machte den Anfang mit einem Lobgesange
auf den Gott, dessen Fest damals gefeyert ward. Al=
lein mir fiel nachher bey, daß, wer Poet seyn will,
Erdichtungen, aber nicht Vernunftsätze behandeln müs=
se; daß aber ein Lobgesang keine Erdichtungen enthielte.
Da ich nun selbst keine Gabe zu dichten besitze; so be=
diente ich mich anderer Leute Erfindungen, und brachte
einige Fabeln des Aesops, die mir zuerst vor die Hand
kamen, in Verse. — Dieses kannst du, mein Ce=
bes! dem Evenus antworten. Entbiete ihm auch
meinen Gruß, und wenn er weise ist, so mag er mir
bald folgen. Ich werde, allem Ansehen nach, auf Be=
fehl der Athenienser noch heute abreisen.

Und dieses wünschest du dem Evenus? fragte Sim=
mias. Ich kenne diesen Mann sehr gut, und so viel
ich von ihm urtheilen kann, dürfte er dir für diesen
Wunsch schlechten Dank wissen. — Wie? versetzte je=
ner,

ner, ist denn Evenus kein Weltweiser? Mich dünkt,
ja, sprach Simmias. — Nun so wird er mir gewiß
gerne folgen, erwiederte Sokrates, er, und jedermann,
der diesen Namen verdienet. Er wird zwar nicht selbst
Hand an sich legen; denn dieses ist unerlaubt, wie einem
jeden bekannt ist. — Indem er dieses sagte, ließ er beide
Füße vom Bette auf die Erde herab, um in dieser Stellung die Unterredung fortzusetzen. Cebes fragte: Wie
ist dieses zu verstehen? Sokrates! Es ist nicht erlaubt,
sagst du, sich selbst zu entleiben, und dennoch soll jeder
Weltweise einem Sterbenden gerne nachfolgen?

Wie? Cebes! sprach Sokrates: Du und Simmias, ihr habet beide den Weltweisen Philolaus
gehört, hat er euch denn niemals hiervon etwas gesagt?

Nichts Ausführliches, mein Sokrates!

Nun gut! Ich habe verschiedenes von der Sache
gehöret, und will euch solches gerne mittheilen.
Mich dünkt, wer reisen will, habe Ursach, sich nach
der Beschaffenheit des Landes, dahin er zu kommen
gedenkt, wohl zu erkundigen, um sich einen richtigen
Begriff davon zu machen. Diese Unterredung ist
also meinen jetzigen Umständen angemessen, und was

könnte

könnte man auch den heutigen Tag bis Sonnen Untergang Wichtigeres vornehmen?

Wodurch beweiset man, fragte Cebes, daß der Selbstmord unerlaubt sey? Philolaus und andre Lehrer haben mir zwar vielfältig eingeschärft, daß er verboten sey, aber mehr hat mir niemand davon beygebracht. —

Wohlan! Laß uns versuchen, ob wir nicht ein mehreres davon heraus bringen können. Was meynest du? Cebes! Ich behaupte, daß der Selbstmord schlechterdings in allen möglichen Umständen unerlaubt sey. Wir wissen, es giebt Leute, für welche es besser wäre, gestorben zu seyn, als zu leben. Nun dürfte es dich befremden, daß die Heiligkeit der Sitten auch von diesen Unglücklichen fodern sollte, sich nicht selbst wohl zu thun, sondern eine andere wohlthätige Hand abzuwarten. — Das mag eine Stimme vom Jupiter erklären! antwortete Cebes lächelnd.

Und gleichwohl ist es so schwer nicht, diese anscheinende Ungereimtheit durch Gründe zu tilgen. Was man in den Geheimnissen zu sagen pflegt, daß wir Menschen hienieden wie die Schildwachen

aus=

ausgestellet wären, und also unsere Posten nicht
verlassen dürften, bis wir abgelöset würden,
ist zwar nicht ohne Grund, dürfte aber so leicht nicht
begriffen werden. Allein ich habe einige Vernunftgründe, die nicht schwer zu fassen sind. Ich glaube
als ausgemacht voraussetzen zu können, die Götter
(laßt mich jetzt sagen Gott, denn wen habe ich zu
scheuen?) Gott ist unser Eigenthumsherr, wir
sind sein Eigenthum, und seine Vorsehung be-
sorgt unser Bestes. Sind diese Sätze nicht deutlich?

Sehr deutlich, sprach Cebes.

Ein Leibeigner, der unter der Vorsorge eines gütigen Herrn stehet, handelt sträflich, wenn er sich den
Absichten desselben widersetzt. Nicht?

Allerdings!

Vielleicht, wenn ein Funken von Rechtschaffenheit
in seinem Busen glimmet, muß es ihm eine wahre
Freude seyn, die Wünsche seines Gebieters durch sich
erfüllet zu sehen, und um so vielmehr, wenn er von
der Gesinnung seines Herrn überzeugt ist, daß sein
eigenes Bestes an diesen Wünschen Theil nimmt.

B   Unver-

Unvergleichlich! mein Sokrates!

Aber wie? Cebes! als der unerschaffne Werk=
meister den künstlichen Bau des menschlichen Leibes
gewirkt, und ein vernünftiges Wesen hinein gesetzt,
hatte er da böse oder gute Absichten?

Ohne Zweifel gute.

Denn er müßte sein Wesen, die selbstständige Güte,
verleugnen, wenn er mit seinem Thun und Lassen
böse Absichten verknüpfen könnte; und was ist ein
Gott, der sein Wesen verleugnen kann?

Ein Unding, Sokrates! ein fabelhafter Gott,
dem das leichtgläubige Volk wandelbare Gestalten an=
dichtet.   Ich erinnere mich der Gründe gar wohl,
mit welchen du bey einer andern Gelegenheit diesen
lästerlichen Irrthum bestritten.

Derselbe Gott, Cebes! der den Leib gebauet, hat
ihn auch mit Kräften ausgerüstet, die ihn stärken, er=
halten, und vor allzufrühem Untergange bewahren.
Wollen wir auch diesen Erhaltungskräften höchst gü=
tige Absichten zum Ziele setzen?

Wie könnten wir anders?

Als

Als treugesinnten Leibeigenen also muß es uns eine heilige Pflicht seyn, die Absichten unsers Eigenthumsherrn zu ihrer Reife gedeihen zu lassen, sie nicht gewaltsamer Weise in ihrem Laufe zu hemmen; sondern vielmehr alle unsere freywilligen Handlungen mit denselben auf das vollkommenste übereinstimmen zu lassen.

Darum habe ich gesagt, mein lieber Cebes! daß die Weltweisheit die vortreflichste Musik sey, denn sie lehret uns, unsere Gedanken und Handlungen so einzurichten, daß sie, so viel uns möglich ist, mit den Absichten des allerhöchsten Eigenthumsherrn vollkommen übereinstimmen. Ist nun die Musik eine Wissenschaft, das Schwache mit dem Starken, das Rauhe mit dem Sanften, und das Unangenehme mit dem Angenehmen in eine Harmonie zu bringen: so kann gewiß keine Musik herrlicher und vortreflicher seyn, als die Weltweisheit, die uns lehret, nicht nur unsere Gedanken und Handlungen unter sich, sondern auch die Handlungen des Endlichen mit den Absichten des Unendlichen, und die Gedanken des Erdbewohners mit den Gedanken des Allwissenden in eine große und wundervolle Harmonie zu stimmen. —

B 2   O Ce-

O Cebes! und der verwegene Sterbliche sollte sich erdreisten, diese entzückende Harmonie zu zerstören?

Er würde den Abscheu der Götter und Menschen verdienen, mein lieber Sokrates!

Sage mir aber auch dieses, mein Trauter! Sind die Kräfte der Natur nicht Diener der Gottheit, die ihre Befehle vollstrecken?

Allerdings!

Sie sind also auch Wahrsager, die uns den Willen und die Absichten der Gottheit weit richtiger verkündigen, als die Eingeweide der Schlachtopfer; denn das ist unstreitig ein Rathschluß des Allerhöchsten, wohin die von ihm erschaffene Kräfte abzielen. Nicht?

Wer kann dieses leugnen?

So lange uns also diese Wahrsager andeuten, daß die Erhaltung unsers Lebens zu den Absichten Gottes gehöre, sind wir verpflichtet, unsere freyen Handlungen denselben gemäß einzurichten, und haben weder Fug noch Recht, den Erhaltungskräften unserer Natur Gewalt entgegen zu setzen, und die Diener der obersten Weisheit in ihrer Verrichtung zu stören. Diese Schul-

Schuldigkeit liegt uns so lange ob, bis Gott uns durch eben dieselben Wahrsager den ausdrücklichen Befehl zuschickt, dieses Leben zu verlassen, so wie er ihn heute mir zugeschickt hat.

Ich bin völlig überzeugt, sprach Cobes. Allein nunmehr begreife ich um so viel weniger, mein lieber Sokrates! wie du vorhin hast sagen können, ein jeder Weltweiser müsse einem Sterbenden gerne folgen wollen. Ist dieses wahr, was du itzt behauptest, daß wir ein Eigenthum Gottes sind, und daß derselbe unser Bestes besorge; so scheinet jener Satz ungereimt. Wie? soll ein vernünftiger Mann sich nicht betrüben, wenn er die Dienste eines Oberherrn verlassen muß, der sein bester und gütigster Versorger ist? Und wenn er auch hoffen könnte, durch den Tod frey, und sein eigener Herr zu werden: wie kann der unverständige Mündel sich schmeicheln, unter seiner eigenen Anführung besser zu stehen, als unter der Anführung des allerweisesten Vormundes? Ich sollte meynen, es sey vielmehr ein großer Unverstand, wenn man sich durchaus in Freyheit setzen, und auch den besten Oberherrn nicht über sich leiden will. Wer

B 3   Ver=

Vernunft besitzet, wird sich allezeit mit Vergnügen der
Aufsicht eines andern unterwerfen, dem er bessere
Einsichten zutrauet, als sich selbst. Ich würde also
gerade das Gegentheil von deiner Meynung heraus-
bringen. Der Weise, würde ich sagen, müsse sich
betrüben, der Thor aber freuen, wenn er sterben
soll.

Sokrates hörete ihm aufmerksam zu, und schien
sich an seiner Scharfsinnigkeit zu ergetzen. Sedann
kehrte er sich zu uns, und sprach: Cebes kann schon
einem zu schaffen machen, der wider ihn etwas behaupten will. Er hat beständig Ausflüchte.

Allein diesesmal, sprach Simmias, scheinet Cebes nicht Unrecht zu haben, mein lieber Sokrates!
In der That, wodurch kann ein Weiser bewogen werden, sich ohne Mißvergnügen der gütigen Vorsorge
des allerweisesten Aufsehers zu entziehen? — Und
wo mir recht ist, Sokrates! so zielet Cebes mit seinen Einwürfen eigentlich wider deine itzige Aufführung,
der du so gelassen, so willig, nicht nur uns alle ver-
lässest, denen dein Tod so schmerzlich fällt; sondern
dich auch der Aufsicht und Vorsorge eines solchen Be-
herrschers

herrschers entäußerst, den du uns als das weiseste und gütigste Wesen zu verehren gelehret hast.

So? sprach Sokrates, man hat mich angeklaget, wie ich höre? Ich werde mich also wohl förmlich vertheidigen müssen?

Allerdings! sprach Simmias.

Gut! versetzte Sokrates: Ich will mich bemühen, meine jetzige Schutzrede besser einzurichten, als die, welche ich vor meinen Richtern gehalten habe.

Höre, Simmias! und du, Cebes! Hätte ich nicht Hoffnung, da, wo ich hinkomme, erstlich immer noch unter demselben gütigsten Versorger zu stehen, und zweytens die Seelen der Verstorbenen anzutreffen, deren Umgang aller Freundschaft hienieden vorzuziehen ist: so wäre es freylich eine Thorheit, den Tod so wenig zu achten, und ihm willig in die Arme zu rennen. So aber habe ich die allertröstlichsten Hoffnungen, daß mir beides nicht entstehen wird. Das letztere zwar getraue ich mir nicht mit aller Gewißheit zu behaupten; aber daß die Vorsehung Gottes auch da noch über mich walten werde, dieses, Freunde! behaupte ich so zuversichtlich, so gewiß, als ich in meinem

B 4

nem

nem Leben etwas behauptet habe. Darum betrübt
es mich auch nicht, daß ich verscheiden soll; denn ich
weiß, daß mit dem Tode noch nicht alles für uns aus ist.
Es folgt ein anderes Leben, und zwar ein solches, das,
wie die alte Sage versichert, für Tugendhafte weit
glückseliger seyn wird, als für Lasterhafte.

Wie da? sprach Simmias, mein lieber Sokrates! Willst du diese heilsame Versicherung im Innersten deiner Seele verschlossen mitnehmen? oder auch
uns eine Lehre gönnen, die so viel tröstliches hat? Es
ist billig, seinen Freunden ein so herrliches Gut mitzu-
theilen, und wenn du uns von deiner Meynung über-
zeugest, so ist auch deine Schutzrede fertig.

Ich will es versuchen, versetzte er. Doch laß uns
erst den Kriton hören, der schon lange etwas sagen
zu wollen scheinet.

Ich? nichts, mein Lieber! erwiederte Kriton. —
Der Mann hier, der dir den Gift bringen soll, läßt
mir keine Ruhe: ich soll dich bitten, nicht so viel zu reden. Man erhitzt sich so sehr, spricht er, und dann
wirkt der Trank so gut nicht. Er hätte schon öfters
einen zweyten oder dritten Gifttrunk bereiten müssen,

für

für Leute, die ſich das Reden nicht hätten verweh-
ren laſſen,

Laß ihn, im Namen der Götter! ſprach Sokrates, hingehen und ſein Amt verſehen. Er halte den
zweyten Gifttrunk bereit, oder den dritten, wenn er
meynet. —

Dieſe Antwort hatte ich mir vermuthet, ſprach Kriton; allein der Menſch will nicht ablaſſen. —

O laß ihn! verſetzte Sokrates. Ich habe hier
meinen Richtern Rechenſchaft zu geben, warum ein
Menſch, der in der Liebe zur Weisheit grau geworden, in den letzten Stunden fröliches Muths ſeyn
müſſe, indem er ſich nach dem Tode die größte Seligkeit zu verſprechen hat. Mit welchem Grunde,
Simmias und Cebes! ich dieſes behaupte, will
ich zu erklären ſuchen, —

Das wiſſen vielleicht die wenigſten, meine Freunde!
daß, wer ſich der Liebe zur Weisheit wahrhaftig ergeben, ſeine ganze Lebenszeit dazu anwende, mit dem
Tode vertrauter zu werden, ſterben zu lernen. Iſt
aber dieſes: welch eine Ungereimtheit wäre es nicht, in
ſeinem ganzen Leben, alle Wünſche, alle Bemühungen

B 5   nach

nach einem einzigen Ziele zu lenken, und sich doch zu betrüben, wenn das längst erwünschte Ziel endlich erreicht wird?

Simmias lachte. Beym Jupiter! sprach er, Sokrates! ich muß lachen, so wenig ich auch dazu aufgelegt bin. Was du hier sagst, dürfte das Volk nicht so sehr befremden, als du meynest. Das hiesige insbesondre könnte dir sagen: wie sie gar wohl wüßten, daß die Weltweisen sterben lernen wollten, daher sie ihnen auch das wiederfahren ließen, was sie verdieneten, und wornach sie sich sehneten.

Ich würde ihnen alles einräumen, Simmias! nur das nicht, daß sie es einsehen. Sie wissen nicht, was der Tod ist, nach dem die Weltweisen sich sehnen, und in wie weit sie ihn verdienen. Doch was gehen uns jene an? Ich rede itzt mit meinen Freunden.

Ist der Tod nicht etwas, das sich beschreiben und erklären läßt?

Freylich! versetzte Simmias.

Ist er aber etwas anders, als eine Trennung des Leibes und der Seele? — Sterben nehmlich heißt dieß nicht, wenn die Seele den Leib, und der Leib die Seele der-

dergestalt verläßt, daß sie keine Gemeinschaft unterein=
ander mehr haben, und jeder für sich bleibet? Oder weißt
du deutlicher anzuzeigen, was der Tod sey?

Nein! mein Lieber!

Ueberlege einmal, Freund! ob es dir auch so vor=
kömmt, wie mir.   Was meynest du?   Wird der wah=
re Liebhaber der Weisheit den sogenannten Wollüsten
nachhängen, und nach köstlichen Speisen und Ge=
tränken so sonderlich streben?

Nichts weniger, antwortete Simmias.

Wird er der Liebe ergeben seyn?

Eben so wenig!

Und in Ansehung der übrigen Leibesbequemlichkeiten?
Wird er in seinen Kleidern z. B. auf Pracht und Uep=
pigkeit sehen, oder wird er sich mit dem Nothwendigen
begnügen und das Ueberflüßige nicht achten?

Was man entbehren kann, sprach jener, macht
dem Weisen keine Sorgen.

Wollen wir nicht überhaupt sagen, fuhr Sokrates
fort, der Weltweise suchet sich aller unnöthigen Leibes=
sorgen zu entschlagen, um mit mehrerer Achtsamkeit
der Seele warten zu können?

Warum

Warum nicht?

Er unterscheidet sich also schon hierinn von den übrigen Menschen, daß er sein Gemüth nicht ganz von den Leibesangelegenheiten fesseln läßt, sondern seine Seele zum Theil der Gemeinschaft des Leibes zu entwöhnen sucht.

Es scheint so.

Der größte Haufe der Menschen, o Simmias! wird dir sagen, daß der nicht zu leben verdiene, wer die Annehmlichkeiten des Lebens nicht genießen will. Das nennen sie, sich nach dem Tode sehnen, wenn man dem sinnlichen Wohlleben absagt und sich aller fleischlichen Wollust enthält.

Dies ist die Wahrheit, Sokrates!

Ich gehe weiter. Hindert der Körper nicht öfters den Weisheitliebenden im Nachdenken, und wird er sich sonderlichen Fortgang in der Weisheit versprechen können, wenn er sich nicht von den sinnlichen Gegenständen zu erheben gelernet hat? — Ich erkläre mich — Die Eindrücke des Gesichts und des Gehörs sind, so, wie sie uns von den Gegenständen zugeschickt werden, blos einzelne Empfindungen, noch

keine

keine Wahrheiten; denn diese müssen erst mit dem Verstande aus ihnen gezogen werden. Nicht?

Allerdings!

Auch als einzelnen Empfindungen ist ihnen nicht völlig zu trauen, und die Dichter singen mit Recht: die Sinne täuschen und begreifen nichts deutlich. Was wir hören und sehen, ist voller Verwirrung und Dunkelheit. Können uns aber diese beiden Sinne keine deutlichen Einsichten gewähren: so wird der übrigen weit undeutlichern Sinnen gar nicht zu gedenken seyn.

Freylich nicht.

Wie muß es nun die Seele anfangen, wenn sie zur Wahrheit gelangen will? Wo sie sich auf die Sinne verläßt, so ist sie betrogen.

Richtig!

Sie muß also nachdenken, urtheilen, schließen, erfinden; um durch diese Mittel, so viel möglich, in das wahre Wesen der Dinge einzudringen.

Ja!

Aber wann geht das Nachdenken am besten von statten? Mich dünkt, wenn wir uns gleichsam nicht fühlen, wenn weder Gesicht noch Gehör, weder angenehme

genehme noch unangenehme Empfindungen uns an
uns selbst erinnern. Alsdann ziehet die Seele ihre
Aufmerksamkeit von dem Körper ab, verläßt, so viel
sie kann, seine Gesellschaft, um in sich versammelt,
nicht den Sinnenschein, sondern das Wesen, nicht
die Eindrücke, wie sie uns zugeführet werden, son=
dern das, was sie wahres enthalten, zu betrachten.

Richtig!

Abermals eine Gelegenheit, bey welcher die Seele
des Weisen den Leib zu meiden, und sich, so viel sie
kann, von ihm zu entfernen suchen muß.

Allem Ansehen nach!

Um die Sache noch deutlicher zu machen: Ist die
allerhöchste Vollkommenheit ein bloßer Gedanke,
ohne äußerlichen Gegenstand, oder bedeutet es ein wirk=
liches Wesen, daß außer uns vorhanden ist?

Freylich ein wirkliches, außer uns vorhandenes,
schrankenloses Wesen, dem das Daseyn vorzugsweise
zukommen muß, mein Sokrates!

Und die allerhöchste Güte, und die allerhöchste Weis=
heit? Sind diese auch etwas Wirkliches?

Beym

Beym Jupiter! ja! Es sind unzertrennliche Eigenschaften des allervollkommensten Wesens, ohne welche jenes nicht da seyn kann.

Wer hat uns aber dieses Wesen kennen gelehret? Mit den Augen des Leibes haben wir es doch nie gesehen?

Gewiß nicht!

Wir haben es auch nicht gehört, nicht gefühlt; kein äußerlicher Sinn hat uns je einen Begriff von Weisheit, Güte, Vollkommenheit, Schönheit, Denkungsvermögen, u. s. w. zugeführet, und dennoch wissen wir, daß diese Dinge außer uns wirklich sind, in dem allerhöchsten Grade wirklich sind. Kann uns niemand erklären, wie wir auf diese Begriffe gekommen sind?

Simmias sprach, die Stimme Jupiters, mein lieber Sokrates! Ich werde mich abermals auf dieselbe berufen.

Wie? meine Freunde! wenn wir in jenem Zimmer eine vortrefliche Flötenstimme höreten, würden wir nicht hinlaufen, den Flötenspieler zu kennen, der unser Ohr so sehr zu entzücken weiß?

Vielleicht

Vielleicht jetzo nicht, lächelte Simmias, da wir
hier die vortreflichste Musik hören.

Wenn wir ein Gemälde betrachten, fuhr Sokra=
tes fort, so wünschen wir, die Meisterhand zu ken=
nen, die es verfertiget hat. Nun liegt in uns selbst
das allervortreflichste Bild, das Götteraugen und Men=
schenaugen jemals gesehen, das Bild der allerhöchsten
Vollkommenheit, Güte, Weisheit, Schönheit, u. s. f.
und wir haben uns noch nie nach dem Maler erkundigt,
der diese Bilder hineingezeichnet?

Cebes erwiederte: Ich erinnere mich einst vom
Philolaus eine Erklärung gehört zu haben, die der
Sache vielleicht Genüge thut.

Will Cebes seine Freunde, versetzte Sokrates,
nicht an dieser Hinterlassenschaft des glückseligen Phi=
lolaus Theil nehmen lassen?

Wenn diese, sprach Cebes, die Erklärung nicht
lieber von einem Sokrates hören möchten. Doch
es sey! — Alle Begriffe von unkörperlichen Din=
gen, sprach Philolaus, hat die Seele nicht von den
äußern Sinnen, sondern durch sich selbst erlangt, in=
dem sie ihre eigenen Wirkungen beobachtet, und da=

durch

durch ihr eigenes Wesen und ihre Eigenschaften ken:
nen lernt. — Dieses deutlicher zu machen, habe
ich ihn oft eine Erdichtung hinzusetzen hören: Laßt
uns vom Homer, pflegte er zu sagen, die beiden Ton:
nen entlehnen, die in dem Vorsaale Jupiters liegen,
aber zugleich uns die Freyheit ausbitten, sie nicht mit
Glück und Unglück, sondern die zur Rechten mit wah:
rem Wesen, und die zur Linken mit Mangel und Un:
wesen anzufüllen. — So oft die Allmacht Jupi:
ters einen Geist hervorbringen will, so schöpft er aus
diesen beiden Tonnen, wirft einen Blick auf das ewi:
ge Schicksal, und bereitet, nach dessen Maßgebung,
eine Mischung von Wesen und Mangel, welche die
völlige Grundanlage des künftigen Geistes enthält.
Daher findet sich zwischen allen Arten von geistigen
Wesen eine verwundernswürdige Aehnlichkeit; denn
sie sind alle aus eben den Tonnen geschöpft, und nur
an der Mischung unterschieden. Wenn also unsere
Seele, welche gleichfalls nichts anders ist, als eine
solche Mischung von Wesen und Mangel, sich selbst
beobachtet, so erlanget sie einen Begriff von dem
Wesen der Geister und ihren Schranken, von Ver:
mögen und Unvermögen, Vollkommenheit und Un:

C   voll:

vollkommenheit, von Verstand, Weisheit, Kraft,
Absicht, Schönheit, Gerechtigkeit und tausend andern
unkörperlichen Dingen, über welche sie die äußern
Sinne in der tiefsten Unwissenheit lassen würden.

Wie unvergleichlich! versetzte Sokrates. Siehe,
Cebes! Du besitzest einen solchen Schatz, und wollt
test mich sterben lassen; ohne mir denselben einmal
zu zeigen! — Doch laß sehen, wie wir ihn noch vor
dem Tode genießen wollen. Philolaus sagte also:
Die Seele erkennet ihre Nebengeister, indem sie sich
selbst beobachtet. Nicht?

Ja!

Und sie erlanget Begriffe von unkörperlichen Din=
gen, indem sie ihre eigenen Fähigkeiten auseinander
setzt, und jeder, um sie deutlicher unterscheiden zu
können, einen besondern Namen giebt?

Allerdings.

Wenn sie aber ein höheres Wesen, als sie selbst ist,
einen Dämon z. B. sich denken will, wer wird ihr
die Begriffe dazu hergeben?

Cebes schwieg, und Sokrates fuhr fort: Habe
ich die Meynung des Philolaus anders recht begrif=

fen,

sen, so kann sich die Seele zwar niemals von einem höhern Wesen, als sie selbst ist, oder nur von einer höhern Fähigkeit, als sie selbst besitzet, einen der Sache gemäßen Begriff machen; allein sie kann gar wohl überhaupt die Möglichkeit eines Dinges begreifen, dem mehr Wesen und weniger Mängel zu Theile worden, als ihr selbst, das heißt, welches vollkommener ist, als sie; oder hast du es vielleicht vom Philolaus anders gehört?

Nein!

Und von dem allerhöchsten Wesen, von der allerhöchsten Vollkommenheit hat sie auch nicht mehr, als diesen Schimmer einer Vorstellung. Sie kann das Wesen desselben nicht in seinem ganzen Umfange begreifen *); aber sie denkt ihr eigenes Wesen, das, was

C 2   sie

---

*) Einige Weltweise wollen uns durch die Betrachtung demüthigen, daß wir von Gott nicht wissen, was er ist, sondern was er nicht ist, und stellen durch eine unmerkliche Verdrehung die Sache so vor, als wenn wir von Gott und seinen Eigenschaften gar nichts wüßten. Nun ist es nicht zu läugnen, daß wir von dem wahren Begriffe einer Sache noch weit entfernt seyn können, wenn wir auch wissen, daß sie dieses, oder jenes nicht sey. Allein wie oft ist nicht schon

mit

sie Wahres, Gutes, und Vollkommenes hat, trennet
es in Gedanken von dem Mangel und Unwesen, mit
wel=

mit Grunde angemerkt worden, daß wir dem vollkommensten
Wesen nur Mängel und Einschränkungen absprechen, und
diese Art von Verneinungen den Werth wahrer Bejahungen
habe. Daß wir zuweilen für gut finden, die Eigenschaften
Gottes verneinungsweise auszudrücken, ist eigentlich dem Ur=
sprung unserer Begriffe von Gott zuzuschreiben, als welche
die Verneinung unserer eigenen Mängel und Schwachheiten
zum Grunde haben. Das Wort unveränderlich z. B. ist
die Verneinung einer Unvollkommenheit, und im Grunde
ein positiver Begriff, nehmlich immer dasselbe; aber wir
drücken diesen Begriff verneinungsweise aus, weil wir durch
die Verneinung der uns beywohnenden Veränderlichkeit
daraufgekommen sind. In diesem Verstande ist also der an=
geführte Satz ungegründet, denn unsere Begriffe von Gott
zeigen nicht an, was Gott nicht ist; sondern was ihm nicht
fehlet. Will man aber nur so viel sagen, daß wir von den
positiven Eigenschaften Gottes keine Anschauung, keine selbst=
gefühlte Vorstellung haben; so wird dieses willig zugegeben,
jedoch mit Verzicht auf die Folgen, die mancher aus diesem
an sich unschuldigen Satze hat ziehen wollen. Das wenige,
was uns von den göttlichen Eigenschaften bekannt ist, ver=
liert dadurch weder seine Wahrheit noch Gewißheit, weder
Leben noch Ueberzeugung. Können wir gleich die Unend=
lichkeit der göttlichen Vollkommenheiten nie selbst fühlen;
so haben wir doch durch die innere Anschauung unserer selbst
die Grundlage zu diesen Vollkommenheiten kennen lernen,
und

welchem es in ihr vermischt ist, und geräth dadurch auf den Begriff eines Dinges, das lauter Wesen, lauter Wahrheit, lauter Güte und Vollkommenheit ist. —

Apollodorus, der bisher alle Worte des So= krates leise nachgesprochen hatte, gerieth hier in Entzückung, und wiederholte laut: das lauter We= sen, lauter Wahrheit, lauter Güte, lauter Vollkommenheit ist.

Und Sokrates fuhr fort: Sehet ihr, meine Freunde! wie weit sich der Weisheitsliebende von den Sinnen und ihren Gegenständen entfernen muß, wenn er das begreiffen will, was zu begreiffen wahre Glückseligkeit ist, das allerhöchste und vollkommenste

E 3   Wesen?

und diese anschauend erkannte Grundlage mit der hinzuge= fügten symbolischen Absonderung der Mängel und Einschrän= kungen geben einer Menge von Lehrsätzen und Folgen ihre ausgemachte Gewißheit. Saunderson hatte keine selbstge= fühlte Vorstellung vom Lichte; aber die allgemeine Aehn= lichkeit des Gesichts mit den übrigen Sinnen machte es mög= lich, ihm einige Merkmale der Lichtstrahlen durch Worte bey= zubringen, und die ganze Theorie der Optik, die er seinen Zu= hörern aus diesen Grundbegriffen erklärte, war nichts desto weniger unumstößlich.

Wesen? In dieser Gedankenjagt muß er Augen und Ohren verschließen, Schmerz und Sinnenlust ferne von seiner Achtsamkeit seyn lassen, und wenn es möglich wäre, seines Leibes ganz vergessen, um desto einsamer sich ganz auf seine Seelenvermögen und ihre innere Wirksamkeit einzuschränken.

Der Leib ist seinem Verstande bey dieser Untersuchung nicht nur ein unnützlicher, sondern auch ein beschwerlicher Gesellschafter: denn jetzt sucht er weder Farbe noch Größe, weder Töne noch Bewegung, sondern ein Ding, das alle mögliche Farben, Größen, Töne und Bewegungen, und, was noch weit mehr ist, alle mögliche Geister sich aufs deutlichste vorstellet, und in allen ersinnlichen Ordnungen hervorbringen kann. Welch ein unbehülflicher Gefährte ist der Körper auf dieser Reise?

Wie erhaben! rief Simmias, aber auch wie wahr!

Die wahren Weltweisen, sprach Sokrates, die diese Gründe in Erwägung ziehen, können nicht anders, als diese Meynung hegen, und einer zum andern sprechen: Siehe! hier ist ein Irrweg, der uns

uns immer vom Ziele weiter weg führet, und alle unsere Hoffnungen vereitelt. Wir sind versichert, daß die Erkenntniß der Wahrheit unser einziger Wunsch sey. Aber so lange wir uns hier auf Erden mit dem Leibe schleppen; so lange unsere Seele noch mit dieser irrdischen Seuche behaftet ist; können wir uns unmöglich schmeicheln, diesen Wunsch ganz erfüllt zu sehen. Wir sollen die Wahrheit suchen. Leider! läßt uns der Körper wenig Muße zu dieser wichtigen Unternehmung. Heute fordert sein Unterhalt unsere ganze Sorge; morgen fechten ihn Krankheiten an, die uns abermals stören; sodann folgen andere Leibesangelegenheiten, Liebe, Furcht, Begierden, Wünsche, Grillen und Thorheiten, die uns unaufhörlich zerstreuen, die unsere Sinnen von einer Eitelkeit zur andern locken, und uns nach dem wahren Gegenstande unserer Wünsche, nach der Weisheit, vergebens schmachten lassen. Wer erregt Krieg, Aufruhr, Streit und Uneinigkeit unter den Menschen? wer anders, als der Körper, und seine unersättlichen Begierden? Denn die Habsucht ist die Mutter aller Unruhen, und unsere Seele würde niemals nach eigenthümlichen Besitzungen geizen, wenn sie nicht für

die

die hungrigen Begierden ihres Leibes zu sorgen hätte.
Solchergestalt sind wir die meiste Zeit beschäfftiget,
und haben selten Muße zur Weltweisheit. Endlich,
erzielet man auch irgend eine müßige Stunde, und
macht sich bereit, die Wahrheit zu umarmen: so stehet uns abermals dieser Störer unserer Glückseligkeit,
der Leib, im Wege, und bietet uns seine Schatten,
statt der Wahrheit, an. Die Sinne halten uns, wider unsern Dank, ihre Scheinbilder vor, und erfüllen
die Seele mit Verwirrung, Dunkelheit, Trägheit und
Aberwitz: und sie soll in diesem allgemeinen Aufruhr
gründlich nachdenken und die Wahrheit erreichen? uns
möglich! Wir müssen also die seligen Augenblicke ab-
warten, in welchen Stille von Außen und Ruhe von
Innen uns das Glück verschafft, den Leib völlig aus
der Acht zu schlagen, und mit den Augen des Geistes
nach der Wahrheit hinzusehen. Aber wie selten, und
wie kurz sind auch diese seligen Augenblicke! ——

. Wir sehen ja deutlich, daß wir das Ziel unserer Wünsche, die Weisheit, nicht eher erreichen werden, als nach
unserm Tode; beym Leben ist keine Hoffnung dazu.
Denn kann anders die Seele, so lange sie im Leibe wohnet, die Wahrheit nicht deutlich erkennen, so müssen

wir

wir eines von beiden setzen: entweder, wir werden sie niemals erkennen, oder, wir werden sie nach unserm Tode erkennen, weil die Seele alsdann den Leib verläßt, und vermuthlich in dem Fortgange zur Weisheit weit weniger aufgehalten wird. Wollen wir uns aber in diesem Leben zu jener seligen Erkenntniß vorbereiten, so müssen wir unterdessen dem Leibe nicht mehr gewähren, als was die Nothwendigkeit erfordert; wir müssen uns seiner Begierden und Lüste enthalten, und uns, so oft als möglich, im Nachdenken üben, bis es dem Allerhöchsten gefallen wird, uns in Freyheit zu setzen. Alsdann können wir hoffen, von den Thorheiten des Leibes befreyet, die Quelle der Wahrheit, das allerhöchste und vollkommenste Wesen, mit lautern und heiligen Sinnen zu beschauen, indem wir vielleicht andere neben uns eben derselben Glükseligkeit genießen sehen. — Diese Sprache, mein lieber Simmias! dürfen die wahren Wissensbegierigen unter einander führen, wenn sie sich von ihren Angelegenheiten besprechen, und diese Meynung müssen sie auch hegen, wie ich glaube; oder dünkt es dich anders?

Nicht anders, mein Sokrates!

Wenn

Wenn aber dem also ist, mein Lieber! hat ein solcher, der mir heute nachfolget, nicht große Hoffnung, da wo wir hinkommen, besser als irgendwo, das zu erlangen, wornach er im gegenwärtigen Leben so sehr gerungen?

Allerdings!

Ich kann also meine Reise heute mit guter Hoffnung antreten, und jeder Wahrheitliebender mit mir, wenn er bedenkt, daß ihm ohne Reinigung und Vorbereitung kein freyer Zutritt zu den Geheimnissen der Weis= heit verstattet wird.

Dieses kann nicht geleugnet werden, sprach Sim= mias.

Die Reinigung aber ist nichts anders, als die Entfernung der Seele von dem Sinnlichen, und an= haltende Uebung über das Wesen und die Eigenschaf= ten der Seele selbst Betrachtungen anzustellen, ohne sich darinn etwas, das nicht die Seele ist, irren zu lassen; mit einem Worte, die Bemühung, sowohl in diesem als in dem zukünftigen Leben, die Seele von den Fesseln des Leibes zu befreyen, damit sie un= gehindert sich selbst betrachten, und dadurch zur Er= kenntniß der Wahrheit gelangen möge.

Aller=

Allerdings!

Die Trennung des Leibes von der Seele nennet man den Tod.

Freylich.

Die wahren Liebhaber der Weisheit wenden also alle ersinnliche Mühe an, sich dem Tode, so viel sie können, zu nähern, sterben zu lernen. Nicht?

Es scheinet so.

Wäre es nun aber nicht höchst ungereimt, wenn ein Mensch, der in seinem ganzen Leben nichts gelernet, als die Kunst zu sterben, wenn ein solcher, sage ich, zuletzt sich betrüben wollte, da er den Tod sich nahen sieht; wäre es nicht lächerlich?

Unstreitig.

Also, Simmias! muß den wahren Weltweisen der Tod niemals schrecklich, sondern allezeit willkommen seyn. Die Gesellschaft des Leibes ist ihnen bey allen Gelegenheiten beschwerlich; denn wofern sie den wahren Endzweck ihres Daseyns erfüllen wollen, so müssen sie suchen die Seele vom Leibe zu trennen, und gleichsam in sich selbst zu versammeln. Der Tod ist diese Trennung, die längstgewünschte Befreyung von

der

der Gesellschaft des Leibes. Welche Ungereimtheit
also, bey Herannahung desselben zu zittern, sich zu
betrüben! Getrost und fröhlich vielmehr müssen wir
dahin reisen, wo wir Hoffnung haben, unsere Liebe zu
umarmen, ich meyne die Weisheit, und des überlästi-
gen Gefährten los zu werden, der uns so vielen Kum-
mer verursacht hat. Wie? gemeine und unwissende
Leute, denen der Tod ihre Gebieterinnen, ihre Weiber oder ihre Kinder geraubt, wünschen in ihrer Betrübniß nichts sehnlicher, als die Oberwelt verlassen
und zu dem Gegenstande ihrer Liebe, oder ihrer Begierden, hinabsteigen zu können: und diese, die gewisse Hoffnung haben, ihre Liebe nirgend in solchem
Glanze zu erblicken, als in jenem Leben, diese sind
voller Angst? diese beben? und treten nicht vielmehr
mit Freuden die Reise an? O nein! mein Lieber!
nichts ist ungereimter, als ein Weltweiser, der den
Tod fürchtet.

Beym Jupiter! ganz vortreflich, rief Simmias.

Zittern und voller Angst seyn, wenn der Tod
winkt, kann dieses nicht für ein untrügliches Kennzei-
chen genommen werden, daß man nicht die Weisheit,

sondern

ſondern den Leib, das Vermögen, die Ehre oder alle
drey zuſammen liebet?

Ganz untrüglich.

Wem geziemet die Tugend, die wir Mannhaftig=
keit nennen, mehr als dem Weltweiſen?

Niemanden!

Und die Mäßigkeit, dieſe Tugend, die in der
Fertigkeit beſtehet, ſeine Begierden zu bezähmen, und
in ſeinem Thun und Laſſen eingezogen und ſittſam zu
ſeyn, wird ſie nicht vornehmlich bey dem zu ſuchen
ſeyn, der ſeinen Leib nicht achtet, und bloß in der Welt=
weisheit lebt und webt?

Nothwendig, ſprach er.

Aller übrigen Menſchen Mannhaftigkeit und Mäſ=
ſigkeit wird dir ungereimt ſcheinen, wenn du ſie näher
betrachteſt.

Wie ſo? mein Sokrates!

Du weißt, verſetzte er, daß die mehreſten Men=
ſchen den Tod für ein ſehr großes Uebel halten.

Richtig, ſprach er.

Wenn alſo dieſe, ſo genannten, tapfern und mann=

haften

haften Leute, unerſchrocken ſterben, ſo geſchiehet es bloß aus Furcht eines noch größern Uebels.

Nicht anders.

Alſo ſind alle Mannhaften, außer den Weltweiſen, bloß aus Furcht unerſchrocken. Iſt aber eine Unerſchrockenheit aus Furcht nicht höchſt ungereimt?

Dieſes iſt nicht zu leugnen.

Mit der Mäßigkeit hat es dieſelbe Beſchaffenheit. Aus Unmäßigkeit leben ſie mäßig und enthaltſam. Man ſollte dieſes für unmöglich halten, und dennoch trifft es bey dieſer unvernünftigen Mäßigkeit völlig ein. Sie enthalten ſich gewiſſer Wollüſte, um andere, nach welchen ſie gieriger ſind, deſto ungeſtörter genießen zu können. Sie werden Herren über jene, weil ſie von dieſen Knechte ſind. Frage ſie, ſie werden dir freylich ſagen, ſich von ſeinen Begierden beherrſchen zu laſſen, ſey Unmäßigkeit; allein ſie ſelbſt haben die Herrſchaft über gewiſſe Begierden nicht anders erlangt, als durch die Sklaverey gegen andere, die noch ausgelaſſener ſind. Heißet nun dieſes nicht gewiſſermaßen aus Unmäßigkeit enthaltſam ſeyn?

Allem Anſehen nach.

O mein

O mein theurer Simmias! Wolluſt gegen Wolluſt, Schmerz gegen Schmerz, und Furcht gegen
Furcht vertauſchen, gleichſam, wie Münze, für ein
großes Stück viele kleine einwechſeln: dieß iſt nicht
der Weg zur wahren Tugend. Die einzige Münze,
die gültig iſt, und für welche man alles andere hin-
geben muß, iſt die Weisheit. Mit dieſer ſchafft man
ſich alle übrigen Tugenden an: Tapferkeit, Mäßigkeit, und Gerechtigkeit. Ueberhaupt bey der Weisheit iſt wahre Tugend, wahre Herrſchaft über die Begierden, über die Verabſcheuungen, und über alle Leidenſchaften; ohne Weisheit aber erlanget man nichts,
als einen Tauſch der Leidenſchaften gegen eine leidige
Schattentugend, die dem Laſter Sklavendienſte thun
muß, und an ſich ſelbſt nichts Geſundes und Wahres mit ſich führet. Die wahre Tugend iſt eine Heiligung der Sitten, eine Reinigung des Herzens, kein
Tauſch der Begierden. Gerechtigkeit, Mäßigkeit,
Mannhaftigkeit, Weisheit, ſind kein Tauſch der Laſter gegen einander. Unſere Vorfahren, welche die
Teleten, oder die vollkommenen Verſöhnungs=
feſte geſtiftet, müſſen, allem Anſehen nach, ſehr
weiſe Männer geweſen ſeyn: denn ſie haben durch
diese

diese Räthsel zu verstehen geben wollen, daß, wer unversöhnt und ungeheiliget die Oberwelt verläßt, die härteste Strafe auszustehen habe; der Geläuterte und Versöhnte aber nach seinem Tode unter den Göttern wohnen werde. Die mit diesen Versöhnungsgeheimnissen umgehen, pflegen zu sagen: Es giebt viele Thyrsusträger, aber wenig Begeisterte: und meines Erachtens verstehet man unter den Begeisterten diejenigen, die sich der wahren Weisheit gewidmet. Ich habe in meinem Leben nichts gespart, sondern unabläßig gestrebt, einer von diesen Begeisterten zu seyn; ob mein Bemühen fruchtlos gewesen, oder in wie weit mir mein Vorhaben gelungen, werde ich da, wo ich hinkomme, am besten erfahren, und so Gott will, in kurzer Zeit. —

Dieses ist meine Vertheidigung, Simmias und Cebes! warum ich meine besten Freunde hienieden ohne Betrübniß verlasse, und bey Herannahung der Todesstunde so wenig zittere. Ich glaube, allda bessere Freunde und ein besseres Leben zu finden, als ich hier zurück lasse, so wenig auch dieses beym gemeinen Haufen Glauben finden wird.

Hat

Hat nun meine jetzige Schutzrede bessern Eingang
gefunden, als jene, die ich vor den Richtern der Stadt
gehalten, so bin ich vollkommen vergnügt.

Sokrates hatte ausgeredet, und Cebes ergriff
das Wort: Es ist wahr, Sokrates! du hast dich
vollkommen gerechtfertiget; allein was du von der
Seele behauptest, muß vielen unglaublich scheinen;
denn sie halten insgemein dafür, die Seele sey nirgend mehr anzutreffen, so bald sie den Körper verlassen,
sondern werde, gleich nach dem Tode des Menschen,
aufgelöset und zernichtet. Sie steige, wie ein Hauch,
wie ein feiner Dampf, aus dem Körper in die obere
Luft, allwo sie vergehe, und völlig aufhöre zu seyn.
Könnte es ausgemacht werden, daß die Seele für sich
bestehen kann, und nicht nothwendig mit diesem Leibe verbunden seyn muß; so hätten die Hoffnungen,
die du dir machest, eine nicht geringe Wahrscheinlichkeit; denn so bald es mit uns nach dem Tode besser werden kann: so hat der Tugendhafte auch gegründete Hoffnungen, daß es mit ihm wirklich besser werden wird.
Allein die Möglichkeit selbst ist schwer zu begreiffen, daß
die Seele nach dem Tode noch denken, daß sie noch Wil-

len

len und Verstandeskräfte haben soll; dieses also, mein
Sokrates! erfordert noch einigen Beweis.

Du hast Recht, Cebes! versetzte Sokrates.
Allein was ist zu thun? Wollen wir etwa überlegen,
ob wir einen Beweis finden können, oder nicht?

Ich bin sehr begierig, sprach Cebes, deine Gedanken hierüber zu vernehmen.

Wenigstens kann derjenige, erwiederte Sokrates,
der unsere Unterredung höret, und wenn es auch ein
Komödienschreiber wäre, mir nicht vorwerfen, ich be-
schäftige mich mit Grillen, die weder nützlich noch erheblich sind. Die Untersuchung, die wir itzt vorhaben,
ist vielmehr so wichtig, daß uns jeder Dichter gern erlauben wird, um den Beystand einer Gottheit zu flehen,
bevor wir zum Werke schreiten. — Er schwieg, und
saß eine Weile in Andacht vertieft; sodann sprach er:
Doch, meine Freunde! mit lauterm Herzen die Wahrheit suchen, ist die würdigste Anbetung der einzigen
Gottheit, die uns Beystand leisten kann. Zur Sache
also! Der Tod, o Cebes! ist eine natürliche Veränderung des menschlichen Zustandes, und wir wollen
itzt untersuchen, was bey dieser Veränderung so wohl

mit

mit dem Leibe des Menschen als mit seiner Seele vorgehet. Nicht?

Richtig!

Sollte es nicht rathsam seyn, erst überhaupt zu erforschen, was eine natürliche Veränderung ist, und wie die Natur ihre Veränderungen nicht nur in Ansehung des Menschen, sondern auch in Ansehung der Thiere, Pflanzen, und leblosen Dinge hervor zu bringen pflegt? Mich dünkt, wir werden auf diese Weise näher zu unserm Endzwecke kommen.

Der Einfall scheinet nicht unglücklich, versetzte Cebes; wir müssen also fürs erste eine Erklärung suchen, was Veränderung sey.

Mich dünkt, sprach Sokrates, wir sagen, ein Ding habe sich verändert, wenn unter zwoen entgegengesetzten Bestimmungen, die ihm zukommen können, die eine aufhöret, und die andere anfängt wirklich zu seyn. Z. B. schön und häßlich, gerecht und ungerecht, gut und böse, Tag und Nacht, schlafen und wachen, sind dieses nicht entgegengesetzte Bestimmungen, die bey einer und eben derselben Sache möglich sind?

Ja!

Wenn

Wenn eine Rose welkt und ihre schöne Gestalt
verlieret: sagen wir alsdann nicht, sie habe sich verändert?

Allerdings!

Und wenn ein ungerechter Mann seine Lebensart
verändern will, muß er nicht eine entgegengesetzte annehmen, und gerecht werden?

Wie anders?

Auch umgekehrt, wenn durch eine Veränderung etwas entstehen soll, so muß vorhin das Widerspiel davon
da gewesen seyn. So wird es Tag, nachdem es vorhin Nacht gewesen, und hinwiederum Nacht, nachdem es vorhin Tag gewesen; ein Ding wird schön, groß,
schwer, ansehnlich u. s. w. nachdem es vorhin häßlich,
klein, leicht, unansehnlich gewesen ist. Nicht?

Ja!

Eine Veränderung heißt also überhaupt nichts anders, als die Abwechselung der entgegengesetzten Bestimmungen, die an einem Dinge möglich sind. Wollen wir es bei dieser Erklärung bewenden lassen?
Cebes scheinet noch unentschlossen. —

Eine Kleinigkeit, mein lieber Sokrates! Das
Wort

Wort entgegengeſetzte macht mir einiges Bedenken. Ich ſollte nicht glauben, daß ſchnurſtraks entgegenge= ſetzte Zuſtände unmittelbar auf einander folgen könnten.

Richtig! verſetzte Sokrates. Wir ſehen auch, daß die Natur in allen ihren Veränderungen einen Mit= telzuſtand zu finden weiß, der ihr gleichſam zum Ueber= gange dienet, von einem Zuſtande auf den entgegenge= ſetzten zu kommen. Die Nacht folgt z. B. auf den Tag, vermittelſt der Abenddemmerung, ſo wie der Tag auf die Nacht, vermittelſt der Morgendemmerung. Nicht?

Freylich.

Das Große wird in der Natur klein, vermittelſt der allmäligen Abnahme, und das kleine hinwieder= um groß, vermittelſt des Anwachſes.

Richtig.

Wenn wir auch in gewiſſen Fällen dieſem Uebergan= ge keinen beſondern Namen gegeben: ſo iſt doch nicht zu zweifeln, daß er wirklich vorhanden ſeyn müſſe, wenn ein Zuſtand natürlicher Weiſe mit ſeinem Widerſpiel abwechſeln ſoll: denn muß nicht eine Veränderung, die natürlich ſeyn ſoll, durch die Kräfte, die in die Natur gelegt ſind, hervorgebracht werden?

D 3 Wie

Wie könnte sie sonst natürlich heißen?

Diese ursprünglichen Kräfte aber sind stets wirksam, stets lebendig: denn wenn sie nur einen Augenblick entschliefen, so würde sie nichts als die Allmacht zur Thätigkeit aufwecken können. Was aber nur die Allmacht thun kann, wollen wir dieses natürlich nennen?

Wie könnten wir? sprach Cebes.

Was die natürlichen Kräfte also itzt hervorbringen, mein Lieber! daran haben sie schon von je her gearbeitet; denn sie waren niemals müßig, nur daß ihre Wirkung erst nach und nach sichtbar geworden. Die Kraft der Natur z. B. die die Tageszeiten verändert, arbeitet schon itzt daran, nach einiger Zeit die Nacht auf den Horizont zu führen, aber sie nimmt ihren Weg durch Mittag und Abend, welches die Uebergänge sind von der Geburt des Tages bis auf seinen Tod.

Richtig.

Im Schlafe selbst arbeiten die Lebenskräfte schon an der künftigen Erwachung, so wie sie im wachenden Zustande den künftigen Schlaf vorbereiten.

Dieses ist nicht zu leugnen.

Und überhaupt, wenn ein Zustand natürlicher
Weise

Weise auf sein Widerspiel erfolgen soll, wie solches bey allen natürlichen Veränderungen geschiehet: so müssen die stets wirksamen Kräfte der Natur schon vorher an dieser Veränderung gearbeitet, und den vorhergehenden Zustand gleichsam mit dem zukünftigen beschwängert haben. Folgt nicht hieraus, daß die Natur alle mittlern Zustände mitnehmen muß, wenn sie einen Zustand mit seinem Widerspiel ablösen will?

Ganz unleugbar.

Ueberlege es wohl, mein Freund! damit hernach kein Zweifel entstehe, ob nicht Anfangs zu viel nachgegeben worden. Wir erfodern zu jeder natürlichen Veränderung dreyerley: einen vorhergehenden Zustand des Dinges, das verändert werden soll; einen darauf folgenden, der jenem entgegengesetzt ist; und einen Uebergang, oder die zwischen beiden liegenden Zustände, die der Natur von einem auf den andern gleichsam den Weg bahnen. Wird dieses zugegeben?

Ja, ja! rief Cebes. Ich sehe nicht ab, wie man an dieser Wahrheit sollte zweifeln können.

Laß sehen, erwiederte Sokrates, ob dir folgendes eben so unleugbar scheinen wird. Mich dünkt, alles

Ver-

Veränderliche könne keinen Augenblick unver=
ändert bleiben; sondern, indem die Zeit ohne zu
ruhen forteilet, und das Künftige beständig zu dem
Vergangenen zurück sendet, so verwandelt sie auch zu=
gleich alles Veränderliche, und zeigt es jeden Augen=
blick unter einer neuen Gestalt. Bist du nicht auch
dieser Meynung? Cebes! ‒

Sie ist wenigstens wahrscheinlich.

Mir scheinet sie unwidersprechlich. Denn alles Ver=
änderliche, wenn es eine Wirklichkeit, und kein bloßer
Begriff ist, muß eine Kraft haben, etwas zu thun,
und ein Geschicke, etwas zu leiden. Nun mag es thun
oder leiden, so wird etwas an ihm anders, als es vor=
hin gewesen; und da die Kräfte der Natur niemals in
Ruhe sind: was könnte den Strom der Vergänglich=
keit nur einen Augenblick in seinem Laufe hemmen?

Itzt bin ich überzeugt.

Das thut der Wahrheit keinen Eintrag, daß uns
gewisse Dinge oft eine Zeit lang unverändert scheinen;
denn scheinet uns doch auch eine Flamme eben dieselbe,
und dennoch ist sie nichts anders, als ein Feuerstrom,
der aus dem brennenden Körper ohne Unterlaß empor
steigt,

steigt, und unsichtbar wird. Die Farben kommen unsern Augen öfters wie unverändert vor, und gleichwohl wechselt beständig neues Sonnenlicht mit dem vorigen ab. Wenn wir aber die Wahrheit suchen, so müssen wir die Dinge nach der Wirklichkeit, nicht aber nach dem Sinnenschein beurtheilen.

Beym Jupiter! versetzte Cebes, diese Wahrheit öffnet uns eine so neue als reitzende Aussicht in die Natur der Dinge. Meine Freunde! fuhr er fort, indem er sich zu uns wandte, die Anwendung von dieser Lehre auf die Natur unserer Seele scheinet die wichtigsten Folgen zu versprechen.

Ich habe noch einen einzigen Satz voraus zu schicken, versetzte Sokrates, ehe ich auf diese Anwendung komme. Das Veränderliche, haben wir eingestanden, kann keinen Augenblick unverändert bleiben; sondern, so wie die vergangene Zeit älter wird, so wächst auch die an einander hängende Reihe der Abänderungen, die da gewesen sind. Nun überlege, Cebes! folgen die Augenblicke der Zeit in einer getrennten, oder stätigen Reihe auf einander?

Ich begreiffe nicht, sprach Cebes, was du sagen willst. —   D 5   Bey-

Beyspiele werden dir meine Gedanken deutlicher machen. Die Fläche des stillen Wassers scheinet uns in einem fortzugehen, und jedes Wassertheilchen mit denen, die um ihn sind, gemeinschaftliche Grenzen zu haben; da hingegen ein Sandhügel aus vielen Körnlein bestehet, deren jedes seine eigene Grenzen hat. Nicht?

Dieses ist begreiflich.

Wenn ich das Wort Cebes ausspreche, folgen hier nicht zwo vernehmliche Sylben auf einander, zwischen welchen keine dritte anzutreffen ist?

Richtig!

Das Wort Cebes also gehet nicht in einem fort; sondern die Sylben, aus welchen es bestehet, folgen in einer unstätigen Verbindung auf einander, und jede hat ihre eigene Grenzen.

Richtig!

Aber in dem Begriffe, den mein Geist mit diesem Worte verbindet, giebt es auch hier Theile, die ihre eigene Grenzen haben?

Mich dünkt, nein!

Und mit Recht, denn alle Theile und Merkmale eines zusammengesetzten Begriffes fliessen so in einander,

der, daß sich keine Grenzen angeben laßen, wo dieses aufhört, jenes anfängt, sie machen also zusammen ein stätiges Ganze aus; da hingegen jede Sylbe ihre bestimmten Grenzen hat, und ihrer viele, die zusammenkommen, ein Wort ausmachen, in einer unstätigen Reihe, auf einander folgen.

Dieses ist vollkommen deutlich.

Ich frage also von der Zeit: Ist sie mit dem ausgesprochenen Wort, oder mit dem Begriffe zu vergleichen? Folgen ihre Augenblicke in einer stätigen, oder unstätigen Ordnung auf einander?

In einer stätigen, erwiederte Cebes.

Freylich, versetzte Simmias; denn durch die Folge unserer Begriffe erkennen wir ja die Zeit; wie ist es also möglich, daß die Natur der Folge in der Zeit und in den Begriffen nicht einerley seyn sollte?

Die Theile der Zeit, fuhr Sokrates fort, gehen also in einem fort, und haben gemeinschaftliche Grenzen?

Richtig!

Das kleinste Zeittheilchen ist eine solche Folge von Augenblicken, läßt sich in noch kleinere Theile zerlegen.

legen, die immer noch alle Eigenschaften der Zeit behalten. Nicht?

Es scheinet.

Es giebt also auch keine zwo Augenblicke, die sich
einander die nächsten sind, das heißt, zwischen welchen
sich nicht noch ein dritter gedenken ließe?

Dieses folget aus dem Zugestandenen.

Gehen die Bewegungen und überhaupt alle Veränderungen in der Natur, nicht mit der Zeit in gleichen
Schritten fort?

Ja!

Sie folgen also, wie die Zeit, in einer stätigen
Verbindung auf einander?

Richtig!

Es wird daher auch keine zween Zustände geben,
die sich einander die nächsten sind, das heißt, zwischen
welchen nicht noch ein dritter anzutreffen sey?

Es scheinet also.

Unsern Sinnen kömmt es freylich so vor, als wenn
die Veränderungen der Dinge rückweise geschähen, indem sie solche nicht eher, als nach merklichen Zwischen-
zeiten wahrnehmen; allein die Natur gehet nichts desto
weniger ihren Weg, und verändert die Dinge allmälig,

und

und in einer stätigen Folge auf einander. Der kleinste
Theil dieser Folge ist selbst eine Folge von Veränderungen; und man mag zween Zustände so dicht an einander
setzen, als man will, so giebt es immer noch einen Uebergang dazwischen, der sie mit einander verbindet, der
der Natur von einem auf den andern gleichsam den
Weg zeigt.

Ich begreife dieses alles sehr wohl, sprach Cebes.

Meine Freunde! rief Sokrates, itzt ist es Zeit,
uns unserm Vorhaben zu nähern. Wir haben Gründe gesammelt, die für unsere Ewigkeit streiten sollen,
und ich verspreche mir einen gewissen Sieg. Wollen
wir aber nicht, nach Gewohnheit der Feldherrn, ehe
wir zum Treffen kommen, unsere Macht noch einmal
übersehen, um ihre Stärke und Schwäche desto genauer kennen zu lernen?

Apollodorus bat sehr um eine kurze Wieder-
holung.

Die Sätze, sprach Sokrates, deren Richtigkeit
wir nicht mehr in Zweifel ziehen, sind diese:

1) Zu einer jeden natürlichen Veränderung wird
dreyerley erfordert: 1) Ein Zustand eines ver-
änder-

änderlichen Dinges, der aufhören, 2) ein anderer, der seine Stelle vertreten soll, und 3) die
mittlern Zustände, oder der Uebergang, damit
die Veränderung nicht plötzlich, sondern allmälig geschehe.

2) Was veränderlich ist, bleibet keinen Augenblick,
ohne wirklich verändert zu werden.

3) Die Folge der Zeit gehet in einem fort, und
es giebt keine zween Augenblicke, die sich einander die nächsten sind.

4) Die Folge der Veränderungen kömmt mit der Folge der Zeit überein, und ist ebenfalls so stätig,
so aneinanderhängend, daß man keine Zustände
angeben kann, die sich einander die nächsten
wären, oder zwischen welchen nicht ein Uebergang
Statt finden sollte. Sind wir nicht über diese
Punkte einig worden?

Ja! sprach Cebes.

Leben und Tod, mein lieber Cebes! versetzte Sokrates, sind entgegengesetzte Zustände: Nicht?

Freylich!

Und das Sterben der Uebergang vom Leben zum
Tode?

Frey-

Freylich!

Diese große Veränderung trifft vermuthlich die Seele sowohl als den Leib: denn beide Wesen standen in diesem Leben in der genauesten Verbindung.

Allem Ansehen nach.

Was mit dem Leibe nach dieser wichtigen Begebenheit vorgehet, kann uns die Beobachtung lehren; denn das Ausgedehnte bleibt unsern Sinnen gegenwärtig; aber wie, wo, und was die Seele nach diesem Leben seyn wird, muß bloß durch die Vernunft ausgemacht werden; denn die Seele hat durch den Tod das Mittel verloren, den menschlichen Sinnen gegenwärtig zu seyn.

Richtig!

Wollen wir nicht, mein Theuerster! erst das Sichtbare durch alle seine Veränderungen verfolgen, und hernach, wo möglich, das Unsichtbare mit dem Sichtbaren vergleichen?

Das scheint der beste Weg, den wir einschlagen können, erwiederte Cebes.

In jedem thierischen Leibe, Cebes! gehen beständig Trennungen und Zusammensetzungen vor, die zum Theil auf die Erhaltung, zum Theil aber auf

den

den Untergang der thierischen Maschine abzielen. Tod und Leben fangen bey der Geburt des Thieres schon an gleichsam mit einander zu ringen.

Dieß zeigt die tägliche Erfahrung.

Wie nennen wir den Zustand, fragte Sokrates, in welchem alle Veränderungen, die in der lebendigen Maschine vorgehen, mehr auf das Wohlseyn, als auf den Untergang des Leibes abzielen? Nennen wir ihn nicht die Gesundheit?

Wie anders?

Hingegen werden die thierischen Veränderungen, welche die Auflösung der großen Maschine verursachen, durch Krankheiten vermehret, oder auch durch das Alter, welches die natürlichste Krankheit genennt werden kann.

Richtig!

Das Verderben nimmt durch unmerkliche Grade allmählig zu. Endlich zerfällt das Gebäude, und löset sich in seine kleinsten Theile auf. Aber was geschieht? Hören diese Theile auf, verändert zu werden? Hören sie auf, zu wirken und zu leiden? Gehen sie ganz verlohren?

Es

Es scheinet nicht, versetzte Cebes.

Unmöglich, mein Werthester! erwiederte Sokrates, wenn das wahr ist, worüber wir einig geworden: denn giebt es wohl ein Mittel zwischen Seyn und Nichtseyn?

Keinesweges.

Seyn und Nichtseyn wären also zween Zustände, die unmittelbar auf einander folgen, die sich einander die nächsten seyn müßten: wir haben aber gesehen, daß die Natur keine solche Veränderungen, die plötzlich und ohne Uebergang geschehen müssen, hervorbringen kann. Erinnerst du dich wohl noch dieses Satzes?

Sehr wohl, sprach Cebes.

Also kann die Natur weder ein Daseyn, noch eine Zernichtung zuwege bringen?

Richtig!

Daher gehet bey der Auflösung des thierischen Leibes nichts verloren. Die zerfallenen Theile fahren fort, zu seyn, zu wirken, zu leiden, zusammengesetzt und getrennt zu werden, bis sie sich durch unendliche Uebergänge in Theile eines andern Zusammengesetzten

E   verwan=

verwandeln. Manches wird Staub, manches wird
zur Feuchtigkeit, dieses steigt in die Luft, jenes geht
in eine Pflanze über, wandelt von der Pflanze in
ein lebendiges Thier, und verläßt das Thier, um
einem Wurme zur Nahrung zu dienen. Ist dieses
nicht der Erfahrung gemäß?

Vollkommen, mein Sokrates! antworteten Cebes und Simmias zugleich.

Wir sehen also, meine Freunde! daß Tod und
Leben, in so weit sie den Leib angehen, in der Natur nicht so getrennt sind, als sie in unsern Sinnen
scheinen. Sie sind Glieder einer stetigen Reihe von
Veränderungen, die durch stufenweise Uebergänge mit
einander auf das genaueste verbunden sind. Es giebt
keinen Augenblick, da man, nach aller Strenge, sagen könnte: Itzt stirbt das Thier; so wenig man,
nach aller Strenge, sagen kann: Itzt ward es
krank, oder itzt ward es wieder gesund. Freylich müssen die Veränderungen unsern Sinnen, wie
getrennt scheinen, da sie uns nicht eher, als nach einer geraumen Zwischenzeit, merkbar werden; aber
genug,

genug, wir wissen, daß sie es in der That nicht seyn können.

Ich besinne mich jetzt auf ein Beyspiel, das diesen Satz erläutern wird. Unsere Augen, die auf einen gewissen Erdstrich eingeschränkt sind, unterscheiden gar deutlich Morgen, Mittag, Abend und Mitternacht, und es ist uns, als wenn diese Zeitpunkte von den übrigen getrennt und abgesondert wären. Wer aber den ganzen Erdboden betrachtet, erkennet gar deutlich, daß die Umwälzungen von Tag und Nacht stetig an einander hängen, und also jeder Augenblick der Zeit Morgen und Abend, Mittag und Mitternacht zugleich sey.

Homer hat nur, als Dichter, die Freyheit, seiner Götter Verrichtungen nach den Tageszeiten einzutheilen: als ob jemanden, der nicht in einen engen Bezirk auf dem Erdboden eingeschränkt ist, die Tageszeiten noch wirklich getrennte Epochen wären, und es nicht vielmehr zu jeder Zeit so wohl Morgen als Abend wäre. Es ist den Dichtern erlaubt, den Schein für die Wahrheit zu nehmen; allein der Wahrheit zu Folge müßte Aurora mit ihren Rosenfingern beständig

E 2　　　　　　dig

dig die Thore des Himmels offen halten, und ihren
gelben Mantel unaufhörlich von einem Orte zum andern schleppen, so wie die Götter, wenn sie nur des
Nachts schlafen wollen, gar nicht oder beständig schlafen müssen. —

So lassen sich auch, im Ganzen betrachtet, die
Tage der Woche nicht unterscheiden; denn das Ste-
tige und Aneinanderhängende läßt sich nur in der Ein-
bildung, und nach den Vorspiegelungen der Sinne,
in bestimmte und abgesonderte Theile zertrennen; der
Verstand aber siehet gar wohl, daß man da nicht stehen bleiben muß, wo keine wirkliche Abtheilung ist.
Ist dieses deutlich? meine Freunde!

Gar sehr, erwiederte Simmias! —

Mit dem Leben und Tode der Thiere und Pflanzen verhält es sich gleichfalls nicht anders. In der
Folge von Veränderungen, die dasselbe Ding erlitten,
fängt sich, nach dem Urtheile unserer Sinne, da eine
Epoche an, wo uns das Ding wirklich als Pflanze
oder als Thier in die Sinne fällt, und dieses nennen
wir das Aufkeimen der Pflanze, und die Geburt des
Thieres. Den zweyten Zeitpunkt, da, wo sich die
thieri-

thierischen oder pflanzigten Bewegungen unsern Sinnen entziehen, nennen wir den Tod; und den dritten, wann endlich die thierischen oder pflanzigten For-
men verschwinden und unscheinbar werden, nennen
wir den Untergang, die Verwesung des Thieres oder
der Pflanze. In der Natur aber sind alle diese Veränderungen Glieder einer ununterbrochenen Kette, allmählige Auswickelungen und Einwickelungen desselben
Dinges, das sich in unzählige Gestalten einhüllet und
einkleidet. Ist hieran noch irgend ein Zweifel?

Im geringsten nicht, versetzte Cebes.

Wenn wir sagen, fuhr Sokrates fort, die Seele stirbt, so müssen wir eines von beiden setzen: Entweder alle ihre Kräfte und Vermögen, ihre Wirkungen und Leiden hören plötzlich auf, sie verschwindet
gleichsam in einem Nu; oder sie leidet, wie der Leib,
allmählige Verwandelungen, unzählige Umkleidun-
gen, die in einer stetigen Reihe fortgehen, und in dieser
Reihe giebt es eine Epoche, wo sie keine menschliche
Seele mehr, sondern etwas anders geworden ist; so
wie der Leib, nach unzähligen Veränderungen, aufhöret, ein menschlicher Leib zu seyn, und in Staub,

E 3   Luft,

Luft, Pflanze, oder auch in Theile eines andern Thieres verwandelt wird. Giebt es einen dritten Fall, wie die Seele sterben kann, einen Fall mehr, als plötzlich oder allmählig?

Nein, erwiederte Cebes. Diese Eintheilung erschöpft die Möglichkeit ganz.

Gut, sprach Sokrates. Die also noch zweifeln, ob die Seele nicht sterblich seyn könnte, mögen wählen, ob sie besorgen, sie möchte plötzlich verschwinden, oder nach und nach dasjenige aufhören zu seyn, was sie war. Will Cebes nicht ihre Stelle vertreten, und diese Wahl über sich nehmen?

Die Frage ist, ob jene die Wahl ihres Sachwalters würden gelten lassen. Mein Rath wäre, wir überlegten beide Fälle; denn wenn sie auf meine Wahl Verzicht thäten, und sich anders erklären sollten: so dürfte morgen niemand mehr da seyn, der sie widerlegen kann.

Mein lieber Cebes! versetzte Sokrates, Griechenland ist ein weitläuftiges Reich, und auch unter den Barbaren muß es viele geben, denen diese Untersuchung am Herzen liegt. — Doch es sey! laßt uns beide

beide Fälle untersuchen. Der erste war: Vielleicht vergehet die Seele plötzlich, verschwindet in einem Nu. An und für sich ist diese Todesart möglich. Kann sie aber von der Natur hervorgebracht werden?

Keinesweges: wenn das wahr ist, was wir vorhin zugegeben, daß die Natur keine Zernichtung hervorbringen könne.

Und haben wir dieses nicht mit Recht zugegeben? fragte Sokrates. Zwischen Seyn und Nichtseyn ist eine entsetzliche Kluft, die von der allmählig wirkenden Natur der Dinge nicht übersprungen werden kann.

Ganz recht, versetzte Cebes. Wie aber, wenn sie von einer übernatürlichen Macht, von einer Gottheit, zernichtet würde?

O mein Theurester! rief Sokrates aus, wie glücklich, wie wohl versorgt sind wir, wenn wir nichts als die unmittelbare Hand des einzigen Wunderthäters zu fürchten haben! Was wir besorgten, war, ob die Natur unserer Seele nicht an und für sich selbst sterblich sey; und diese Besorgniß suchen wir durch

E 4   Gründe

Gründe zu vereiteln; ob aber Gott, der allgütige Schöpfer und Erhalter der Dinge, sie durch ein Wunderwerk zernichten werde? — Nein, Cebes! laß uns lieber befürchten, die Sonne würde uns in Eis verwandeln, ehe wir von der selbstständigen Güte eine grundböse Handlung, die Zernichtung durch ein Wunderwerk, befürchten wollen.

Ich bedachte es nicht, sprach Cebes, daß mein Einwurf beynahe eine Lästerung sey.

Die eine Todesart, die plötzliche Zernichtung, schreckt uns also nicht mehr, fuhr Sokrates fort; denn sie ist der Natur unmöglich. Doch überlegt auch folgendes, meine Freunde! Gesetzt, sie wäre nicht unmöglich, so ist die Frage: wann? zu welcher Zeit, soll unsere Seele verschwinden? Vermuthlich zu der Zeit, da der Körper ihrer nicht mehr bedarf, in dem Augenblicke des Todes?

Allem Ansehen nach.

Nun haben wir aber gesehen, daß es keinen bestimmten Augenblick giebt, da man sagen kann, itzt stirbt das Thier. Die Auflösung der thierischen Maschine hat schon lange vorher ihren Anfang genommen, ehe

ehe noch ihre Wirkungen sichtbar geworden sind; denn es fehlt niemals an solchen thierischen Bewegungen, die der Erhaltung des Ganzen zuwider sind; nur daß sie nach und nach zunehmen, bis endlich alle Bewegungen der Theile nicht mehr zu einem einzigen Endzwecke harmoniren, sondern eine jede ihren besondern Endzweck angenommen hat: und alsdann ist die Maschine aufgelöset. Dieses geschiehet so allmählig, in einer so stetigen Ordnung, daß jeder Zustand eine gemeinschaftliche Grenze des vorhergehenden und nachfolgenden Zustandes, eine Wirkung des vorhergehenden und eine Ursache des nachfolgenden Zustandes zu nennen ist. Haben wir dieses nicht eingestanden?

Richtig!

Wenn also der Tod des Körpers auch der Tod der Seele seyn soll: so muß es auch keinen Augenblick geben, da man sagen kann, itzt verschwindet die Seele; sondern nach und nach, wie die Bewegungen in den Theilen der Maschine aufhören zu einem einzigen Endzwecke zu harmoniren, muß die Seele auch an Kraft und innerer Wirksamkeit abnehmen. Scheinet es dir nicht also? mein Cebes!

E 5 Vollkom-

Vollkommen!

Aber siehe! welche wunderbare Wendung unsere
Untersuchung genommen hat! Sie scheinet sich, wie
ein Kunstwerk meines Eltervaters Dädalus, durch
ein inneres Triebwerk von ihrer vorigen Stelle weg:
gerollt zu haben.

Wie so?

Wir haben angenommen, unsere Gegner besorg:
ten, die Seele würde plötzlich zernichtet werden, und
wollten zusehen, ob diese Furcht gegründet sey, oder
nicht. Wir haben darauf untersucht, in welchem
Augenblicke sie zernichtet werden möchte; und diese
Untersuchung selbst brachte uns auf das Widerspiel der
Voraussetzung, daß sie nehmlich nicht plötzlich vernich:
tet werde, sondern allmählig an innerer Kraft und
Wirksamlichkeit abnehme.

Desto besser, antwortete Cebes. So hat sich
jene angenommene Meynung gleichsam selbst wi:
derlegt.

Wir haben also nur noch dieses zu untersuchen,
ob die innern Kräfte der Seele nicht so allmählig
vergehen können, wie sich die Theile der Maschine
trennen.   Richtig!

Richtig!

Lasset uns diese getreuen Gefährten, Leib und Seele, die auch den Tod mit einander gemein haben sollen, auf ihrer Reise verfolgen, um zu sehen, wo sie zuletzt bleiben. So lange der Körper gesund ist, so lange die mehresten Bewegungen der Maschine auf die Erhaltung und das Wohlseyn des Ganzen abzielen, die Werkzeuge der Empfindung auch ihre gehörige Beschaffenheit haben, so besitzt auch die Seele ihre völlige Kraft, empfindet, denket, liebet, verabscheuet, begreiffet und will. Nicht?

Unstreitig!

Der Leib wird krank. Es äußert sich eine sichtbare Mißhelligkeit zwischen den Bewegungen, die in der Maschine vorgehen, indem ihrer viele nicht mehr zur Erhaltung des Ganzen harmoniren, sondern ganz besondere und streitende Endzwecke haben. Und die Seele?

Wie die Erfahrung lehret, wird sie indessen schwächer, empfindet unordentlich, denkt falsch und handelt öfters wider ihren Dank.

Gut! Ich fahre fort. Der Leib stirbt: das heißt,

alle

alle Bewegungen scheinen nunmehr nicht mehr auf das Leben und die Erhaltung des Ganzen abzuzielen; aber innerlich mögen wohl noch einige schwache Lebensbewegungen vorgehen, die der Seele noch einige dunkle Vorstellungen verschaffen: auf diese muß sich also die Kraft der Seele so lange einschränken. Nicht?

Allerdings!

Die Verwesung folgt. Die Theile, die bisher einen gemeinschaftlichen Endzweck gehabt, eine einzige Maschine ausgemacht haben, bekommen itzt ganz verschiedene Endzwecke, werden zu mannigfaltigen Theilen ganz verschiedener Maschinen Und die Seele? mein Cebes! wo wollen wir die lassen? Ihre Maschine ist verweset. Die Theile, die noch von derselben übrig sind, sind nicht mehr ihre, und machen auch kein Ganzes aus, das beseelt werden könnte. Hier sind keine Gliedmaßen der Sinne, keine Werkzeuge des Gefühls mehr, durch deren Vermittelung sie irgend zu einer Empfindung gelangen könnte. Soll also alles in ihr öde seyn? Sollen alle ihre Empfindungen und Gedanken, ihre Einbildungen, ihre Begierden und Verabscheuungen, Neigungen und Leidenschaften

denschaften verschwunden seyn, und nicht die geringste Spur hinterlassen haben?

Unmöglich, sprach Cebes. Was wäre dieses anders als eine völlige Zernichtung, und keine Zernichtung, haben wir gesehen, steht in dem Vermögen
der Natur.

Was ist also für Rath? meine Freunde! Untergehen kann die Seele in Ewigkeit nicht; denn der
letzte Schritt, man mag ihn noch so weit hinaus schie-
ben, wäre immer noch vom Daseyn zum Nichts, ein
Sprung, der weder in dem Wesen eines einzelnen
Dinges, noch in dem ganzen Zusammenhange gegründet seyn kann. Sie wird also fortdauren, ewig vorhanden seyn. Soll sie vorhanden seyn; so muß sie
wirken und leiden; soll sie wirken und leiden, so muß
sie Begriffe haben: denn empfinden, denken und wollen sind die einzigen Wirkungen und Leiden, die einem denkenden Wesen zukommen können. Die Begriffe nehmen allezeit ihren Anfang von einer sinnlichen Empfindung, und wo sollen sinnliche Empfindungen herkommen, wenn keine Werkzeuge, keine
Gliedmaßen der Sinne vorhanden sind?

Nichts

Nichts scheinet richtiger, sprach Cebes, als diese Folge von Schlüssen, und gleichwohl leitet sie zu einem offenbaren Widerspruch.

Eines von beiden, fuhr Sokrates fort; entweder die Seele muß vernichtet werden, oder sie muß nach der Verwesung des Leibes noch Begriffe haben. Man ist sehr geneigt, diese beiden Fälle für unmöglich zu halten, und gleichwohl muß einer davon wirklich seyn? Laß sehen, ob wir aus diesem Labyrinthe keinen Ausgang finden können! von der einen Seite kann unser Geist natürlicher Weise nicht vernichtet werden. Worauf gründet sich diese Unmöglichkeit? — Seyd unverdrossen, Freunde! mir durch dornichte Gänge zu folgen: sie führen uns auf eine der herrlichsten Gegenden, die das Gemüth der Menschen jemals ergötzt haben. Antwortet mir! Hat uns nicht ein richtiger Begriff von Kraft und natürlicher Veränderung auf die Folge geleitet, daß die Natur keine Vernichtung wirken könne?

Richtig!

Von dieser Seite ist also schlechterdings kein Ausgang zu hoffen, und wir müssen umkehren. Die Seele

Seele kann nicht vergehen, sie muß nach dem Tode fortdauern, wirken, leiden, Begriffe haben. Hier stehet uns die Unmöglichkeit im Wege, daß unser Geist, ohne sinnliche Eindrücke, Begriffe haben soll, aber wer leistet für diese Unmöglichkeit die Gewähr? Ist es nicht bloß die Erfahrung, daß wir hier in diesem Leben niemals ohne sinnliche Eindrücke haben denken können?

Nichts anders.

Was für Grund haben wir aber, diese Erfahrung über die Grenzen dieses Lebens auszudehnen, und der Natur schlechterdings die Möglichkeit abzusprechen, die Seele, ohne diesen gegliederten Leib, denken zu lassen? Was meynest du? Simmias! würden wir einen Menschen nicht höchst lächerlich finden, der die Mauern von Athen niemals verlassen hätte, und aus seiner eigenen Erfahrung schließen wollte, daß in allen Theilen des Erdbodens Tag und Nacht, Sommer und Winter, nicht anders als bey uns, abwechselten?

Nichts wäre ungereimter.

Wenn ein Kind im Mutterleibe denken könnte,

würde

würde es wohl zu bereden seyn, daß es dereinst von seiner Wurzel abgelöset, in freyer Luft das erquicken= de Licht der Sonne genießen werde? würde es nicht vielmehr aus seinen itzigen Umständen die Unmög= lichkeit eines solchen Zustandes beweisen zu können glauben?

Allem Ansehen nach.

Und wir Blödsinnigen, denken wir etwa vernünf= tiger, wenn wir, in dieses Leben eingekerkert, durch unsere Erfahrungen ausmachen wollen, was der Na= tur auch nach diesem Leben möglich sey? — Ein ein= ziger Blick in die unerschöpfliche Mannigfaltigkeit der Natur kann uns von dem Ungrunde solcher Schlüsse überführen. Wie dürftig, wie schwach würde sie seyn; wenn ihr Vermögen nicht weiter reichete, als unsere Erfahrung!

Freylich!

Wir können also mit gutem Grunde diese Erfah= rung verwerfen, indem wir ihr die ausgemachte Un= möglichkeit entgegengesetzt, daß unser Geist untergehen sollte. Homer läßt seinen Held mit Recht ausrufen: Fürwahr! auch in den Häusern des Orkus

webt

webt noch die Seele, wiewohl kein Leichnam
dahin kömmt *). Die Begriffe, die uns Homer
von dem Orkus, und von den Schatten, die hinun-
ter wandeln, machet, scheinen zwar nicht überall mit
der Wahrheit übereinzukommen; aber dieses ist gewiß, meine Geliebten! unser Geist siegt über Tod
und Verwesung, läßt den Leichnam zurück, um hienieden in tausend veränderten Gestalten die Absichten
des Allerhöchsten zu erfüllen, er aber erhebt sich über
den Staub, und fähret fort, nach andern natürlichen, aber überirdischen Gesetzen, die Werke des
Schöpfers zu beschauen, und Gedanken von der Kraft
des Unendlichen zu hegen. Erweget aber dieses, meine Freunde! wenn unsere Seele, nach dem Tode ihres Leichnams, noch lebet und denkt, wird sie nicht
auch alsdann, so wie in diesem gegenwärtigen Zustande, nach der Glückseligkeit streben?

Wahr-

*) Plato hat diesen Vers des Homers anders verstanden, als
einige neuere Ausleger, und führet ihn im 3. B. seiner
Republik als tadelhaft an. Man wird mir aber hoffent-
lich erlauben, an dieser Stelle die günstigere Auslegung
gelten zu lassen.

F

Wahrscheinlich dünkt michs, sprach Simmias; allein ich traue meiner Vermuthung nicht mehr, und wünschte deine Gründe zu hören.

Meine Gründe sind diese, versetzte Sokrates: Wenn die Seele denkt, so müssen in ihr Begriffe mit Begriffen abwechseln, so muß sie diese Begriffe gerne, jene ungerne haben wollen, das heißt, einen Willen haben; hat sie aber einen Willen, wohin kann dieser anders zielen, als nach dem höchsten Grade des Wohlseyns, nach der Glückseligkeit?

Dieses war allen deutlich. Aber wie? fuhr Sokrates fort: das Wohlseyn eines Geistes, der nicht mehr für die Bedürfnisse seines Leibes zu sorgen hat, worinn bestehet dieses? Speise und Trank, Liebe und Wollust kann ihm nicht mehr behagen; was in diesem Leben Gefühl, Gaumen, Augen und Ohren ergetzt, ist allda seiner Achtung unwürdig; kaum daß ihm noch eine schwache, vielleicht reuvolle Erinnerung von den Wollüsten bleibet, die er in Gesellschaft seines Leibes genossen. Wird er wohl nach diesen sonderlich streben?

So wenig als ein vernünftiger Mann nach den Tändeleyen der Kindheit, sprach Simmias.

Wird

Wird etwa ein großes Vermögen das Ziel seiner Wünsche seyn?

Wie könnte dieses in einem Zustande möglich seyn, wo, allem Ansehen nach, kein Eigenthum besessen, kein Vermögen genossen werden kann?

Die Ehrbegierde ist zwar eine Leidenschaft, die, dem Ansehen nach, dem abgeschiedenen Geiste noch bleiben kann; denn sie scheinet wenig von den Leibesbedürfnissen abzuhängen: allein, worinn kann der körperlose Geist den Vorzug setzen, der ihm Ehre bringen soll? Gewiß nicht in Macht, nicht in Reichthum, auch nicht in dem Adel der Geburt: denn alle diese Thorheiten läßt er mit seinem Körper auf der Erde zurück.

Freylich!

Es bleibet ihm also nichts, als Weisheit, Tugendliebe und Erkenntniß der Wahrheit, was ihm einen Vorzug geben und über seine Nebengeschöpfe erheben könnte. Außer dieser edlen Ehrbegierde ergetzen ihn noch die geistigen angenehmen Empfindungen, die die Seele auch auf Erden ohne ihren Körper genießt, Schönheit, Ordnung, Ebenmaß, Vollkommenheit. Diese Empfindungen sind der Natur eines Geistes so anerschaffen, daß

sie

sie ihn niemals verlassen können. Wenn also auf Erden
für seine Seele Sorge getragen, wer in diesem Leben
sich in Weisheit, Tugend und Empfindung der wahren
Schönheit hat üben lassen, der hat die größten Hoffnungen, auch nach dem Tode in diesen Uebungen fort-
zufahren, und von Stufe zu Stufe sich dem erhabensten Urwesen zu nähern, welches die Quelle aller Weisheit, der Inbegriff aller Vollkommenheiten, und vorzugsweise die Schönheit selbst ist. Erinnert euch,
meine Freunde! jener entzückten Augenblicke, die ihr
genossen, so oft eure Seele, von einer geistigen Schönheit hingerissen, den Leib samt seinen Bedürfnissen
vergaß, und sich ganz der himmlischen Empfindung
überließ. Welcher Schauer! welche Begeisterung!
Nichts als die nähere Gegenwart einer Gottheit kann
diese erhabenen Entzückungen in uns erregen. Auch
ist in der That jeder Begriff einer geistigen Schönheit
ein Blick in das Wesen der Gottheit; denn das Schöne, Ordentliche und Vollkommene, das wir wahrnehmen, ist ein schwacher Abdruck dessen, der die
selbständige Schönheit, Ordnung und Vollkommenheit ist. Ich erinnere mich, diese Gedanken bey einer andern Gelegenheit deutlich genug auseinander

gesetzt

gesetzt zu haben, und will gegenwärtig nur diese Folge daraus herleiten: Wenn es wahr ist, daß nach diesem Leben Weisheit und Tugend unsern Ehrgeiz, und das Bestreben nach geistiger Schönheit, Ordnung und Vollkommenheit unsere Begierden ausmachen: so wird unser fortdaurendes Daseyn nichts als ein ununterbrochenes Anschauen der Gottheit seyn, ein himmlisches Ergetzen, das, so wenig wir itzo davon begreifen, den edlen Schweiß des Tugendhaften mit unendlichem Wucher belohnt. Was sind alle Mühseligkeiten dieses Lebens gegen eine solche Ewigkeit! Was ist Armuth, Verachtung und der schmählichste Tod, wenn wir uns dadurch zu einer solchen Glückseligkeit vorbereiten können! Nein, meine Freunde! wer sich eines rechtschaffenen Wandels bewußt ist, kann sich unmöglich betrüben, indem er die Reise zu dieser Seligkeit antritt. Nur wer in seinem Leben Götter und Menschen beleidiget, wer sich in viehischer Wollust herumgewälzt, wer der vergötterten Ehre Menschenopfer geschlachtet, und an anderer Elend sein Ergetzen gefunden, der mag an der Schwelle des Todes zittern, indem er keinen Blick in das Vergangene ohne Reue, keinen in die Zukunft ohne Furcht thun kann.

F 3   Da

Da ich aber, Dank sey der Gottheit! mir keine von diesen Vorwürfen zu machen habe, da ich in meinem ganzen Leben die Wahrheit mit Eifer gesucht, und die Tugend über alles geliebt habe: so freue ich mich, die Stimme der Gottheit zu hören, die mich von hinnen ruft, um in jenem Lichte zu genießen, wornach ich in dieser Finsterniß gestrebt habe. Ihr aber, meine Freunde! überlegt wohl die Gründe meiner Hoffnungen, und wenn sie euch überzeugen, so segnet meine Reise, und lebet so, daß euch der Tod dereinst abrufe, nicht mit Gewalt von hinnen schleppe. Vielleicht führet uns die Gottheit dereinst in verklärter Freundschaft einander in die Arme. O! mit welchem Entzücken würden wir uns alsdann des heutigen Tages erinnern!

ENDE
des ersten Gesprächs.

Zwey=

Zweytes Gespräch.

———

Unser Lehrer hatte, ausgeredet, und gieng, wie in Gedanken vertieft, im Zimmer auf und nieder; wir saßen alle und schwiegen, und dachten der Sache nach. Nur Cebes und Simmias sprachen leise mit einander. Sokrates sahe sich um und fragte: Warum so leise? meine Freunde! Sollen wir nicht erfahren, was an den vorgebrachten Vernunftgründen zu verbessern sey? Ich weiß wohl, daß ihnen zur völligen Deutlichkeit noch verschiedenes fehlet. Wenn ihr euch also jetzo von andern Dingen unterhaltet, so mag es gut seyn; redet ihr aber von der Materie, die wir vorhaben, so entdecket uns immer eure Einwürfe und Zweifel, damit wir sie gemeinschaftlich untersuchen, und entweder heben, oder selbst mit zweifeln mögen. Simmias sprach: Ich muß dir gestehen, Sokrates! daß wir beide Einwürfe zu machen haben, und uns schon lange einer den andern antreiben, sie vorzubringen, weil beide gerne deine Widerlegung hören

möchten,

möchten, ein jeder aber sich scheuet, dir bey jetziger
Widerwärtigkeit beschwerlich zu fallen. Als Sokra=
tes dieses hörete, lächelte er, und sprach: Ey! wie
schwer, o Simmias! werde ich andere Menschen
bereden können, daß ich meine Umstände für so miß=
lich nicht halte, da ihr mir es noch immer nicht glau=
ben könnet, und besorget, ich möchte itzt unmuthi=
ger und verdrießlicher seyn, als ich vormals gewesen
bin. Man saget von den Schwänen, daß sie, na=
he an ihrem Ende, lieblicher singen, als in ihrem gan=
zen Leben. Wenn diese Vögel, wie es heißt, dem
Apoll geheiliget sind, so würde ich sagen, daß ihr
Gott sie in der Todesstunde einen Vorschmack von der
Seligkeit jenes Lebens empfinden läßt, und daß sie sich
an diesem Gefühl ergetzen, und singen. Mit mir
verhält es sich eben so. Ich bin ein Priester dieses
Gottes: und in Wahrheit! er hat meiner Seele ein
ahnendes Gefühl von der Seligkeit nach dem Tode
eingeprägt, das allen Unmuth vertreibt, und mich,
nahe an meinem Tode, weit heiterer seyn läßt, als
in meinem ganzen Leben. Eröffnet mir also ohne
Bedenken eure Zweifel und Einwürfe. Fraget, was
ihr zu fragen habt, so lange es die eilf Männer noch
erlau=

erlauben. — Gut! erwiederte Simmias, ich werde
also den Anfang machen, und Cebes mag folgen.
Ich habe nur noch eine einzige Erinnerung voraus
zu schicken: Wenn ich Zweifel wider die Unsterblichkeit der Seele errege, so geschieht es nicht wider
die Wahrheit dieser Lehre, sondern wider ihre ver-
nunftmäßige Erweislichkeit, oder vielmehr wider
den Weg, welchen du, o Sokrates! gewählt hast,
uns durch die Vernunft davon zu überzeugen. Im
übrigen nehme ich diese trostvolle Lehre von ganzem
Herzen nicht nur so an, wie du sie uns vorgetragen,
sondern so, wie sie uns von den ältesten Weisen ist
überliefert worden, einige Verfälschungen ausge-
nommen, die von den Dichtern und Fabelerfindern
hinzugethan worden sind. Wo unsere Seele keinen
Grund der Gewißheit findet, da trauet sie sich den
beruhigenden Meynungen, wie Fahrzeugen auf dem
bodenlosen Meere an, die sie bey heiterm Himmel
sicher durch die Wellen dieses Lebens hindurch führen. Ich fühle es, daß ich der Lehre von der Unsterblichkeit und von der Vergeltung nach unserm
Tode nicht widersprechen kann, ohne unendliche
Schwierigkeiten sich erheben zu sehen, ohne alles,

F 5

was

was ich je für wahr und gut gehalten, seiner Zu=
verläßigkeit beraubt zu sehen. Ist unsere Seele
sterblich, so ist die Vernunft ein Traum, den uns
Jupiter geschickt hat, uns Elende zu hintergehen;
so fehlet der Tugend aller Glanz, der sie unsern
Augen göttlich macht; so ist das Schöne und Er=
habene, das Sittliche sowohl als das Physische,
kein Abdruck göttlicher Vollkommenheiten (denn
nichts vergängliches kann den schwächsten Stral gött=
licher Vollkommenheit fassen); so sind wir, wie
das Vieh, hieher gesetzt worden, Futter zu suchen
und zu sterben; so wird es in wenigen Tagen gleich
viel seyn, ob ich eine Zierde, oder Schande der
Schöpfung gewesen, ob ich mich bemühet, die An=
zahl der Glückseligen, oder der Elenden zu vermeh=
ren; so hat der verworfenste Sterbliche so gar die
Macht, sich der Herrschaft Gottes zu entziehen,
und ein Dolch kann das Band auflösen, welches
den Menschen mit Gott verbindet. Ist unser Geist
vergänglich, so haben die weisesten Gesetzgeber und
Stifter der menschlichen Gesellschaften uns oder sich
selbst betrogen; so hat das gesamte menschliche Ge=
schlecht sich gleichsam verabredet, eine Unwahrheit zu
hegen,

hegen, und die Betrüger zu verehren, die solche erdacht haben; so ist ein Staat freyer, denkender Wesen nicht mehr, als eine Heerde vernunftloses Vie-
hes, und der Mensch — ich entsetze mich, ihn in
dieser Niedrigkeit zu betrachten! Der Hoffnung
zur Unsterblichkeit beraubt, ist dieses Wunder-
geschöpfe das elendeste Thier auf Erden, das zu seinem Unglücke über seinen Zustand nachdenken, den
Tod fürchten, und verzweifeln muß. Nicht der
allgütige Gott, der sich an der Glückseligkeit seiner
Geschöpfe ergötzt, ein schadenfrohes Wesen müßte
ihn mit Vorzügen begabt haben, die ihn nur be-
jammernswerther machen. Ich weiß nicht, welche
beklemmende Angst sich meiner Seele bemeistert,
wenn ich mich an die Stelle der Elenden setze, die
eine Vernichtung fürchten. Die bittere Erinnerung
des Todes muß alle ihre Freuden vergällen. Wenn
sie der Freundschaft genießen, wenn sie die Wahrheit erkennen, wenn sie die Tugend ausüben, wenn
sie den Schöpfer verehren, wenn sie über Schönheit und Vollkommenheit in Entzückung gerathen wollen: so steiget der schreckliche Gedanke der Zernichtung,
wie ein Gespenst, in ihrer Seele empor, und verwandelt

wandelt die gehoffte Freude in Verzweiflung. Ein
Hauch, der ausbleibt, ein Pulsschlag, der stille stehet,
beraubt sie aller dieser Herrlichkeiten; das Gott ver-
ehrende Wesen wird Staub, Moder und Verwesung.
Ich danke den Göttern, daß sie mich von dieser Furcht
befreyet, die alle Wollüste meines Lebens mit Skor-
pionstichen unterbrechen würde. Meine Begriffe
von der Gottheit, von der Tugend, von der Würde
des Menschen, und von dem Verhältnisse, in welchem er
mit Gott stehet, lassen mir keinen Zweifel mehr über
seine Bestimmung. Die Hoffnung eines zukünftigen
Lebens löset alle diese Schwierigkeiten auf, und bringet die Wahrheiten, von welchen wir auf so mancher-
ley Weise überzeuget sind, wieder in Harmonie. Sie
rechtfertiget die Gottheit, setzet die Tugend in ihren
Adel ein, giebt der Schönheit ihren Glanz, der Wollust ihre Reizung, versüßet das Elend, und macht
selbst die Plagen dieses Lebens in unsern Augen ver-
ehrenswerth: indem wir alle Begebenheiten hienieden mit den unendlichen Reihen von Folgen vergle-
chen, die durch dieselben veranlasset werden. Eine
Lehre, die mit so vielen bekannten und ausgemachten
Wahrheiten in Harmonie stehet, und durch welche
wir

wir so ungezwungen eine Menge von Schwierigkeiten
gehoben sehen, findet uns sehr geneigt, sie anzunehmen; bedarf beynahe keines fernern Beweises. Denn
wenn gleich von diesen Gründen, einzeln genommen,
vielleicht keiner den höchsten Grad der Gewißheit mit
sich führet: so überzeugen sie uns doch, zusammengenommen, mit einer so siegenden Gewalt, daß sie
uns völlig beruhigen, und alle unsere Zweifel aus dem
Felde schlagen. Allein, mein lieber Sokrates! die
Schwierigkeit ist, alle diese Gründe, so oft wir es wünschen mit der gehörigen Lebhaftigkeit gegenwärtig zu
haben, um ihre Harmonie mit Einleuchtung zu über-
schauen. Wir sind zu allen Zeiten, und in allen Umständen dieses Lebens, ihres Beystandes benöthiget;
aber nicht alle Zeiten, nicht alle Umstände dieses Lebens
vergönnen uns die Ruhe und Besonnenheit der Seele,
uns aller dieser Gründe lebhaft zu erinnern, und die
Kraft der Wahrheit zu fühlen, die ihrem Zusammenhange eingeflochten ist. So oft wir uns einen Theil
derselben entweder gar nicht, oder nicht mit der erforderlichen Lebhaftigkeit vorstellen, so verlieret die Wahrheit von ihrer Stärke, und unsere Seelenruh ist in Gefahr. Wenn aber jener Weg, den du, o Sokrates!
ein-

einschlägst, und durch eine einfache Reihe von unumstöß=
lichen Gründen zur Wahrheit führet: so können wir
hoffen, uns des Beweisthums zu versichern, und ihn
zu allen Zeiten in unserer Gewalt zu haben. Eine Kette
deutlicher Schlüsse läßt sich leichter in die Gedanken zu=
rück bringen, als jene Uebereinstimmung der Wahrhei=
ten, die gewissermaßen ihre eigene Gemüthsbeschaffen=
heit erfordert. Aus dieser Ursache trage ich kein Beden=
ken, dir alle die Zweifel entgegen zu setzen, die der ent=
schlossenste Leugner der Unsterblichkeit vorbringen könn=
te. Wo ich dich recht verstanden habe, so war dein Be=
weis etwa folgender: Seele und Körper stehen in der
genauesten Verbindung; dieser wird allmählig in seine
Theile aufgelöset, jene muß entweder vernichtet werden,
oder Vorstellungen haben. Durch natürliche Kräfte
kann nichts zernichtet werden; daher kann unsere See=
le, natürlicher Weise, niemals aufhören Begriffe zu
haben. Wie aber, mein lieber Sokrates! wenn ich
durch ähnliche Gründe bewiese, daß die Harmonie fort=
dauren müsse, wenn man auch die Leyer zerbräche, oder
daß die Symmetrie eines Gebäudes noch vorhanden
seyn müsse, wenn auch alle Steine von einander geris=
sen, und zu Staub zermalmet werden sollten? Die
Har=

Harmonie so wohl, als die Symmetrie, würde ich sagen, ist etwas: nicht? Man würde mir dieses nicht läugnen; jene stehet mit der Leyer und diese mit dem Gebäude in genauer Verbindung: auch dieses müßte man zugeben. Vergleichet die Leyer oder das Gebäude mit dem Körper, und die Harmonie oder Symmetrie mit der Seele: so haben wir erwiesen, daß das Saitenspiel länger dauren müsse, als die Saiten, das Ebenmaß länger, als das Gebäude. Nun ist dieses in Absicht auf die Harmonie und Symmetrie höchst ungereimt; denn da sie die Art und Weise der Zusammensetzung andeuten: so können sie nicht länger dauren, als die Zusammensetzung selbst.

Ein Gleiches läßt sich von der Gesundheit behaupten: Sie ist eine Eigenschaft des gegliederten Körpers, und nirgends anders anzutreffen, als wo die Verrichtungen dieser Glieder zur Erhaltung des Ganzen abzielen; sie ist ein Eigenthum des Zusammengesetzten, und verschwindet, wenn das Zusammengesetzte in seine Theile aufgelöset wird. Mit dem Leben hat es wahrscheinlicher Weise eine ähnliche Bewandniß. Das Leben einer Pflanze höret auf, so bald die Bewegungen in den Theilen derselben zur Auflösung des

Ganzen

Ganzen abzielen. Das Thier hat vor der Pflanze die Gliedmaßen der Sinne und die Empfindung, und endlich der Mensch die Vernunft voraus. Vielleicht ist diese Empfindung in den Thieren, und selbst die Vernunft des Menschen, nichts als Eigenschaften des Zusammengesetzten, so wie Leben, Gesundheit, Harmonie, u. s. w. die ihrer Natur und Beschaffenheit nach nicht länger dauren können, als die Zusammensetzungen, von denen sie unzertrennlich sind. Reichet die Kunst des Baues hin, Pflanzen und Thieren Leben und Gesundheit zu geben, so kann eine höhere Kunst vielleicht dem Thiere Empfindung, und dem Menschen Vernunft verleihen. Wir Blödsinnigen begreiffen jenes so wenig, als dieses. Des geringsten Blättchens kunstreiche Bildung übersteigt alle menschliche Vernunft, enthält Geheimnisse, die des Fleißes und der Scharfsinnigkeit unserer spätesten Nachkommen noch spotten werden: und wir wollen vorschreiben, was durch die Organisation erhalten werden kann, und was nicht? Wollen wir der Allmacht oder der Weisheit des Schöpfers Grenzen setzen? Eines von beiden, dächte ich, müssen wir nothwendig, wenn unsere Nichtigkeit entscheiden soll,

daß

daß die Kunst des Allmächtigen selbst kein Vermögen
zu empfinden und zu denken durch die Bildung der
feinsten Materie hervorbringen könne.

Du siehst, mein lieber Sokrates! was deinen
Schülern zur völligen unwankenden Ueberzeugung
noch fehlet. Ist die Seele beym Leben etwas, das
der Allmächtige außer dem Körper und seiner Bildung geschaffen und mit ihm verbunden hat: so hat
es seine Richtigkeit, daß die Seele auch nach dem
Tode fortdauren und Vorstellungen haben müsse;
allein wer leistet für jenes die Gewehr? die Erfahrung
scheinet vielmehr das Gegentheil auszusagen. Das
Vermögen zu denken wird gebildet mit dem Körper,
wächst mit demselben, und leidet mit demselben ähnliche Veränderungen. Jede Krankheit in dem Körper wird von Schwäche, Zerrüttung oder Unvermögen in der Seele begleitet. Vornehmlich stehen die
Verrichtungen des Gehirns und der Eingeweide in so
genauer Verbindung mit der Wirksamkeit des Denkungsvermögens, daß man sehr geneigt ist, beide
aus einer Quelle herzuleiten, und also das Unsichtbare
durch das Sichtbare zu erklären; so wie man Licht

G   und

und Wärme einer einzigen Ursache zuschreibt, weil sie in ihren Veränderungen so sehr übereinstimmen.

Simmias schwieg, und Cebes ergriff das Wort. Unser Freund Simmias, sprach er, scheinet nur das sicher besitzen zu wollen, was ihm versprochen worden; ich aber, mein lieber Sokrates! möchte gern mehr haben, als du uns zugesagt. Wenn deine Beweise auch wider alle Einwürfe geschützet werden, so folgt doch nichts mehr aus denselben, als daß unsere Seele nach dem Hintritt unsers Körpers fortdauret und Vorstellungen hat; aber wie fortdauret? vielleicht so, wie sie im Schwindel, in einer Ohnmacht, oder im Schlafe fortdauret. Die Seele des Schlafenden muß nicht ganz ohne Begriffe seyn; Die Gegenstände umher müssen durch schwächere Eindrücke auf seine Sinne wirken, und in seiner Seele wenigstens schwache Empfindungen erregen, sonst würden stärkere und stärkere Eindrücke ihn nicht aufwecken können *). Aber was sind dieses für Begriffe?

---

*) Wenn mächtige Eindrücke lebhafte Empfindungen erregen; so müssen die schwächsten selbst nicht ganz ohne Wirkung seyn; sondern Empfindungen veranlassen, die nur dem Grade der Lebhaftigkeit nach von jenen unterschieden sind.

griffe? Ein dunkles Gefühl ohne Bewußtseyn, ohne Erinnerung, ein vernunftloser Zustand, in welchem wir uns des Vergangenen nicht erinnern, und dessen wir uns auch in Zukunft nie wieder besinnen. Sollte nun unsere Seele mit der Trennung von dem Leibe in eine Art von Schlaf oder Hinbrüten versinken, und nie wieder aufwachen, was hätten wir durch ihre Fortdauer gewonnen? Ein vernunftloses Daseyn ist von der Unsterblichkeit, die du hoffest, noch weiter entfernt, als die Glückseligkeit der Thiere von der Glückseligkeit eines Gott erkennenden Geistes. Wenn das, was ihm nach dem wiederfähret, uns angehen, und schon hienieden Furcht oder Hoffnung in uns erregen soll: so müssen wir selbst, die wir uns allhier unser bewußt sind, noch in jenem Leben dieses Selbstgefühl behalten, und uns des Gegenwärtigen erinnern können. Wir müssen das, was wir seyn werden, mit dem, was wir jetzt sind, vergleichen, und darüber urtheilen können. Ja, wo ich dich recht verstanden, mein lieber Sokrates! so erwartest du nach dem Tode ein besseres Leben, eine größere Erleuchtung des Verstandes, edlere und erhabnere Bewegungen des Herzens, als dem beglücktesten

Sterb-

Sterblichen auf Erden zu Theile worden: worauf gründet sich diese schmeichelnde Hoffnung? Der Mangel alles klaren Bewuſtſeyns iſt für unſere Seele, wenigſtens für eine kurze Zeit, ein nicht unmöglicher Zuſtand; hievon überzeugt uns die tägliche Erfahrung. Wie, wenn ein ſolcher nach dem Tode in Ewigkeit fortdauren ſollte?

Zwar haſt du uns vorhin gezeigt, daß alles Veränderliche unaufhörlich verändert werden müſſe, und aus dieſer Lehre leuchtet ein Stral der Hoffnung, daß meine Beſorgniß ungegründet ſey. Denn, wenn die Reihe der Veränderungen, die unſerer Seele bevorſtehen, ins Unendliche fortgehen, ſo iſt höchſt wahrſcheinlich, daß ſie nicht beſtimmt ſey, in Ewigkeit fort zu ſinken, und von ihrer göttlichen Schönheit immer mehr und mehr zu verlieren; ſondern daß ſie ſich, wenigſtens mit der Zeit, auch erheben und die Stuffe wieder einnehmen werde, auf welcher ſie ſchon in der Schöpfung geſtanden, nehmlich eine Betrachterinn der Werke Gottes zu ſeyn. Und mehr als einen hohen Grad der Wahrſcheinlichkeit braucht es nicht, uns in der Vermuthung zu beſtärken, daß dem Tugendhaften ein beſſeres Leben bevorſtehet.

Indeſſen,

Indessen, mein lieber Sokrates! wünsche ich auch diesen Punkt von dir berühret zu sehen, weil ich weiß, daß alle Worte, die du heute sprichst, sich tief in meine Seele eingraben, und von unauslöschlichem Andenken seyn werden.

Wir hörten alle aufmerksam zu, und wie wir uns nachher gestanden, nicht ohne Unwillen, daß man uns eine Lehre zweifelhaft und ungewiß machte, von welcher wir so sehr überzeugt zu seyn glaubten. Nicht nur diese Lehre, sondern alles, was wir wußten und glaubten, schien uns damals ungewiß und schwankend zu werden, da wir sahen, daß entweder wir die Gabe nicht besitzen, Wahrheit von Irrthum zu unterscheiden, oder daß sie an und für sich selbst nicht zu unterscheiden seyn müßten.

Echekrates.

Mich wundert es nicht, mein lieber Phädon! daß ihr so dachtet: mir selbst ward, indem ich dir zuhörte, nicht anders zu Muthe. Die Gründe des Sokrates hatten mich völlig überführt, und ich schien versichert, daß ich sie niemals würde in Zweifel ziehen können; allein des Simmias Einwurf

G 3   macht

macht mich wieder zweifelhaft, und ich erinnere mich,
daß ich vormals eben der Meynung gewesen, daß die
Kraft zu denken eine Eigenschaft des Zusammengesetzten
seyn, und ihren Grund in einer feinen Organisation
oder Harmonie der Theile haben könne. Aber sage
mir, lieber Phädon! wie hat Sokrates diese Ein=
würfe aufgenommen? ward er so verdrüßlich darüber,
als ihr, oder begegnete er ihnen mit seiner gewönlichen
Sanftmuth? und hat seine Antwort euch Gnüge
gethan, oder nicht? Ich möchte dieses alles gern so
umständlich als möglich von dir vernehmen.

Phädon.

Habe ich den Sokrates jemals bewundert, mein
lieber Echekrates! so war es gewiß bey dieser Ge=
legenheit. Daß er eine Widerlegung in Bereitschaft
hatte, ist eben nichts unerwartetes von ihm. Was
mir bewundernswürdig schien, war erstlich die Gü=
tigkeit, Freundlichkeit und Sanftmuth, womit er das
Vernünfteln dieser jungen Leute aufgenommen; so=
dann wie schnell er gemerkt, was für Eindrücke die
Einwürfe auf uns gemacht, wie er uns zu Hülfe ei=
lete, wie er uns gleichsam von der Flucht zurück rief,

zur

zur Gegenwehr aufmunterte, und selbst zum Streite
anführte.

Echekrates.

Wie war dieses?

Phädon.

Das will ich dir erzählen. Ich saß ihm zur Rechten neben dem Bette, auf einem niedrigen Sessel,
er aber etwas höher, als ich. Er ergriff mein Haupt,
und streichelte mir die Haare, die in den Nacken herunter hangen; wie er denn gewohnt war, zuweilen
mit meinen Locken zu spielen: Morgen, sprach er, Phädon! dürftest du wohl diese Locken auf das Grab eines Freundes streuen. Allem Ansehen nach, erwiederte ich. O! thue es nicht, versetzte er. Warum
denn das? fragte ich. Noch heute, fuhr er fort, müssen wir beide unser Haar abschneiden, wenn unser
schönes Lehrgebäude so dahin stirbt, und wir nicht im
Stande sind, es wieder aufzuwecken. Und wenn ich
an deiner Stelle wäre, und man hätte mir eine solche Lehre zu Grunde gerichtet: so würde ich, wie jener Argiver, ein Gelübde thun, nicht eher mein
Haupthaar wieder wachsen zu lassen, bis ich des Sim-

mias

mias und Cebes Gegengründe besiegt hätte. Man
pflegt zu sagen, sprach ich: Herkules selbst rich=
tet wider zween nichts aus. So rufe denn,
weil es noch helle ist, mich deinen Jolaus, zu Hül=
fe, versetzte er. Gut! sprach ich, ich will dich zu
Hülfe rufen; aber nicht wie Herkules seinen Jolaus,
sondern wie Jolaus den Herkules. Das thut nichts
zur Sache, erwiederte er. Vor allen Dingen müs=
sen wir uns vor einem gewissen Fehltritt in acht neh=
men. Vor welchem? fragte ich. Daß wir nicht Ver=
nunfthasser werden; sprach er, so wie gewisse Leu=
te Menschenhasser werden. Kein größeres Unglück
könnte uns wiederfahren! — Der Vernunfthaß und
der Menschenhaß pflegen auf eine ähnliche Weise zu
entstehen. Der Menschenhaß nehmlich entstehet ins=
gemein, wenn man Anfangs ein blindes Vertrauen
in Jemanden setzet, und ihn in allen Stücken für ei=
nen getreuen, aufrichtigen, und rechtschaffenen Men=
schen hält, sodann aber erfähret, daß er weder auf=
richtig noch rechtschaffen sey; besonders wenn uns die=
ses zu wiederhohlten malen, und so gar in Ansehung
derer begegnet, die wir für unsere besten und vertrau=
testen Freunde gehalten. Alsdann wird man mißver=

gnügt,

gnügt, wirft seinen Haß auf alle Menschen ohne Unterschied, und trauet Niemanden mehr die mindeste
Rechtschaffenheit zu. Hast du nicht bemerkt, daß es
also zu gehen pflegt? Sehr oft, antwortete ich. Ist
dieses aber nicht schändlich? und heißt es nicht, ohne
die geringste Einsicht in die menschliche Natur, von
der menschlichen Gesellschaft Nutzen haben wollen?
Wer nicht ganz ohne Nachdenken ist, findet hierinn
gar leicht die Mittelstraße, die in der That auch die
Wahrheit für sich hat. Der vollkommen guten oder
bösen Menschen sind nur sehr wenige. Die mehresten
halten ungefähr das Mittel zwischen beyden Grenzen: — Wie sagst du? fragte ich. — So wie etwa, sprach er, in Ansehung der Größten und Kleinsten, oder der übrigen Eigenschaften. Was ist selt-
ner, als ein Mensch, Hund oder anderes Geschöpf,
das sehr groß oder sehr klein, sehr schnell oder sehr lang-
sam, außerordentlich schön, häßlich, schwarz, weiß,
u. s. w. sey? Und hast du nicht auch bemerkt, daß in
allen diesen Dingen das Aeußerste an beiden Seiten
wenig und selten, das Mittelmäßige hingegen am
allerhäufigsten angetroffen wird? Mich dünkt es,
sprach ich. Meynest du nicht, versetzte er, wenn auf

die äußerste Nichtswürdigkeit ein Preis gesetzt würde,
daß sehr wenige Menschen denselben verdienen würden?
Wahrscheinlicher Weise, antwortete ich. Höchst wahr=
scheinlicher Weise, fuhr er fort. Jedoch in diesem
Puncte findet sich zwischen der Vernunft und zwischen
dem menschlichen Geschlechte vielmehr eine Unähn=
lichkeit, als eine Aehnlichkeit: und ich bin durch dei=
ne Fragen auf diesen Abweg verleitet worden. Die
Aehnlichkeit ist aber alsdann zu sehen, wann Jemand,
ohne gehörige Untersuchung, und ohne Einsicht in die
Natur der menschlichen Vernunft, irgend einen
Schluß für wahr und bindig hält, und kurz darauf
ihn wiederum unwahr zu finden glaubt, er möchte es
nun an und für sich selbst seyn, oder nicht: — vor=
nehmlich wenn dieses, so wie vorhin in Ansehung der
Freundschaft, sich öfters zugetragen. Alsdann erge=
het es ihm, wie jenen berüchtigten Tausendkünstlern,
die so lange, was man nur will, verfechten und wider=
legen, bis sie sich einbilden, die Weisesten unter den
Sterblichen, ja die einzigen zu seyn, die da wahrge=
nommen, daß die Vernunft, so wie alle übrigen Din=
ge auf Erden, nichts Sicheres und Zuverläßiges ha=
be; sondern daß alles, wie auf dem Euripus, im
Meer=

Meerstrudel auf und nieder schwanke, und keinen Augenblick an seiner vorigen Stelle bleibe. Es ist wahr,
sagte ich. Wie aber, mein lieber Phädon! fuhr er
fort: gesetzt, die Wahrheit sey an und für sich nicht
nur zuverläßig und unveränderlich, sondern auch dem
Menschen nicht ganz unerforschlich: und es ließe sich
jemand von dergleichen Vorspiegelungen von Gründen und Gegengründen, die sich einander aufheben,
dahin verleiten, daß er nicht sich und seiner Unfähig-
keit die Schuld gäbe, sondern aus Unwillen sie lieber
der Vernunft selbst zur Last legte, und die übrige Zeit
seines Lebens alle Vernunftgründe hassete und verab-
scheuete, alle Wahrheit und alle Erkenntniß ferne von
sich seyn ließe: wäre das Unglück dieses Menschen nicht
bejammernswerth? Beym Jupiter! antwortete ich,
sehr bejammernswerth. Wir müssen also fürs erste
diesen Irrthum zu vermeiden, und uns zu überzeugen suchen, daß nicht die Wahrheit selbst ungewiß
und schwankend, sondern unser Verstand öfters zu
schwach sey, dieselbe feste zu halten, und sich ihrer zu
bemeistern; damit wir unsere Kräfte und unsern Muth
verdoppeln und immer neue Angriffe wagen müssen.
Wir alle sind dazu verpflichtet, meine Freunde! Ihr
des

des bevorstehenden Lebens, und ich des Todes halber;
ja, ich habe sogar einen Bewegungsgrund dazu, der
ziemlich, nach gemeiner unwissender Leute Denkungsart, mehr rechtsüchtig, als wahrliebend scheinen
dürfte. Wenn diese etwas zweifelhaftes zu untersuchen haben, so bekümmern sie sich wenig, wie die
Sache an sich selber beschaffen sey, wenn sie nur
Recht und ihre Meynungen von den Anwesenden Beyfall erhalten. Ich werde von diesen Leuten nur in
einem Punkte unterschieden seyn. Denn daß ich die
Anwesenden von meiner Meinung überführe, ist bey
mir nur eine Nebenabsicht; meine vornehmste Sorge
gehet dahin, mich selbst zu bereden, daß sie der Wahrheit gemäß sey, weil ich gar zu großen Vortheil dabey finde. Denn siehe, liebster Freund! ich mache
folgenden Schluß: Ist die Lehre, die ich vortrage,
gegründet, so thue ich wohl, daß ich mich davon über-
zeuge; ist aber den Verstorbenen keine Hoffnung mehr
übrig, so gewinne ich wenigstens dieses, daß ich meinen Freunden noch vor meinem Tode nicht durch Klagen beschwerlich falle. Ich ergetze mich zuweilen an
dem Gedanken, daß alles, was dem gesammten menschlichen Geschlechte wirklichen Trost und Vortheil bringen
würde,

würde, wenn es wahr wäre, schon deswegen sehr viel
Wahrscheinlichkeit für sich habe, daß es wahr sey.
Wenn die Zweifelsüchtigen wider die Lehre von Gott
und der Tugend vorwenden, sie sey eine bloße politi-
sche Erfindung, die zum Besten der menschlichen Gesellschaft erdacht worden: so möchte ich ihnen allezeit
zurufen: O! meine Freunde! erdenket einen Lehrbe-
griff, welcher der menschlichen Gesellschaft so unentbehrlich ist, und ich wette, daß er wahr sey. Das
menschliche Geschlecht ist zur Geselligkeit, so wie jedes
Glied zur Glückseligkeit, berufen. Alles, was auf eine allgemeine, sichere und beständige Weise zu diesem
Endzwecke führen kann, ist unstreitig von dem weisesten Urheber aller Dinge als ein Mittel gewählt,
und hervorgebracht worden. Diese schmeichelhafte
Vorstellungen haben ungemein viel tröstliches, und
zeigen uns das Verhältniß zwischen dem Schöpfer und
dem Menschen in dem erqvickendsten Lichte: daher ich
nichts so sehr wünsche, als mich von der Wahrheit
derselben zu überzeugen. Jedoch, es wäre nicht gut,
wenn meine Unwissenheit hierüber noch lange dauren
sollte. Nein! ich werde bald davon befreyet werden. —
In dieser Verfassung, Simmias und Cebes! wen-

de

de ich mich zu euren Einwürfen. Ihr, meine Freun=
de! wenn ihr meinem Rathe folgen wollet, so sehet
mehr auf die Wahrheit, als auf den Sokrates.
Findet ihr, daß ich der Wahrheit getreu bleibe, so
gebt mir Beyfall; wo nicht, so widersetzet euch ohne
die geringste Nachsicht: damit ich nicht, aus gar zu
guter Meynung, euch und mich selbst hintergehe,
und wie eine Biene, die ihren Stachel zurück läßt,
von euch scheide. ——

Wohlan, meine Freunde! merket auf, und erin=
nert mich, wo ich etwas von euren Gründen aus=
lassen, oder unrichtig vortragen würde. Simmias
räumet ein, daß unser Denkungsvermögen entweder
für sich geschaffen seyn, oder durch die Zusammen=
setzung und Bildung des Körpers hervorgebracht wer=
den muß: Nicht? — Richtig! — In dem er=
sten Falle, wenn die Seele nehmlich als ein für sich
geschaffenes unkörperliches Ding zu betrachten ist,
billiget er ferner die Reihe von Vernunftschlüssen,
durch welche wir bewiesen, daß sie nicht mit dem
Körper aufhören, durchaus nicht anders vergehen
könne, als durch den allmächtigen Wink ihres Ur=
hebers. Wird dieses noch zugegeben, oder stehet un=

ter

ter euch jemand noch an? — Wir stimmten alle willig
ein. — Und daß dieser allgütige Urheber kein Werk
seiner Hände jemals zernichte: so viel ich mich erinnere,
hat auch hieran Niemand gezweifelt. — Niemand. —
Aber dieses befürchtet Simmias: Vielleicht ist unser
Vermögen zu empfinden und zu denken kein für sich erschaffenes Wesen; sondern, wie die Harmonie, wie die
Gesundheit, oder wie das Leben der Pflanzen und der
Thiere, die Eigenschaft eines künstlich gebildeten Körpers: war es nicht dieses, was du besorgtest? — Eben
dieses, mein Sokrates! — Wir wollen sehen, sprach
er, ob dasjenige, was wir von unserer Seele wissen,
und, so oft wir wollen, erfahren können, nicht deine Besorgniß unmöglich machet. Was geschiehet bey der
künstlichsten Bildung oder Zusammensetzung der Dinge?
werden da nicht gewisse Dinge näher zusammengebracht,
die vorhin von einander entfernet waren? — Allerdings! — Sie sind vorhin mit andern in Verbindung gewesen, und nunmehr werden sie unter sich
verbunden, und machen die Bestandtheile des Ganzen aus, das wir ein Zusammengesetztes nennen. — Gut! — Durch diese Verbindung der
Theile entstehet erstlich in der Art und Weise, wie diese

Bestand-

Bestandtheile neben einander sind, eine gewisse Ord=
nung, die mehr oder weniger vollkommen ist. —
Richtig! — Sodann werden auch die Kräfte und
Wirksamkeiten der Bestandtheile durch die Zusammen=
setzung mehr oder weniger verwandelt, nachdem sie
durch Wirkung und Gegenwirkung bald gehemmet,
bald befördert, und bald in ihrer Richtung verändert
werden. Nicht? — Es scheinet. — Der Urheber
einer solchen Zusammensetzung siehet bald einzig und
allein auf das Nebeneinanderseyn der Theile: z. B.
bey der Wohlgereimtheit und dem Ebenmaß in der
Baukunst, wo nichts als diese Ordnung der Neben=
einanderseyenden in Betrachtung kömmt; bald hinge=
gen gehet seine Absicht auf die veränderte Wirksam=
keit der Bestandtheile, und die daraus erfolgte Kraft
des Zusammengesetzten, wie bey einigen Triebwerken
und Maschinen; ja es giebt dergleichen, wo man
deutlich siehet, daß der Künstler sein Absehen auf bei=
des, auf die Ordnung der Theile und auf die Abän=
derung ihrer Wirksamkeit, zugleich gerichtet hat. —
Der menschliche Künstler, sprach Simmias, viel=
leicht etwas selten, aber der Urheber der Natur schei=
net diese Absichten allezeit auf das allervollkommenste
verbun=

verbunden zu haben. — Vortreflich, versetzte Sokrates; jedoch ich verfolge diese Nebenbetrachtung
nicht weiter. Sage mir nur dieses, mein Simmias!
kann durch die Zusammensetzung eine Kraft im Ganzen
entstehen, die nicht in der Wirksamkeit der Bestandtheile ihren Grund hat? — Wie meynst du? mein Sokrates! — Wenn alle Theile der Materie, ohne Wirkung und Widerstand, in einer todten Ruhe neben einander lägen, würde die künstlichste Ordnung und Versetzung derselben, im Ganzen irgend eine Bewegung, einen Widerstand, überhaupt eine Kraft hervorbringen
können? — Es scheinet nicht, antwortete Simmias;
aus unwirksamen Theilen kann wohl kein wirksames
Ganzes zusammengesetzt werden. — Gut! sprach er,
wir können diesen Grundsatz also annehmen. Allein
wir bemerken gleichwohl, daß in dem Ganzen Uebereinstimmung und Ebenmaß angetroffen werden kann,
obgleich jeder Bestandtheil für sich weder Harmonie,
noch Ebenmaß hat: wie gehet dieses zu? Kein ein-
zelner Laut ist harmonisch: und gleichwohl machen
viele zusammen eine Harmonie aus. Ein wohlge-
ordnetes Gebäude kann aus Steinen bestehen, die
weder Ebenmaß noch Regelmäßigkeit haben. Warum

H

kann

kann ich hier aus unharmonischen Theilen ein harmonisches Ganzes, aus regellosen Theilen ein höchst regelmäßiges Ganzes zusammensetzen? — O! dieser Unterschied ist handgreiflich, versetzte Simmias, Ebenmaß, Harmonie, Regelmäßigkeit, Ordnung, u. s. w.
können ohne Mannigfaltigkeit, nicht gedacht werden:
denn sie bedeuten das Verhältniß verschiedener Eindrücke, wie sie sich uns, zusammengenommen, und in Vergleichung gegen einander, darstellen. Es gehört also
zu diesen Begriffen ein Zusammennehmen, eine Vergleichung mannigfaltiger Eindrücke, die zusammen ein
Ganzes ausmachen, und sie können daher den einzelnen
Theilen unmöglich zukommen. — Fahre fort, mein
lieber Simmias! rief Sokrates mit einem innern
Wohlgefallen über die Scharfsinnigkeit seines Freundes; sage uns auch dieses: Wenn jeder einzelne Laut
nicht einen Eindruck in das Gehör machen sollte, würde
aus vielen wohl eine Harmonie entstehen können? —
Unmöglich! — So auch mit dem Ebenmaße: Jeder
Theil muß in das Auge wirken, wenn aus vielen
das, was wir Ebenmaß nennen, entstehen soll. —
Nothwendiger Weise. — Wir sehen also auch hier,
daß im Ganzen keine Wirksamkeit entstehen kann, wo-

von

von der Grund nicht in den Bestandtheilen anzutreffen,
und daß alles übrige, was aus den Eigenschaften der
Elemente und Bestandtheile nicht fließt, wie die Ordnung, Symmetrie, u. s. w. einzig und allein in der Art
der Zusammensetzung zu suchen sey. Sind wir von diesem Satze überzeugt? meine Freunde! — Vollkommen. — Es kömmt also bey jeder, auch der allerkünst-
lichsten Zusammensetzung der Dinge, zweyerley zu betrachten vor: erstlich, die Folge und Ordnung der Bestandtheile in der Zeit oder im Raume; sodann, die Verbindung der ursprünglichen Kräfte, und die Art und
Weise, wie sie sich im Zusammengesetzten äußern.
Durch die Anordnung und Lage der Theile werden zwar
die Wirkungen der einfachen Kräfte eingeschränkt, bestimmt und abgeändert, aber niemals kann durch die
Zusammensetzung eine Kraft oder Wirksamkeit erhalten
werden, deren Ursprung nicht in den Grundtheilen zu
suchen ist. Ich verweile mich hier ein wenig bey diesen subtilen Grundbetrachtungen, meine Freunde! wie
ein Wettläufer, der zu verschiedenen malen ansetzt, um
alsdann mit vermehrtem Triebe fortzueilen, sich um das
Ziel herum zu schwenken, und, wenn ihm die Götter
Glück und Ruhm beschieden, den Sieg davon zu tragen.

Erwä-

Erwäge es mit mir, mein lieber Simmias! wenn unser Vermögen zu empfinden und zu denken kein für sich erschaffenes Wesen, sondern eine Eigenschaft des Zusammengesetzten seyn soll: muß es nicht entweder, wie Harmonie und Ebenmaß, aus einer gewissen Lage und Ordnung der Theile erfolgen, oder, wie die Kraft des Zusammengesetzten, seinen Ursprung in der Wirksamkeit der Bestandtheile haben? — Allerdings, da, wie wir gesehen, kein Drittes sich gedenken läßt. — In Ansehung der Harmonie haben wir gesehen, daß z. B. jeder einzelne Laut nichts Harmonisches hat, und die Uebereinstimmung bloß in Gegeneinanderhaltung und Vergleichung verschiedener Laute bestehe: Nicht? — Richtig! — Eine gleiche Bewandniß hat es mit der Symmetrie und Regelmäßigkeit eines Gebäudes: sie bestehet in der Zusammenfassung und Vergleichung vieler einzelnen unregelmäßigen Theile. Dieses ist nicht zu leugnen. Aber diese Vergleichung und Gegeneinanderhaltung, ist sie wohl etwas anders, als die Wirkung des Denkungsvermögens? und wird sie, außer dem denkenden Wesen, irgendwo in der Natur anzutreffen seyn? — Simmias wußte nicht, was er hierauf antworten sollte. — In der undenkenden Natur, fuhr

Sokra-

Sokrates fort, folgen einzelne Laute, einzelne Steine
auf und neben einander. Wo ist hier Harmonie, Symmetrie, oder Regelmäßigkeit? Wenn kein denkendes
Wesen hinzukömmt, das die mannigfaltigen Theile zu-
sammennimmt, gegeneinander hält, und in dieser Vergleichung eine Uebereinstimmung wahrnimmt, so weiß
ich sie nirgend zu finden; oder weißt du, mein lieber
Simmias! in der seelenlosen Natur ihre Spur auf-
zusuchen? — Ich muß mein Unvermögen bekennen,
war seine Antwort, ob ich gleich merke, wohin dieses
abzielet. — Eine glückliche Vorbedeutung! rief Sokrates, wenn dem Gegner selbst seine Niederlage ahn-
det. Antworte mir indessen unverdrossen, mein Freund!
denn du hast keinen geringen Theil an dem Siege, den
wir über dich selbst zu erhalten hoffen: Kann der Ursprung einer Sache aus ihren eignen Wirkungen erklä-
ret werden? Kann der Schatten, den ein Baum wirft,
für die Erzeugungsursache dieses Baumes, oder der
wohlriechende Duft für die Ursache der Blume angege-
ben werden? — Auf keinerley Weise. — Ordnung,
Ebenmaß, Harmonie, Regelmäßigkeit, überhaupt alle
Verhältnisse, die ein Zusammennehmen und Gegeneinanderhalten des Mannigfaltigen erfodern, sind Wir-

kungen

kungen des Denkungsvermögens. Ohne Hinzuthun
des denkenden Wesens, ohne Vergleichung und Gegeneinanderhaltung der mannigfaltigen Theile ist das regel-
mäßigste Gebäude ein bloßer Sandhaufen, und die
Stimme der Nachtigall nicht harmonischer, als das Aech-
zen der Nachteule. Ja ohne diese Wirkung giebt es in
der Natur kein Ganzes, das aus vielen außer einander
seyenden Theilen bestehet; denn diese Theile haben ein
jedes sein eignes Daseyn, und sie müssen gegen einander
gehalten, verglichen, und in Verbindung betrachtet werden, wenn sie ein Ganzes ausmachen sollen. Das denkende Vermögen, und dieses allein in der ganzen Natur,
ist fähig, durch eine innerliche Thätigkeit Vergleichun-
gen, Verbindungen und Gegeneinanderhaltungen wirklich zu machen: daher der Ursprung alles Zusammengesetzten, der Zahlen, Größen, Symmetrie, Harmonie u.
s. w. in so weit sie ein Vergleichen und Gegeneinanderhalten erfordern, einzig und allein in dem denkenden
Vermögen zu suchen seyn muß. Und da dieses zugegeben wird, so kann ja dieses Denkungsvermögen
selbst, die Ursache aller Vergleichung und Gegeneinanderhaltung, unmöglich aus diesen ihren eigenen
Verrichtungen entspringen, unmöglich in einem Verhältniß

hältniß, Harmonie, Symmetrie, unmöglich in einem Ganzen bestehen, das aus außereinanderseyen-
den Theilen zusammengesetzt ist: denn alle diese Dinge setzen die Wirkungen und Verrichtungen des denkenden Wesens voraus, und können nicht anders,
als durch dieselben, wirklich werden. — Dieses ist
sehr deutlich, versetzte Simmias. — Da ein jedes
Ganzes, das aus Theilen, die außer einander sind,
bestehet, ein Zusammennehmen und Vergleichen dieser Theile zum voraus setzet, dieses Zusammennehmen und Vergleichen aber die Verrichtung eines Vorstellungsvermögens seyn muß: so kann ich den Ursprung dieses Vorstellungsvermögens selbst nicht in
ein Ganzes setzen, das aus solchen auseinanderseyen-
den Theilen bestehet, ohne eine Sache durch ihre eigenen Verrichtungen entstehen zu lassen. Und eine
solche Ungereimtheit haben die Fabeldichter selbst, so
viel ich weiß, noch niemals gewagt. Niemand hat
noch den Ursprung einer Flöte in das Zusammenstim-
men ihrer Töne, oder den Ursprung des Sonnen-
lichts in den Regenbogen gesetzt. — Wie ich ver-
merke, mein lieber Sokrates! ist nunmehro auch
der Ueberrest unsers Zweifels dahin. — Er verdie-

H 4   net

net indeſſen beſonders erwogen zu werden, erwiederte
jener, wenn ich anders durch dieſe dornigten Unter:
ſuchungen eure Geduld nicht ermüde. Wage es im:
mer, Freund! rief ihm Kriton zu, auch die Ge:
duld dieſer auf die Probe zu ſetzen. Du haſt der mei:
nigen wenigſtens nicht geſchonet, als ich auf die Aus:
führung eines Vorſchlags drang : : Nichts von ei:
ner Sache, fiel ihm Sokrates in das Wort, die
nunmehr ihre zuverläßige Richtigkeit hat. Wir ha:
ben hier Dinge zu unterſuchen, die noch dem Zwei:
fel unterworfen zu ſeyn ſcheinen. Zwar dieſes nicht
mehr, daß unſer Vermögen zu empfinden und zu
denken in der Lage, Bildung, Ordnung und Har:
monie körperlicher Beſtandtheile zu ſuchen ſeyn ſollte:
dieſes haben wir, ohne weder der Allmacht noch der
Weisheit Gottes zu nahe zu treten, als unmöglich
verworfen. Aber vielleicht iſt dieſes denkende Ver:
mögen eine von den Thätigkeiten des Zuſammenge:
ſetzten, wie die Kraft der Bewegung, der Ausdeh:
nung, des Zuſammenhängens u. ſ. w. die von der
Lage und Bildung der Theile weſentlich unterſchieden,
und dennoch nirgend anders, als im Zuſammenge:
ſetzten, anzutreffen ſind? Iſt dieſes nicht der einzige
Ueber:

Ueberrest des Zweifels, den wir bestreiten? mein werther Simmias! — Richtig! — Wir wollen also
diesen Fall setzen, fuhr Sokrates fort, und annehmen, unsere Seele sey eine Wirksamkeit des Zusammengesetzten. Wir haben gefunden, daß alle Wirksamkeiten des Zusammengesetzten aus den Kräften der Bestandtheile fließen müssen: werden also, nach unserer
Voraussetzung, die Bestandtheile des denkenden Körpers nicht Kräfte haben müssen, aus denen im Zusammengesetzten das Vermögen zu denken resultirer? —
Allerdings! — Aber die Kräfte dieser Bestandtheile,
von welcher Natur und Beschaffenheit wollen wir sie
annehmen? sollen sie der denkenden Thätigkeit ähnlich
oder unähnlich seyn? — Diese Frage begreife ich nicht
recht, war Simmias Antwort. — Eine einzelne
Sylbe, sprach Sokrates, hat mit der ganzen Rede
dieses gemein, daß sie vernehmlich ist; aber die ganze Rede hat einen Verstand, die Sylbe keinen:
Nicht? — Richtig! — Indem also nur jede Sylbe
ein zwar vernehmliches, aber verstandleeres Gefühl
erregt, so entspringt aus ihrem Inbegriffe dennoch
ein verständiger Sinn, der auf unsere Seele wirkt.
Allhier entspringet die Wirksamkeit des Ganzen aus den

H 5   Kräf

Kräften der Theile, die ihnen unähnlich sind. — Dieses läßt sich begreiffen. — In Ansehung der Harmonie, Ordnung und Schönheit haben wir ein gleiches wahrgenommen. Das Wohlgefallen, das sie in der Seele wirken, entspringet aus den Eindrücken der Bestandtheile, deren jeder weder Wohlgefallen noch Mißfallen erregen kann. — Gut! — Abermals ein Beyspiel, daß die Thätigkeit des Ganzen aus Kräften der Bestandtheile, die ihnen unähnlich sind, entspringen könne. — Ich gebe es zu. — Ich weiß nicht, ob ich nicht vielleicht zu weit gehe, mein Freund! aber ich stelle mir vor, alle Thätigkeiten körperlicher Dinge können aus solchen Kräften des Urstoffs entspringen, die ihnen ganz unähnlich sind. Die Farbe z. B. kann vielleicht in solche Eindrücke aufgelöset werden, die nichts gefärbtes haben, und die Bewegung selbst entspringet vielleicht aus ursprünglichen Kräften, die nichts weniger als Bewegung sind. — Dieses würde einen Beweis erfordern, sprach Simmias. — Es ist aber vorjetzt nicht nöthig, daß wir uns hierbey aufhalten, sprach jener; es ist genug, daß ich durch Beyspiele erläutert, was ich unter den Worten verstehe: die Wirksamkeit des Ganzen könne

aus

aus Kräften der Bestandtheile, die ihnen unähnlich
sind, entspringen. Ist dieses nunmehro deutlich? —
Vollkommen! — Nach unserer Voraussetzung also
würden die Kräfte der Bestandtheile entweder selbst
Vorstellungskräfte, und also der Kraft des Ganzen,
die aus ihnen entspringen soll, ähnlich, oder von einer
ganz andern Beschaffenheit, und daher unähnlich seyn.
Giebt es ein Drittes? — Unmöglich! — Antworte
mir aber auch auf dieses, mein Lieber! Wenn aus
einfachen Kräften eine von ihnen verschiedene Kraft
im Zusammengesetzten entspringen soll, wo kann diese
neuentstandene Kraft anzutreffen seyn? Außer dem
denkenden Wesen sind die Kräfte des Ganzen nichts
anders, als die einzelnen Kräfte der einfachen Be=
standtheile, wie sie sich durch Wirkungen und Gegen=
wirkungen einander abändern, und einschränken.
Nun kann durch Wirkung und Gegenwirkung keine
Kraft entspringen, die diesen Wirkungs= und Gegen=
wirkungskräften unähnlich sey. Wenn wir also etwas
Unähnliches im Ganzen erhalten wollen, so müssen wir
abermals unsere Zuflucht zu dem denkenden Wesen
nehmen, das die Kräfte in Verbindung und zusam=
mengenommen sich anders vorstellet, als sie dieselben

einzeln

einzeln und ohne Verbindung denken würde. Ein
Beyspiel hievon siehet man, außer der Harmonie,
auch an den Farben. Bringet zwo verschiedene Farben in einen so kleinen Raum zusammen, daß sie das
Auge nicht unterscheiden kann: so werden sie außer
uns noch immer getrennet, und eine jede für sich bleiben; aber unsere Empfindung wird sich gleichwohl
aus derselben eine Dritte zusammensetzen, die mit jenen nichts gemein hat. Eine ähnliche Beschaffenheit hat es mit dem Geschmack, und, wo ich nicht
irre, mit allen unsern Fühlungen und Empfindungen
überhaupt. Sie können durch die Zusammensetzung
und Verbindung zwar an und für sich nicht anders
werden, als sie einzeln sind; wohl aber dem denkenden Wesen, das sie nicht deutlich auseinander setzen
kann, anders scheinen, als sie ohne Verbindung scheinen würden. — Dieses kann zugegeben werden,
sprach Simmias. — Kann also das denkende Wesen seinen Ursprung in einfachen Kräften haben, die
nicht denkend sind? — Unmöglich! da wir vorhin
gesehen, daß das Vermögen zu denken in keinem
Ganzen, das aus vielen bestehet, seinen Ursprung
haben könne. — Ganz recht! erwiederte Sokrates:

tes: das Zusammennehmen der einfachen Kräfte, aus welchen eine unähnliche Kraft des Zusammenge= setzten entspringen soll, setzet ein denkendes Wesen zum voraus, dem sie in Verbindung anders scheinen, als sie sind; daher kann aus diesem Zusammennehmen, aus dieser Verbindung unmöglich das denkende We= sen entspringen. Wenn also das Empfinden und Denken, mit einem Worte, das Vorstellen eine Kraft des Zusammengesetzten seyn soll: müssen die Kräfte der Bestandtheile nicht der Kraft des Ganzen ähn= lich und folglich gleichfalls Vorstellungskräfte seyn? — Wie wäre es anders möglich, nachdem es kein Drit= tes geben kann? — Und die Theile dieser Bestand= theile, so weit nur immer die Theilbarkeit reichen kann, müssen diese nicht auch dergleichen Vorstellungs= thätigkeiten haben? — Unstreitig! da jeder Bestand= theil wieder ein Ganzes ist, das aus kleinern Thei= len bestehet, und unsre Vernunftschlüsse so lange fort= gesetzet werden können, bis wir auf Grundtheile kom= men, die einfach sind und nicht aus vielen beste= hen. — Sage mir, mein lieber Simmias! fin= den wir nicht in unsrer Seele eine fast unendliche Menge von Begriffen, Erkenntnissen, Neigungen,

Leiden=

Leidenschaften, die uns unaufhörlich beschäftigen? —
Allerdings! — Wo wären diese in den Theilen anzutreffen? Entweder zerstreuet, einige in diesem, andere in jenem, ohne jemals wiederhohlt zu werden;
oder es giebt wenigstens ein einziges unter ihnen,
das alle diese Erkenntnisse, Begierden und Abnei-
gungen, so viel ihrer in unsrer Seele anzutreffen,
vereiniget und in sich fasset. — Nothwendig eines von
beiden, gab Simmias zur Antwort, und wie mich
dünkt, dürfte der erste Fall unmöglich seyn: denn
alle Vorstellungen und Neigungen unsers Geistes sind
so innerlich verknüpft und vereiniget, daß sie nothwendig auch irgendwo unzertrennt zugegen seyn müssen. — Du eilst mir mit starken Schritten entgegen,
mein lieber Simmias! Wir würden weder uns erinnern, noch überlegen, noch vergleichen, noch denken können, ja wir würden nicht einmal die Person
seyn, die wir vor einem Augenblick gewesen, wenn
unsere Begriffe unter vielen vertheilet und nicht
irgend wo zusammen in ihrer genauesten Verbindung
anzutreffen wären. Wir müssen also wenigstens
eine Substanz annehmen, die alle Begriffe der Bestandtheile vereiniget, und diese Substanz wird sie

aus

aus Theilen zusammengesetzt seyn können? — Un=
möglich, sonst brauchen wir wieder ein Zusammen=
nehmen und Gegeneinanderhalten, damit aus den
Theilen ein Ganzes werde, und wir kommen wieder=
um dahin, wo wir ausgegangen sind. — Sie wird
also einfach seyn? — Nothwendig! — Auch un=
ausgedehnt? denn das Ausgedehnte ist theilbar, und
das Theilbare nicht einfach: — Richtig! — Es
giebt also in unserm Körper wenigstens eine einzige
Substanz, die nicht ausgedehnt, nicht zusammenge=
setzt, sondern einfach ist, eine Vorstellungskraft hat,
und alle unsere Begriffe, Begierden und Neigun=
gen in sich vereiniget. Was hindert uns, diese Sub=
stanz Seele zu nennen? — Es ist gleichviel, vortref=
licher Freund! erwiederte Simmias, welchen Na=
men wir ihr geben; genug daß mein Einwurf bey
ihr nicht statt findet, und alle deine Vernunftschlüsse,
die du für die Unvergänglichkeit des denkenden We=
sens vorgebracht, nunmehr unumstößlich sind. —
Lasset uns noch dieses in Erwägung ziehen, versetzte
jener: Wenn viele dergleichen Substanzen in einem
menschlichen Körper zusammen wären, ja wenn wir
alle Grundelemente unsers Körpers für Substanzen

von

von dieser Natur halten wollten, würden meine Vernunftgründe für die Unvergänglichkeit dadurch etwas von ihrer Bündigkeit verlieren? oder würde uns eine solche Voraussetzung nicht vielmehr nöthigen, statt Eines unvergänglichen Geistes viele zu gestatten, und also mehr einzuräumen, als wir zu unserm Vorhaben verlangten? Denn eine jede von diesen Substanzen würde, wie wir vorhin gesehen, den ganzen Inbegriff aller Vorstellungen, Wünsche und Begierden, des ganzen Menschen in sich fassen, und also, was den Umfang der Erkenntniß betrifft, würde ihre Kraft nicht eingeschränkter seyn können, als die Kraft des Ganzen. — Unmöglich eingeschränkter. — Und wie an Deutlichkeit, Wahrheit, Gewißheit und Leben der Erkenntniß? Setze viele verworrene, mangelhafte und schwankende Begriffe neben einander, wird dadurch ein aufgeklärter, vollständiger und bestimmter Begriff hervorgebracht? — Es scheinet nicht. — Wo nicht ein Geist hinzu kömmt, der sie vergleichet, und durch Nachdenken und Ueberlegen sich eine vollkommenere Erkenntniß aus derselben selbst bildet: so hören sie in Ewigkeit nicht auf, viele verworrene, mangelhafte und schwankende Begriffe zu seyn. —

seyn. — Richtig! — Die Bestandtheile der denkenden Materie würden also Vorstellungen haben müssen,
die eben so deutlich, eben so wahr, eben so vollkommen sind, als die Vorstellungen des Ganzen; denn
aus weniger deutlichen, weniger wahren u. s. w. läßt
sich keine Erkenntniß durch Zusammensetzen heraus-
bringen, die einen größern Grad von diesen Vollkommenheiten haben sollte. — Dieses ist nicht zu leugnen. — Heißt aber dieses nicht, statt Eines vernünftigen Geistes, den wir in jeden menschlichen Körper setzen wollten, ganz ohne Noth eine unzählige
Menge derselben annehmen? — Freylich! — Und
diese Menge der denkenden Substanzen selbst wird
sich wahrscheinlicher Weise an Vollkommenheit einander nicht gleich seyn; denn dergleichen unnütze Ver-
vielfältigungen finden in diesem wohl geordneten Weltall nicht statt. — Die allerhöchste Vollkommenheit
ihres Schöpfers, antwortete Simmias, läßt uns
dieses mit Zuverläßigkeit schließen. — Also wird eine
unter den denkenden Substanzen, die wir in den
menschlichen Körper gesetzt, die vollkommenste unter
ihnen seyn, und folglich die deutlichsten und aufge-
klärtesten Begriffe haben: Nicht? — Nothwendiger

J   Weise! —

Weise! — Diese einfache Substanz, die unausge=
dehnt ist, Vorstellungsvermögen besitzt, die vollkom=
menste unter den denkenden Substanzen ist, die in
mir wohnen, und alle Begriffe, deren ich mir be=
wußt bin, in eben der Deutlichkeit, Wahrheit, Ge=
wißheit, u. s. w. in sich fasset, ist dieses nicht meine
Seele? — Nichts anders, mein theurer Sokra=
tes! — Mein lieber Simmias! nunmehr ist
es Zeit, einen Blick hinter uns auf den Weg zu wer=
fen, den wir zurück gelegt. Wir haben voraus ge=
setzt, das Denkungsvermögen sey eine Eigenschaft des
Zusammengesetzten, und, wie wunderbar! aus dieser
Voraussetzung selbst bringen wir, durch eine Reihe
von Vernunftschlüssen, den schnurstracks entgegenge=
setzten Satz heraus, daß nehmlich das Empfinden
und Denken nothwendig Eigenschaften des Einfachen
und nicht Zusammengesetzten seyn müßten: ist dieses
nicht ein hinlänglicher Beweis, daß jene Vorausse=
tzung unmöglich, sich selbst widersprechend, und also
zu verwerfen sey? — Niemand kann dieses in Zwei=
fel ziehen. — Ausdehnung und Bewegung, fuhr
Sokrates fort, in diese Grundbegriffe läßt sich, wie
wir gesehen, alles auflösen, was dem Zusammenge=
setzten

setzten zukommen kann; die Ausdehnung ist der Stoff,
und die Bewegung die Quelle, aus welchen die Veränderungen entspringen. Beide zeigen sich in der Zusammensetzung unter tausend mannigfaltigen Gestalten, und stellen in der körperlichen Natur die unendliche Reihe wundervoller Bildungen dar, vom kleinsten Sonnenstäublein bis zu jener Herrlichkeit der
himmlischen Spähren, die von den Dichtern für den
Sitz der Götter gehalten werden. Alle kommen darinn überein, daß ihr Stoff Ausdehnung, und ihre
Wirksamkeit Bewegung ist. Aber Wahrnehmen,
Vergleichen, Schließen, Begehren, Wollen, Lust und
Unlust empfinden, erfordern eine von Ausdehnung
und Bewegung ganz verschiedene Bestandheit, einen
andern Grundstoff, andere Quellen der Veränderung.
In einem einfachen Grundwesen muß hier vieles vorgestellet, das Außereinanderseyende zusammen begriffen, das Mannigfaltige gegen einander gehalten, und
das Verschiedene in Vergleichung gebracht werden.
Was in dem weiten Raum der Körperwelt zerstreuet
ist, dränget sich hier, ein Ganzes auszumachen, wie
in einem Punkt zusammen, und was nicht mehr ist,
wird in dem gegenwärtigen Augenblick mit dem, was

noch

noch werden soll, in Vergleichung gebracht. Allhier
erkenne ich weder Ausdehnung noch Farbe, weder
Ruhe noch Bewegung, weder Raum noch Zeit, sondern ein innerlich wirksames Wesen, das Ausdehnung und Farbe, Ruhe und Bewegung, Raum und
Zeit sich vorstellet, verbindet, trennet, vergleichet,
wählet, und noch tausend anderer Beschaffenheiten
fähig ist, die mit Ausdehnung und Bewegung nicht
die mindeste Gemeinschaft haben. Lust und Unlust,
Begierden und Verabscheuungen, Hoffnung und
Furcht, Glückseligkeit und Elend, sind keine Orts-
veränderungen kleiner Erdstäublein. Bescheidenheit, Menschenliebe, Wohlwollen, das Entzücken
der Freundschaft und das hohe Gefühl der Gottes-
furcht sind etwas mehr, als die Wallungen des Ge-
blüts, und das Schlagen der Pulsadern, von welchen sie begleitet zu werden pflegen. Dinge von so
verschiedener Art, mein lieber Simmias! von so
verschiedenen Eigenschaften können, ohne die äus-
serste Unachtsamkeit, nicht mit einander verwechselt
werden. — Ich bin völlig befriediget, war Simmias Antwort. — Noch eine kleine Anmerkung,
versetzte jener, bevor ich mich zu dir wende, mein
Cebes!

Cebes! Das erste, was wir von dem Körper und seinen Eigenschaften wissen, ist es etwas mehr, als die Art und Weise, wie er sich unsern Sinnen darstellet?

Etwas deutlicher, mein lieber Sokrates! — Ausdehnung und Bewegung sind Vorstellungen des denkenden Wesens von dem, was außer ihm wirklich ist: Nicht? — Zugegeben! — Wir mögen die zuverläßigsten Gründe haben, versichert zu seyn, daß die Dinge außer uns nicht anders sind, als sie uns ohne Hinderniß erscheinen: gehet nicht aber diesem ohngeachtet allezeit die Vorstellung selbst voran, und die Versicherung, daß ihr Gegenstand wirklich ist, folget nachher? — Wie ist es anders möglich, versetzte Simmias, da wir vom Daseyn der Dinge außer uns nicht anders, als durch ihre Eindrücke benachrichtiget werden können? — In der Reihe unserer Erkenntniß gehet also allezeit das denkende Wesen voran, und das ausgedehnte Wesen folget; wir erfahren zuerst, daß Begriffe, und folglich ein begreifendes Wesen, wirklich seyn, und von ihnen schließen wir auf das wirkliche Daseyn des Körpers und seine Eigenschaften. Wir können uns von dieser

J 3

Wahr-

Wahrheit auch dadurch überzeugen, weil der Körper, wie wir vorhin gesehen, ohne Verrichtung des denkenden Wesens kein Ganzes ausmachen, und die Bewegung selbst, ohne Zusammenhalten des Vergangenen mit dem Gegenwärtigen, keine Bewegung seyn würde. Wir mögen die Sache also betrachten von welcher Seite wir wollen, so stößt uns allezeit die Seele mit ihren Verrichtungen zuerst auf, und sodann folget der Körper mit seinen Veränderungen. Das Begreiffende gehet allezeit vor dem bloß Begreifflichen her. — Dieser Begriff scheinet fruchtbar, meine Freunde! sprach Cebes. — Wir können die ganze Kette von Wesen, fuhr Sokrates fort, vom Unendlichen an bis auf das kleinste Stäublein, in drey Glieder eintheilen. Das erste Glied begreifft, kann aber von andern nicht begriffen werden: dieses ist der Einzige, dessen Vollkommenheit alle endlichen Begriffe übersteiget. Die erschaffenen Geister und Seelen machen das zweyte Glied: Diese begreiffen und können von andern begriffen werden. Die Körperwelt ist das letzte Glied, die nur von andern begriffen werden, aber nicht begreiffen kann. Die Gegenstände dieses letzten Gliedes sind, so wohl in der

Rei

Reihe unserer Erkenntniß, als im Daseyn selbst, ausser uns, allezeit die hintersten in der Ordnung, indem sie allezeit die Wirklichkeit eines begreiffenden Wesens vorausseßen: wollen wir dieses einräumen? —
Wir können nicht anders, sprach Simmias, nachdem das vorige alles hat zugegeben werden müssen. —
Und gleichwohl, **fuhr Sokrates fort**, nimmt die
Meynung der Menschen mehrentheils den Rückweg
von dieser Ordnung. Das erste, davon wir versichert
zu seyn glauben, ist der Körper und seine Veränderungen; diese bemeistern sich so sehr aller unserer
Sinne, daß wir eine Zeit lang das materielle Daseyn für das einzige, und alles übrige für Eigenschaften desselben halten — Mich freuet es, sprach
Simmias, daß du selbst, wie du nicht undeutlich
zu verstehen giebst, diesen verkehrten Weg gegangen
bist. — Allerdings, mein Lieber! versetzte Sokrates. Die ersten Meynungen aller Sterblichen sind
sich einander ähnlich. Dieses ist die Rhede, von welcher sie insgesamt ihre Fahrt antreten. Sie irren,
die Wahrheit suchend, auf dem Meere der Meynungen auf und nieder, bis ihnen Vernunft und Nachdenken, die Kinder Jupiters, in die Segel leuchten,

J 4   und

und eine glückliche Anlandung verkündigen. Vernunft und Nachdenken führen unsern Geist von den sinnlichen Eindrücken der Körperwelt zurück in seine Heimat, in das Reich der denkenden Wesen, vorerst zu seines Gleichen, zu erschaffenen Wesen, die, ihrer Endlichkeit halber, auch von andern gedacht und deutlich begriffen werden können. Von diesen erheben sie ihn zu jener Urquelle des Denkenden, und Gedenkbaren, zu jenem alles begreiffenden, aber allen unbegreiflichen Wesen, von dem wir, zu unserm Troste, so viel wissen, daß alles, was in der Körperwelt und in der Geisterwelt gut, schön und vollkommen ist, von ihm seine Wirklichkeit hat, und durch seine Allmacht erhalten wird. Mehr braucht es nicht zu unserer Beruhigung, zu unserer Glückseligkeit in diesem und in jenem Leben, als von dieser Wahrheit überzeugt, gerührt, und in dem Innersten unsers Herzens ganz durchdrungen zu seyn.

E N D E
des zweyten Gesprächs.

Drit=

Drittes Gespräch.

Nach einigem Stillschweigen wendete sich Sokrates zum Cebes und sprach: Mein lieber Cebes! seitdem du von dem Wesen der Unsterblichen richtigere Begriffe erlangt hast, was dünkt dich von den Fabellehrern, die öfters einen Gott auf die Verdienste eines Sterblichen neidisch, und wider denselben bloß aus Mißgunst feindlich gesinnt seyn lassen? — Du weißt es, Sokrates! was wir von dergleichen Lehrern und ihren Erdichtungen zu halten gelernt haben. — Haß und Neid, diese niederträchtigen Leidenschaften, die die menschliche Natur so sehr entehren, müssen der göttlichen Heiligkeit schnurstracks widersprechen. — Ich bin hievon überzeugt. — Du glaubst also nunmehr zuverläßig, und ohne die geringste Bedenklichkeit, daß du, wir, und alle unsere

sere

sere Nebenmenschen von jenem allerheiligsten Wesen,
das uns hervorgebracht, nicht beneidet, nicht gehaßt,
nicht verfolgt, sondern auf das zärtlichste geliebt wer=
den? — Richtig! — In dieser festen Ueberzeu=
gung kann dir niemals die mindeste Furcht anwan=
deln, daß der Allerhöchste dich zur ewigen Qual be=
rufen, und, du seyest schuldig oder unschuldig, un=
aufhörlich würde elend seyn lassen? — Niemals,
niemals! rief Apollodorus, an den die Frage doch
gar nicht gerichtet gewesen, und Cebes begnügte sich
einzustimmen. — Wir wollen diesen Satz, fuhr
Sokrates fort, daß uns Gott nicht zum ewi=
gen Elende bestimmt, zum Maßstabe für die Ge=
wißheit unserer Erkenntniß annehmen, so oft von zu=
künftigen Dingen die Rede ist, die einzig und allein
von dem Willen des Allerhöchsten abhängen. Aus
der Natur und den Eigenschaften erschaffener Dinge
läßt sich in diesem Falle nichts mit Gewißheit schlief=
sen: denn aus diesen folgen nur diejenigen Sätze, die
an und für sich unveränderlich sind, und also von der
Erkenntniß des Allerhöchsten, nicht von seinem Gut=
finden, abhängen. Zu den göttlichen Vollkommen=
heiten müssen wir uns in dergleichen Untersuchungen
wenden,

wenden, und zu erforschen suchen, was mit denselben übereinstimmt, und was ihnen widerspricht. Wovon wir überzeugt sind, daß es denselben nicht gemäß sey, das können wir verwerfen, und für so unmöglich halten, als wenn es mit der Natur und dem Wesen des untersuchten Dinges selbst stritte. Eine ähnliche Frage ist die, mein Cebes! die wir auf Veranlassung deines Einwurfs nunmehr zu untersuchen haben. Du räumest es ein, mein Freund! daß die Seele ein einfaches Wesen sey, das ohne den Körper seine eigene Bestandheit hat: Nicht? — Richtig! — Du giebst ferner zu, daß sie unvergänglich sey? — Hievon bin ich überzeugt. — So weit, fuhr Sokrates fort, haben uns unsere Begriffe von der Natur der Ausdehnung und der Vorstellung geführet. Aber nunmehro entstehen Zweifel über das zukünftige Schicksal des menschlichen Geistes, das in so weit einzig und allein von dem Willen und von dem Gutfinden des Allerhöchsten abhängt. Wird er den Geist des Menschen in einem wachenden Zustande, des Gegenwärtigen und des Vergangenen wohl bewußt, in Ewigkeit fortdauren lassen? oder hat er denselben bestimmt, mit dem Hintritt seines Körpers

in

in einen dem Schlaf ähnlichen Zustand zu versinken,
und niemals zu erwachen? War es dieses nicht, **was**
dir noch ungewiß schien? — Eben dieses, mein
Sokrates! — Daß eine gänzliche Beraubung alles
klaren Bewußtseyns, aller Besinnung, wenigstens
auf eine kurze Zeit, nicht unmöglich sey, lehret Schlaf,
Ohnmacht, Schwindel, Entzücken, und tausend andere Erfahrungen. Zwar ist die Seele, in allen diesen Fällen, noch an ihren Körper gefesselt, und muß
sich nach der Beschaffenheit des Gehirns richten, das
ihr in allen diesen Schwachheiten nichts als unmerkliche, leicht verlöschliche Züge darbeut. Hiervon ist
kein Schluß auf den Zustand unserer Seele, nach ihrer Scheidung von dem Körper, zu ziehen; weil alsdann die Gemeinschaft zwischen diesen verschiedenen
Wesen aufgehoben wird, der Körper aufhört, das
Werkzeug der Seele zu seyn, und die Seele ganz andern Gesetzen folgen muß, als die ihr hienieden vorgeschrieben sind. Indessen ist es genug für unsere Ungewißheit, daß der Mangel des klaren Bewußtseyns,
wie etwa im Schlafe, der Natur eines Geistes nicht
widerspricht; denn wenn dieses ist, so scheinet unsere
Furcht nicht ganz ungegründet. — Aber wenn wir
von

von diesem fürchterlichen Zweifel befreyet zu seyn wünschen, können wir etwas mehr verlangen, als die
Vergewisserung, daß unsere Besorgniß den Absichten
Gottes zuwider laufe, und von demselben eben so wenig,
als das ewige Elend seiner Geschöpfe, hat beliebt werden können? — Freylich, war Cebes Antwort,
wenn wir nicht eine Ueberzeugung verlangen, die der
Natur der untersuchten Sache zuwider läuft. Als ich
dir meine Zweifel vorbrachte, mein theurer Freund!
habe ich selbst einige aus den Absichten des Schöpfers
entlehnte Gründe angezeigt, die dein Lehrgebäude
höchst wahrscheinlich machen: ich wünsche sie aber
aus deinem Munde zu empfangen, und meine
Freunde wünschen es mit mir. — Ich versuche es,
sprach Sokrates, ob ich euch Gnüge leisten kann.
Antworte mir, mein Cebes! wenn du befürchtest, mit
dem Tode auf ewig alles wachende Bewußtseyn deiner
selbst zu verlieren, besorgest du etwa, daß dieses Schicksal dem gesamten menschlichen Geschlechte, oder nur einem Theil desselben bevorstehe? Werden wir alle von
dem Tode hingerafft, und in der Sprache der Dichter
zu reden, von ihm in die Arme seines ältern Bruders,
des ewigen Schlafes getragen? oder sind einige von den

Erd-

Erdbewohnern bestimmt, von jener himmlischen Aurora
zur Unsterblichkeit aufgeweckt zu werden? So bald
wir einräumen, daß einem Theil des menschlichen
Geschlechts die wahre Unsterblichkeit beschieden ist: so
zweifelt Cebes wohl nicht einen Augenblick, daß diese
Seligkeit den Gerechten, den Freunden der Götter
und Menschen, vorbehalten sey? — Nein, mein
Sokrates! die Götter theilen den ewigen Tod gewiß
so ungerecht nicht aus, als die Athenienser den zeitlichen.
Ich bin überdem der Meynung, daß in dem weisesten Plane der Schöpfung ähnliche Wesen auch ähnliche Bestimmungen haben, und mithin dem gesamten menschlichen Geschlechte nach diesem Leben ein
ähnliches Schicksal bevorstehen müsse. Entweder sie
erwachen alle zu einem neuen Bewußtseyn; und alsdann können Anitus und Melitus selbst wohl nicht
zweifeln, daß der unterdrückten Unschuld ein besseres
Schicksal erwarte, als ihrer Verfolger; oder sie endi-
gen alle mit diesem Leben ihre Bestimmung, und
kehren in den Zustand zurück, aus welchem sie bey
der Geburt gezogen worden; ihre Rollen reichen nicht
weiter, als auf die Bühne dieses Lebens: am Ende
treten die Schauspieler ab, und werden wieder das,
was

was sie in dem gemeinen Leben sonst gewesen. Ich ent-
sehe mich, mein theurer Freund! diese Gedanken weiter
zu verfolgen; denn ich merke, daß sie mich auf offenbare
Ungereimtheiten führen. — Das thut nichts, Cebes!
antwortete jener: wir müssen auch für die sorgen, welche nicht so leicht bey einer ungereimten Folge schamroth
werden. Aehnliche Wesen, hast du behauptet, mein
Werther! müßten in dem weisesten Plane der Schöpfung ähnliche Bestimmungen haben? — Ja! — Alle
erschaffene Wesen, die denken und wollen, sind einander
ähnlich? — Allerdings! — Wenn auch dieses richtiger, wahrer, vollkommener denkt, mehr Gegenstände
umfassen kann, als jenes: so giebt es doch keine Grenzlinie, die sie in verschiedene Klassen trennet, sondern sie
erheben sich in unmerklichen Stufen übereinander, und
machen ein einziges Geschlecht aus: Nicht? — Dieses muß zugegeben werden. — Und wenn es über
uns noch höhere Geister giebt, die sich einander an
unmerklichen Graden der Vollkommenheit übertreffen, und dem unendlichen Geiste allmählig nähern,
gehören sie nicht alle, so viel ihrer erschaffen sind, zu
einem einzigen Geschlechte? — Richtig! — Wo
ihre Eigenschaften nicht wesentlich unterschieden sind,
sondern

sondern nur dem Grade nach, wie in einer stetigen
Reihe, sich allmählig erheben: so müssen auch ihre
Bestimmungen sich im Wesentlichen ähnlich, nur in
unmerklichen Graden von einander unterschieden seyn.
Denn in dem großen Plane der Schöpfung ist alles
nach den Regeln der allervollkommensten Harmonie
angeordnet; daher auch die Bestimmungen der Wesen mit ihren Vollkommenheiten und Eigenschaften
auf das genaueste übereinstimmen müssen. Können
wir dieses wohl in Zweifel ziehen? — Im geringsten nicht! — O! meine Freunde! die Frage, die
wir hier untersuchen, fängt an, in dem göttlichen
Entwurfe des großen Weltalls von unendlicher Wichtigkeit zu werden. Nicht das menschliche Geschlecht
allein, die Entscheidung geht das gesamte Reich der
denkenden Wesen an. Sind sie zur wahren Unsterblichkeit, zur ewigen Fortdauer ihres Bewußtseyns und
deutlichen Selbstgefühls bestimmt, oder hören diese
Wohlthaten des Schöpfers nach einem kurzen Genusse
wieder auf, und machen einer ewigen Vergessenheit
Platz? In dem Rathschlusse des Allerhöchsten muß,
wie wir gesehen, die Frage in dieser Allgemeinheit
entschieden worden seyn: werden wir nicht, bey
unserer

unserer Untersuchung, sie auch in diesem allgemeinen Lichte zu betrachten haben? — Wie es scheinet. — Aber je allgemeiner der Gegenstand wird, fuhr Sokrates fort, desto ungereimter wird unsere Besorgniß. Alle endliche Geister haben anerschaffene Fähigkeiten, die sie durch Uebung entwickeln und vollkommener machen. Der Mensch bearbeitet sein angebornes Vermögen zu empfinden und zu denken mit einer erstaunenswerthen Geschwindigkeit. Mit jeder Empfindung strömet ihm eine Menge von Erkenntnissen zu, die der menschlichen Zunge unaussprechlich sind; und wenn er die Entpfindungen gegen einander hält, wenn er vergleichet, urtheilet, schließt, wählt, verwirft, so vervielfältiget er diese Menge ins Unendliche. Zu gleicher Zeit entfaltet eine unaufhörliche Geschäftigkeit die ihm angebornen Fähigkeiten des Geistes, und bildet in ihm Witz, Verstand, Vernunft, Empfindungskraft, Empfindung des Schönen und Guten, Großmuth, Menschenliebe, Geselligkeit, und wie die Vollkommenheiten alle heißen, die noch kein Sterblicher auf Erden hat unterlassen können zu erwerben. Laß es seyn, daß wir manche Menschen dumm, thöricht, gefühllos, niederträchtig und grausam schelten: vergleichungs-

K   weise

weise können diese Benenungen zuweilen Grund
haben; aber noch hat kein Dummkopf gelebt, der
nicht einige Merkmale des Verstandes von sich gegeben, und noch kein Tyrann, in dessen Busen
nicht noch ein Funken von Menschenliebe geglimmt
hätte. Wir erwerben alle dieselben Vollkommenheiten, und der Unterschied bestehet nur in dem mehr
und weniger; wir erwerben sie alle, sage ich, meine Freunde! denn auch dem Gottlosesten ist es nie
gelungen, seiner Bestimmung schnurstracks zuwider
zu handeln. Er sträube, er widersetze sich mit der
größten Hartnäckigkeit: so wird sein Widerstreben
selbst einen angebornen Trieb zum Grunde haben,
der ursprünglich gut, und bloß durch unrechte Anwendung verdorben seyn wird. Diese fehlerhafte
Anwendung macht den Menschen unvollkommen
und elend; allein die Ausübung des ursprünglich
guten Triebes befördert gleichwohl, wider seinen
Dank und Willen, den Endzweck seines Daseyns.
Auf solche Weise, meine Freunde! hat noch kein Mensch
in dem wohlthätigen Umgange mit seinen Nebenmenschen gelebt, der nicht den Erdboden vollkommener
verlassen, als er ihn betreten hat. Mit der gesammten

Reihe

Reihe der denkenden Wesen hat es die nehmliche Beschaffenheit: so lange sie mit Selbstgefühl empfinden, denken, wollen, begehren, verabscheuen, so bilden sie die ihnen anerschaffenen Fähigkeiten immer mehr aus; je länger sie geschäftig sind, desto wirksamer werden ihre Kräfte, desto fertiger, schneller, unaufhaltsamer werden ihre Wirkungen, desto fähiger werden sie, in der Beschauung des wahren Schönen und Vollkommenen ihre Seligkeit zu finden. Und wie? meine Freunde! alle diese erworbenen, göttlichen Vollkommenheiten fahren dahin, wie leichter Schaum auf dem Wasser, wie ein Pfeil durch die Luft fliegt, und lassen keine Spuren hinter sich, daß sie jemals da gewesen sind? Das kleinste Sonnenstäublein kann in der Natur der Dinge, ohne wunderthätige Zernichtung, nicht verloren gehen: und diese Herrlichkeiten sollen auf ewig verschwinden? sollen in Absicht auf die Wesen, von welchen sie besessen worden, ohne Folgen, ohne Nutzen, so anzusehen seyn, als wenn sie ihm niemals zugehöret hätten? Was für Begriffe von dem Plane der Schöpfung setzet diese Meynung voraus! In diesem allerweisesten Plane ist das Gute von unendlichem Nutzen, jede Vollkommenheit von unauf-

K 2

hörli-

hörlichen Folgen; doch nur die Vollkommenheit der
einfachen, sich selbst fühlenden Wesen, denen im ei=
gentlichen Verstande eine wirkliche Vollkommenheit zu=
geschrieben werden kann; diejenige hingegen, welche
wir in zusammengesetzten Dingen wahrnehmen, ist
vergänglich und wandelbar, wie die Dinge selbst, de=
nen sie zukömmt. Um dieses deutlicher zu machen,
meine Freunde! müssen wir den Unterschied zwischen
dem Einfachen und dem Zusammengesetzten abermals
in Erwägung ziehen. Ohne Beziehung auf das Ein=
fache, auf denkende Wesen, haben wir gesehen, kann
dem Zusammengesetzten weder Schönheit, Ordnung,
Uebereinstimmung, noch Vollkommenheit zugeschrie=
ben, ja sie können, ohne diese Beziehung, nicht ein=
mal zusammengenommen werden, um Ganze auszu=
machen. Auch sind sie in dem großen Entwurfe die=
ses Weltalls nicht um ihrer selbst willen hervorge=
bracht worden: denn sie sind leblos und ihres Da=
seyns unbewußt, auch an und für sich keiner Voll=
kommenheit fähig, der Endzweck ihres Daseyns ist
vielmehr in dem lebenden und empfindenden Theile
der Schöpfung zu suchen: das Leblose dient dem Le=
bendigen zu Werkzeugen der Empfindungen, und ge=

währet

währet ihm nicht nur sinnliches Gefühl von mannig=
faltigen Dingen, sondern auch Begriffe von Schön=
heit, Ordnung, Ebenmaß, Mittel, Endzweck, Voll=
kommenheit, oder wenigstens den Stoff zu allen die=
sen Begriffen, die sich das denkende Wesen hernach,
vermöge seiner innern Thätigkeit, selbst bildet. Im
Zusammengesetzten finden wir nichts für sich bestehen=
des, nichts das fortdauere, und von einiger Bestän=
digkeit sey, so daß man in dem zweyten Augenblick
sagen könne, es sey noch das vorige. Indem ich euch
hier ansehe, meine Freunde! so ist nicht nur das Licht
der Sonne, das von eurem Antlitze wiederstralt, in
einem beständigen Strome; sondern eure Leiber haben
unterdessen in ihrer innern Bildung und Zusammen=
fügung unendliche Veränderungen gelitten: alle Theile
derselben haben aufgehört die vorigen zu seyn, sie sind
in stetem Wechsel und Flusse von Veränderungen, der
sie unablaßig mit sich fortreißt. Wie die glückseligen
Weisen der vorigen Zeiten schon bemerket, daß die kör=
perlichen Dinge nicht sind, sondern entstehen und verge=
hen: nichts ist in denselben von Dauer und Bestandheit;
sondern alles folget einem unaufhaltsamen Strome von
Bewegungen, dadurch die zusammengesetzten Dinge

K 3   ohne

ohne Unterlaß erzeugt und aufgelöset werden. Dieses
hat auch Homer darunter verstanden, wenn er den
Ocean den Vater, und die Thetis die Mutter aller Dinge nennet: er hat damit anzeigen wollen, daß alle Dinge in der sichtbaren Welt durch den steten Wechsel entstehen, und, wie in einem fortströmenden Weltmeer,
nicht einen Augenblick an der vorigen Stelle bleiben.

Ist nun das Zusammengesetzte an sich selbst keines Fortdauerns fähig: wie viel weniger wird es ihre
Vollkommenheit seyn, die ihnen, wie wir gesehen,
niemals an und für sich selbst, sondern nur in Beziehung auf das Empfindende und Denkende in der Schöpfung zugeschrieben werden kann? Dahero sehen wir in
der leblosen Schöpfung das Schöne verwelken und
aufblühen, das Vollkommene verderben und in einer
andern Gestalt wieder zum Vorscheine kommen, schein-
bare Unordnung und Regelmäßigkeit, Harmonie und
Mißstimmung, Angenehmes und Widriges, Gutes
und Böses in unendlicher Mannigfaltigkeit mit einander abwechseln, so wie es Gebrauch, Nutzen, Bequemlichkeit, Lust und Glückseligkeit der lebendigen
Dinge erfordert, um deren Willen jene hervorgebracht worden.

Der

Der lebendige Theil der Schöpfung enthält zwo
Klassen, sinnlichempfindende und denkende Naturen
Beide haben dieses gemein, daß sie von fortdauren-
dem Wesen sind, eine innere für sich bestehende Vollkommenheit besitzen und genießen können. Wir finden
bey allen Thieren, die diesen Erdboden bedecken, daß
ihre Empfindungen, ihre Kenntnisse, ihre Begierden, ihre eingepflanzten Naturtriebe auf das wun-
derbarste mit ihren Bedürfnissen übereinstimmen, und
insgesamt auf ihre Erhaltung, Bequemlichkeit und
Fortpflanzung, auch zum Theil auf das Wohlseyn
ihrer Nachkommen abzielen. Diese Harmonie wohnet ihnen innerlich bey; denn alle diese Fühlungen
und Naturtriebe sind Beschaffenheiten des einfachen,
unkörperlichen Wesens, das sich in ihnen seiner selbst
und anderer Dinge bewußt ist: daher besitzen sie eine
wahre Vollkommenheit, die nicht erst in Beziehung
auf andere außer ihnen so genennet werden darf, sondern ihre Bestandheit und ihr Fortdaurendes für
sich hat. Sind die leblosen Dinge zum Theil ihrent-
wegen da, damit sie Unterhaltung, Lust und Bequemlichkeit finden sollen: so sind sie ihrer Seits auch fähig, diese Wohlthaten zu genießen, Lust und Unlust,

Ange-

Angenehmes und Widriges, Verlangen und Abscheu,
Wohlseyn und Unglückseligkeit zu fühlen, und dadurch
innerlich vollkommen oder unvollkommen zu werden.
Sind die leblosen Dinge die Mittel gewesen, derer
sich der allweiseste Schöpfer bedienet: so gehören die
Thiere schon mit zu seinen Absichten: denn um ihrent-
willen ist ein Theil des Leblosen hervorgebracht worden, und sie besitzen das Vermögen zu genießen, und
dadurch in ihrer innern Natur übereinstimmend und
vollkommen zu werden. Hingegen bemerken wir bey
ihnen, so wie wir sie auf dem Erdboden vor uns sehen, keinen beständigen Fortgang zu einer höhern
Stufe der Vollkommenheit. Sie erhalten ohne Unterweisung, ohne Ueberlegung, ohne Uebung, ohne
Vorsatz und Wissensbegierde, gleichsam unmittelbar
aus der Hand des Allmächtigen, diejenigen Gaben,
Fertigkeit und Triebe, die zu ihrer Erhaltung und
Fortpflanzung nöthig sind. Ein mehreres erwerben
sie nicht, und wenn sie Jahrhunderte leben, oder
sich unendlich vermehren und fortpflanzen. Sie können auch das Erhaltene weder verbessern noch ver-
schlimmern, auch keinem andern mittheilen; sondern
üben es auf die ihnen eingepflanzte Weise aus, so
lange

lange es ihren Umſtänden zuträglich iſt, und hernach
ſcheinen ſie es wohl ſelber wieder zu vergeſſen. Durch
menſchlichen Unterricht können zwar einige Hausthiere
etwas weniges erlernen, und zum Kriege, oder zu geringen häuslichen Verrichtungen gewöhnet und gezogen
werden: ſie zeigen aber durch die Art und Weiſe, wie ſie
dieſen Unterricht annehmen, zur Gnüge, daß ihr Leben hienieden nicht beſtimmt ſey, ein beſtändiger
Fortgang zur Vollkommenheit zu ſeyn; ſondern daß
ein gewiſſer Grad der Fähigkeit, den ſie erreichen,
auch ihr letztes Ziel ſey, und daß ſie von ſelbſt nie
weiter ſtreben, nie höhere Dinge zu beginnen von
innen angetrieben werden. Nun iſt zwar dieſes Still-
ſtehen, dieſe dumme Zufriedenheit mit dem Erreich-
ten, ohne ſich erheben und empor ſchwingen zu wollen, ein Zeichen, daß ſie in dem großen Entwurfe
der Schöpfung nicht das letzte Ziel geweſen, ſondern
als niedrige Abſichten zugleich Mittel abgeben,
und Dingen von würdigern und erhabenern Beſtim-
mungen in Erfüllung der Endabſichten Gottes be-
hülflich ſeyn ſollten. Allein die Quelle des Lebens
und der Empfindungen in ihnen iſt ein einfaches
für ſich beſtehendes Weſen, das unter allen Abände-

K 5   rungen,

rungen, die es in dem Laufe der Dinge leidet, etwas
Beständiges und Fortdaurendes hat; daher die Eigenschaften, die es einmal durch Erlernen, oder als ein
unmittelbares Geschenk von der Hand des Allgütigen
erhalten, ihm eigenthümlich zukommen, durch natürliche Weg nie wieder gänzlich verschwinden, sondern von unaufhörlichen Folgen seyn müssen. Da
diese empfindliche Seele natürlicher Weise nie aufhört
zu seyn, so hört sie auch nie auf, die Absichten Gottes in der Natur zu befördern, und sie wird mit jeder Dauer ihres Daseyns immer tüchtiger und tüchtiger, ihres Urhebers großen Endzweck in Erfüllung
bringen zu helfen. Dieses ist der unendlichen Weisheit gemäß, mit welcher der Plan dieses Weltalls in
dem Rathe der Götter ist entworfen worden. Alles
ist in unaufhörlicher Arbeit und Bemühung, gewisse
Absichten in diesem Plane zu erfüllen; einer jeden
wahren Substanz ist eine unabsehbare Folge und
Reihe von Verrichtungen vorgeschrieben, die sie nach
und nach bewirken muß, und die wirkende Substanz
wird allezeit durch die letzte Verrichtung tüchtiger, die
nächstfolgende auszuführen. Nach diesen Grundsätzen ist das geistige Wesen, das die Thiere belebt,

von

von unendlicher Dauer, und fähret auch in Ewigkeit fort, die Absichten Gottes in der Reihe und Stufenfolge zu erfüllen, die ihm in dem allgemeinen Plane angewiesen worden.

Ob diese thierischen bloß sinnlich empfindenden Naturen mit der Zeit ihre niedrige Stufe verlassen, und von einem Winke des Allmächtigen gelockt, sich in die Sphäre der Geister emporschwingen werden, läßt sich mit keiner Gewißheit ausmachen, wiewohl ich sehr geneigt bin, es zu glauben.

Die vernünftigen Naturen und Geister nehmen in dem großen Weltall, so wie insbesondere der Mensch auf diesem Erdboden, die vornehmste Stelle ein. Diesem Unterherrn der Schöpfung schmückt sich die Natur in ihrer jungfräulichen Schönheit. Ihm dienet das Leblose, nicht nur zum Nutzen und zur Bequemlichkeit, nicht nur zur Nahrung, Kleidung, Wohnung, und zum sichern Aufenthalt, sondern vornehmlich zur Ergetzung und zum Unterrichte; und die erhabensten Sphären, die entferntesten Gestirne, die kaum mit dem Auge entdeckt werden können, müssen ihm in dieser Absicht nützlich seyn. Wollt ihr
feine

seine Bestimmung hienieden wissen: so sehet nur,
was er hienieden verrichtet. Er bringet auf diesen
Schauplatz weder Fertigkeit, noch Naturtrieb, noch
angebornes Geschick, weder Wehr noch Schutz mit,
und erscheinet bey seinem ersten Auftritte dürftiger
und hülfloser, als das unvernünftige Thier. Aber
die Bestrebung und die Fähigkeit sich vollkommener zu
machen, diese erhabensten Geschenke, deren eine erschaffene Natur fähig ist, ersetzen vielfältig den Ab-
gang jener viehischen Triebe und Fertigkeiten, die keine Verbesserung, keinen höhern Grad der Vollkommenheit je annehmen können. Kaum genießt er das
Licht der Sonnen, so arbeitet schon die gesamte Natur, ihn vollkommener zu machen: dieses schärfet seine Sinne, Einbildungskraft, und Erinnerungsver-
mögen; jenes über seine edlern Erkenntnißgründe, bearbeitet seinen Verstand, seine Vernunft, seinen Witz,
seine Scharfsinnigkeit; das Schöne in der Natur bildet seinen Geschmack und verfeinert seine Empfindung;
das Erhabene erregt seine Bewunderung, und erhebt
seine Begriffe gleichsam über die Sphäre dieser Ver-
gänglichkeit hinweg. Ordnung, Uebereinstimmung,
und Ebenmaß dienen ihm nicht nur zum vernünftigen

Ergetzen,

Ergeßen, sondern beschäftigen seine Gemüthskräfte alle in gehöriger und ihrer Vollkommenheit zuträg-licher Harmonie. Bald tritt er mit seines gleichen in Gesellschaft, um sich wechselsweise die Mittel zur Glückseligkeit zu erleichtern: und siehe! es zeigen und bilden sich an ihm in dieser Gesellschaft höhere Voll-kommenheiten, die bisher wie in einer Knospe einge-wickelt gewesen. Er erlanget Pflichten, Rechte, Be-fugnisse, und Obliegenheiten, die ihn in die Klasse moralischer Naturen erheben; es entstehen Begriffe von Gerechtigkeit, Billigkeit, Anständigkeit, Ehre, Ansehen, Nachruhm. Der eingeschränkte Trieb der Familienliebe wird in Liebe zum Vaterlande, zum ganzen menschlichen Geschlecht erweitert, und aus dem angebornen Keime des Mitleidens entsprossen Wohlwollen, Mildthätigkeit, und Großmuth.

Nach und nach bringet der Umgang, die Gesel-ligkeit, das Gespräch, die Aufmunterung alle sittli-chen Tugenden zur Reife, sie entzünden das Herz zur Freundschaft, die Brust zur Tapferkeit, und den Geist zur Wahrheitsliebe; breiten einen Wetteifer von Dienst und Gegendienst, Liebe und Gegenliebe, eine Abwechselung von Ernst und Scherz, Tiefsinn

und

und Munterkeit, über das menschliche Leben aus, die
alle einsamen und ungeselligen Wollüste an Süßigkeit
übertreffen. Daher auch der Besitz aller Güter dieser Erde, der Genuß der feurigsten Wollüste uns
nicht behagt, wenn wir sie in der Einsamkeit besitzen
und genießen sollen; und die erhabensten und präch-
tigsten Gegenstände der Natur ergetzen das gesellige
Thier, den Menschen, nicht so sehr, als ein Anblick
von seinem Mitmenschen.

Erlanget nun dieses vernünftige Geschöpf erst
wahre Begriffe von Gott und seinen Eigenschaften,
o! welch ein kühner Schritt zu einer höhern Vollkommenheit! Aus der Gemeinschaft mit dem Nebengeschöpfe tritt er in eine Gemeinschaft mit dem Schöpfer, erkennet das Verhältniß, in welchem er, das
ganze menschliche Geschlecht, alles Lebendige und alles
Leblose, mit diesem Urheber und Erhalter des Ganzen
stehen; die große Ordnung von Ursachen und Wirkungen in der Natur wird ihm nunmehr auch zu einer
Ordnung von Mitteln und Absichten; was er bisher
auf Erden genossen, ward ihm wie aus den Wolken
zugeworfen: nunmehr zertheilen sich diese Wolken,
und er siehet den freundlichen Geber, der ihm alle
diese

diese Wohlthaten hat zufliessen lassen. Was er an
Leib und an Gemüthe für Eigenschaften, Gaben und
Geschicklichkeiten besitzet, erkennet er als Geschenke
dieses gütigen Vaters; alle Schönheit, alle Harmonie,
alles Gute, alle Weisheit, Vorsicht, Mittel und
Endzwecke, die er bisher in der sichtbaren und unsichtbaren Welt erkannt, betrachtet er als Gedanken
des Allerweisesten, die er ihm in dem Buche der
Schöpfung zu lesen gegeben, um ihn zur höhern
Vollkommenheit zu erziehen. Diesem liebreichen Vater und Erzieher, diesem gnädigen Regenten der Welt
heiliget er zugleich alle Tugenden seines Herzens, und
sie gewinnen in seinen Augen einen göttlichen Glanz,
da er weiß, daß er durch sie, und durch sie allein
dem Allgütigen wohlgefallen kann. Die Tugend allein führet zur Glückseligkeit, und wir können dem
Schöpfer nicht anders wohlgefallen, als wenn wir
nach unserer wahren Glückseligkeit streben. Welch
eine Höhe hat der Mensch in dieser Verfassung auf
Erden erreichet! Betrachtet ihn, meine Freunde!
den wohlgesinnten Bürger im Staate Gottes, wie
alle seine Gedanken, Wünsche, Neigungen und Leidenschaften unter sich harmoniren, wie sie alle zum

wahren

wahren Wohlseyn des Geschöpfes, und zur Verherr=
lichung des Schöpfers abzielen! O! wenn die Welt
nur ein einziges Geschöpf von dieser Vollkommenheit
aufzuweisen hätte, wollten wir anstehen, in diesem
Nachahmer der Gottheit, in diesem Gegenstande des
göttlichen Wohlgefallens, den letzten Endzweck der
Schöpfung zu suchen?

Zwar treffen alle Züge dieses Gemäldes nicht den
Menschen überhaupt, sondern nur wenige Edle, die
eine Zierde des menschlichen Geschlechts sind; allein
dieses mag allenfalls die Grenzlinie seyn zwischen
Menschen und höhern Geistern. Genug, daß sie alle
zu derselben Klasse gehören, und ihr Unterschied nur
in dem Mehr und Weniger bestehet. Von unwis=
sendsten Menschen bis zum vollkommensten unter den
erschaffenen Geistern haben alle die der Weisheit
Gottes so anständige, und ihren eignen Kräften und
Fähigkeiten so angemeßene Bestimmung, sich und an=
dere vollkommener zu machen. Dieser Pfad ist ihnen
vorgezeichnet, und der verkehrteste Wille kann Nie=
manden ganz davon abführen. Alles, was lebt, und
denkt, kann nicht unterlassen, seine Erkenntniß und
seine Begehrungskräfte zu üben, auszubilden, in Fer=
tigkeiten

tigkeiten zu verwandeln, mithin mehr oder weniger, mit stärkern oder schwächern Schritten sich der Vollkommenheit zu nähern. Und dieses Ziel, wann wird es erreicht? Wie es scheinet niemals so völlig, daß der Weg zu einem fernern Fortgange versperret seyn sollte: denn erschaffene Naturen können niemals eine Vollkommenheit erreichen, über welche sich nichts gedenken ließe. Je höher sie klimmen, desto mehr ungesehene Fernen entwölken sich ihren Augen, die ihre Schritte anspornen. Das Ziel dieses Bestrebens bestehet, wie das Wesen der Zeit, in der Fortschreitung. Durch die Nachahmung Gottes kann man sich allmählig seinen Vollkommenheiten nähern, und in dieser Näherung bestehet die Glückseligkeit der Geister; aber der Weg zu denselben ist unendlich, kann in Ewigkeit nicht ganz zurück geleget werden. Daher kennet das Fortstreben in dem menschlichen Leben keine Grenzen. Eine jede menschliche Begierde zielet an und für sich selbst in die Unendlichkeit hinaus. Unsere Wissensbegierde ist unersättlich, unser Ehrgeiz unersättlich, ja der niedrige Geldgeiz selbst quälet und beunruhiget, ohne jemals eine völlige Befriedigung zu gestatten. Die Empfindung der Schönheit suchet

L   das

das Unendliche; das Erhabene reizet uns bloß durch
das Unergründliche, das ihm anhängig: die Wolluſt
ekelt uns, ſo bald ſie die Grenzen der Sättigung berühret. Wo wir Schranken ſehen, die nicht zu
überſteigen ſind, da fühlet ſich unſere Einbildungskraft wie in Feſſel geſchmiedet, und die Himmel ſelbſt
ſcheinen unſer Daſeyn in gar zu enge Räume einzu-
ſchließen: daher wir unſrer Einbildungskraft ſo gern
den freyen Lauf laſſen, und die Grenzen des Raumes
ins Unendliche hinaus ſetzen. Dieſes endloſe Beſtreben, das ſein Ziel immer weiter hinausſtreckt, iſt dem
Weſen, den Eigenſchaften, und der Beſtimmung
der Geiſter angemeſſen, und die wundervollen Werke
des Unendlichen enthalten Stoff und Nahrung genug,
dieſes Beſtreben in Ewigkeit zu unterhalten: je mehr
wir in ihre Geheimniſſe eindringen, deſto weitere
Ausſichten thun ſich unſern gierigen Blicken auf; je
mehr wir ergründen, deſto mehr finden wir zu er-
forſchen; je mehr wir genießen, deſto unerſchöpflicher
iſt die Quelle.

Wir können alſo, fuhr Sokrates fort, mit gutem Grunde annehmen, dieſes Fortſtreben zur Vollkommenheit, dieſes Zunehmen, dieſes Wachsthum an
innerer

innerer Vortreflichkeit sey die Bestimmung vernünftiger Wesen, mithin auch der höchste Endzweck der
Schöpfung. Wir können sagen, dieses unermeßliche
Weltgebäude sey hervorgebracht worden, damit es vernünftige Wesen gebe, die von Stufe zu Stufe fort-
schreiten, an Vollkommenheit allmählig zunehmen,
und in dieser Zunahme ihre Glückseligkeit finden mögen. Daß diese nun sämtlich mitten auf dem Wege
stille stehen, nicht nur stille stehen, sondern auf einmal in den Abgrund zurück gestoßen werden, und
alle Früchte ihres Bemühens verlieren sollten, dieses
kann das allerhöchste Wesen unmöglich beliebet, und
in den Plan des Weltalls gebracht haben, der ihm
vor allen wohlgefallen hat. Als einfache Wesen sind
sie unvergänglich; als für sich bestehende Naturen sind
auch ihre Vollkommenheiten fortdaurend und von unendlichen Folgen; als vernünftige Wesen streben sie
nach einem unaufhörlichen Wachsthum und Fortgang
in der Vollkommenheit: die Natur bietet ihnen zu
diesem endlosen Fortgange hinlänglichen Stoff dar;
und als letzter Endzweck der Schöpfung können sie
keiner andern Absicht nachgesetzt, und deswegen im
Fortgange oder Besitze ihrer Vollkommenheiten vorsetz-

lich

lich gestört werden. Ists der Weisheit anständig,
eine Welt deswegen hervorzubringen, damit die Geister, die sie hineinsetzt, ihre Wunder betrachten, und
glückselig seyn mögen, und einen Augenblick darauf
diesen Geistern selbst die Fähigkeit zur Betrachtung
und Glückseligkeit auf ewig zu entziehen? Ists der
Weisheit anständig, ein Schattenwerk der Glückseligkeit, das immer kömmt und immer vergehet, zum
letzten Ziel ihrer Wunderthaten zu machen? O nein!
meine Freunde! nicht umsonst hat uns die Vorsehung
ein Verlangen nach ewiger Glückseligkeit eingegeben:
es kann und wird befriediget werden. Das Ziel der
Schöpfung dauert so lange, als die Schöpfung; die
Bewunderer göttlicher Vollkommenheiten so lange,
als das Werk, in welchem diese Vollkommenheiten
sichtbar sind. So wie wir hienieden dem Regenten
der Welt dienen, indem wir unsere Fähigkeiten entwickeln: so werden wir auch in jenem Leben unter
seiner göttlichen Obhut fortfahren, uns in Tugend
und Weisheit zu üben, uns unaufhörlich vollkommener und tüchtiger zu machen, die Reihe der göttlichen
Absichten zu erfüllen, die sich von uns hin in das
Unendliche erstreckt. Irgendwo auf diesem Wege

stille

ſtille ſtehen, ſtreitet offenbar mit der göttlichen Weisheit, Gütigkeit oder Allmacht, hat, ſo wenig als
das allerhöchſte Elend unſchuldiger Geſchöpfe, von
dem vollkommenſten Weſen bey dem Entwurfe des
Weltplans beliebet werden können.

Wie beklagenswerth iſt das Schickſal eines Sterblichen, der ſich durch unglückliche Sophiſtereyen um
die tröſtliche Erwartung einer Zukunft gebracht hat!
Er muß über ſeinen Zuſtand nicht nachdenken, und
wie in einer Betäubung dahin leben, oder verzweifeln. Was iſt der menſchlichen Seele ſchrecklicher,
als die Zernichtung? und was elender, als ein Menſch,
der ſie mit ſtarken Schritten auf ſich zukommen ſiehet,
und in der troſtloſen Furcht, mit der er ſie erwartet,
ſie ſchon vorher zu empfinden glaubet? Im Glücke
ſchleicht ſich der entſetzliche Gedanke vom Nichtſeyn
zwiſchen die wollüſtigſten Vorſtellungen, wie eine
Schlange zwiſchen Blumen, und vergiftet den Genuß
des Lebens; und im Unglücke ſchlägt er den Menſchen
ganz hoffnungslos zu Boden, indem er ihm den einzigen Troſt verkümmert, der das Elend verſüßen kann,
die Hoffnung einer beſſern Zukunft. Ja der Begriff
einer bevorſtehenden Zernichtung ſtreitet ſo ſehr wider die

L 3 Natur

Natur der menschlichen Seele, daß wir ihn mit seinen nächsten Folgen nicht zusammen reimen können, und wohin wir uns wenden, auf tausend Ungereimtheiten und Widersprüche stoßen. Was ist dieses Leben mit allen seinen Mühseligkeiten, besonders wenn die angenehmen Augenblicke desselben von der Angst für eine unvermeidliche Zernichtung vergällt werden? Was ist eine Dauer von gestern und heute, die morgen nicht mehr seyn wird? eine höchst verächtliche Kleinigkeit, die uns die Mühe, Arbeit, Sorgen und Beschwerlichkeiten, mit welchen sie erhalten wird, sehr schlecht belohnet. Und gleichwohl ist dem, der nichts Besseres zu hoffen hat, diese Kleinigkeit alles. Seiner Lehre zu Folge, müßte ihm das gegenwärtige Daseyn das höchste Gut seyn, dem nichts in der Welt die Waage halten kann; müßte das schmerzlichste, das gequälteste Leben dem Tode, als der völligen Zernichtung seines Wesens, unendlich vorzuziehen seyn; seine Liebe zum Leben müßte schlechterdings von nichts überwunden werden können. Welcher Bewegungsgrund, welche Betrachtung würde mächtig genug seyn, ihn in die geringste Lebensgefahr zu führen? Ehre und Nachruhm? diese Schatten verschwinden,

den, wenn von wirklichen Gütern die Rede ist, die mit ihnen in Vergleichung kommen sollen. Es betrifft das Wohl seiner Kinder, seiner Freunde, seines Vaterlandes? — und wenn es das Wohl des ganzen menschlichen Geschlechts wäre; ihm ist der armseligste Genuß weniger Augenblicke alles, was er sich zu getrösten hat, und daher von unendlicher Wichtigkeit: Wie kann er sie in die Schanze schlagen? Was er wagt, ist mit dem, was er zu erhalten hoffet, gar nicht in Vergleichung zu bringen; denn das Leben ist, nach den Gedanken dieser Sophisten, in Vergleichung mit allen andern Gütern, unendlich groß.

Hat es aber keine Heldengeister gegeben, die, ohne von ihrer Unsterblichkeit überführt zu seyn, für die Rechte der Menschlichkeit, Freyheit, Tugend, und Wahrheit ihr Leben hingegeben? O ja! und auch solche, die es um weit minder löblicher Ursachen willen auf das Spiel gesetzt. Aber gewiß hat sie das Herz, und nicht der Verstand dahin gebracht. Sie haben, ohne es zu wissen, durch diese That ihre eigene Grundsätze verläugnet. Wer ein künftiges Leben hoffet und das Ziel seines Daseyns in der Fortschreitung zur Vollkommenheit setzet, der kann zu

L 4

sich

sich selber sagen: Siehe! du bist hieher gesendet
worden, durch Beförderung des Guten dich selbst
vollkommener zu machen: du darfst also das Gute,
wenn es nicht anders erhalten werden kann, selbst
auf Unkosten deines Lebens befördern. Drohet die
Tyranney deinem Vaterlande den Untergang, ist
die Gerechtigkeit in Gefahr unterdrückt, die Tugend
gekränkt, und Religion und Wahrheit verfolgt zu
werden: — so mache von deinem Leben den Gebrauch, zu welchem es dir verliehen worden, stirb,
um dem menschlichen Geschlechte diese theuren Mittel
zur Glückseligkeit zu erhalten! Das Verdienst, mit
so vieler Selbstverleugnung das Gute befördert zu
haben, giebt deinem Wesen einen unaussprechlichen
Werth, der zugleich von unendlicher Dauer seyn wird.
So bald mir der Tod das gewähret, was das Leben
nicht gewähren kann, so ist es meine Pflicht, mein Beruf
meiner Bestimmung gemäß zu sterben. Nur alsdann
läßt sich der Werth dieses Lebens angeben, und mit
andern Gütern in Vergleichung bringen, wann wir
es als ein Mittel zur Glückseligkeit betrachten. So
bald wir aber mit dem Leben auch unser Daseyn verlieren, so hört es auf ein bloßes Mittel zu seyn, es
wird

wird der Endzweck, das letzte Ziel unserer Wünsche,
das höchste Gut, wornach wir streben können, das
um sein selbst willen gesucht, geliebt und verlangt wird,
und kein Gut in der Welt kann mit ihm in Vergleichung kommen, viel weniger ihm vorgezogen werden,
denn es übertrifft alle andere Betrachtungen an Wichtigkeit. Ich kann daher unmöglich glauben, daß ein
Mensch, dem mit diesem Leben alles aus ist, sich,
nach seinen Grundsätzen, dem Wohl des Vaterlandes,
oder des ganzen menschlichen Geschlechts aufopfern
könne. Ich bin vielmehr der Meynung, daß, so oft
die Erhaltung des Vaterlandes z. B. unumgänglich er-
fodert, daß ein Bürger das Leben verliere, oder auch
nur in Gefahr komme es zu verlieren, nach dieser
Voraussetzung, ein Krieg zwischen dem Vaterlande
und diesem Bürger entstehen muß, und was das selt-
samste ist, ein Krieg, der auf beiden Seiten gerecht
ist. Denn hat das Vaterland nicht ein Recht, von
jedem Bürger zu verlangen, daß er sich dem Wohl
des Ganzen aufopfere? Wer wird dieses leugnen? Allein dieser Bürger hat das gerade entgegengesetzte Recht,
so bald das Leben sein höchstes Gut ist. Er kann, er
darf, ja er ist diesen Grundsätzen nach verbunden es

zu thun, den Untergang seines Vaterlandes zu suchen,
um sein allertheuerstes Leben einige Tage zu verlän-
gern. Jedem moralischen Wesen kömmt nach dieser
Voraussetzung, ein entschiedenes Recht zu, den Untergang der ganzen Welt zu verursachen, wenn es sein
Leben, das heißt sein Daseyn, nur fristen kann. Eben-
dasselbe Recht haben alle seine Nebenwesen. Welch
ein allgemeiner Aufstand! welche Zerrüttung, welche
Verwirrung in der sittlichen Welt! Ein Krieg, der
auf beiden Seiten gerecht ist, ein allgemeiner Krieg
aller moralischen Wesen, wo jedes in Wahrheit das
Recht auf seiner Seite hat; ein Streit, der an und
für sich selbst, auch von dem allergerechtesten Richter
der Welt, nicht nach Recht und Billigkeit entschieden
werden kann: was kann ungereimter seyn?

Wenn alle Meynungen, worüber die Menschen jemals gestritten und in Zweifel gewesen, vor
den Thron der Wahrheit gebracht werden sollten: was dünkt euch, meine Freunde! würde diese
Gottheit nicht alsofort entscheiden, und unwie-
derruflich festsetzen können, welcher Satz wahr,
und welcher irrig sey? Ganz unstreitig! denn in dem
Reiche der Wahrheit giebt es keinen Zweifel, keinen
Schein,

Schein, kein Dünken und Meynen; sondern alles ist
entschieden wahr, oder entschieden irrig und falsch.
Jedermann wird mir auch dieses einräumen, daß eine
Lehre, die nicht bestehen kann, wenn wir nicht in dem
Reiche der Wahrheiten selbst Widersprüche, unauflös-
liche Zweifel oder nicht zu entscheidende Ungewißheiten
annehmen, nothwendig falsch seyn müsse: denn **in diesem Reiche herrschet die allervollkommenste Harmonie,
die durch nichts unterbrochen oder gestört werden kann.**
Nun aber hat es mit der Gerechtigkeit die nehmliche
Beschaffenheit: vor ihrem Throne werden alle Zwiste
und Streitigkeiten über Recht und Unrecht durch
ewige und unveränderliche Regeln entschieden. Da
ist kein Rechtsfall streitig und ungewiß, da sind keine
Gerechtsame zweifelhaft, da finden sich niemals zwey
moralische Wesen, die auf eine und eben dieselbe Sache ein gleiches Recht hätten. Alle diese Schwachheiten sind ein Erbtheil des kurzsichtigen Menschen, der
die Gründe und Gegengründe nicht gehörig einsieht,
oder nicht gegeneinander abwiegen kann; in dem Verstande des allerhöchsten Geistes stehen alle Pflichten
und Rechte moralischer Wesen, so wie alle Wahrheiten, in der vollkommensten Harmonie. Aller Streit der
Obliegen-

Obliegenheiten, alle Kollision der Pflichten, die ein ein-
geschränktes Wesen in Zweifel und Ungewißheit setzen
können, finden hier ihre unwiderrufliche Entscheidung,
und ein gleiches Recht und Gegenrecht ist in den Augen Gottes nicht weniger ungereimt, als ein Satz
und Gegensatz, Seyn und Nichtseyn, welche beide in
eben der Zeit dem Gegenstande zukommen sollen.
Was sollen wir also zu einer Meynung sagen, die uns
durch die bündigsten Folgerungen auf so übel zusam-
menhängende und unstatthafte Begriffe führet? Kann
sie vor dem Throne der Wahrheit genehmiget werden?

Mein Freund Kriton war vor einigen Tagen
nicht geneigt mir einzuräumen, daß ich es der Republik und den Gesetzen schuldig sey, mich der Strafe zu unterwerfen, die mir auferleget worden. Wenn
mir seine Denkungsart nicht ganz unbekannt ist, so
schien er nur deswegen Bedenken zu tragen, weil er
das Urtheil, welches über mich ausgesprochen worden,
für ungerecht hielt. Wenn er wüßte, daß ich mich
wirklich der Verbrechen schuldig gemacht, die wider
mich eingeklaget worden sind; so würde er nicht zweifeln, daß die Republik berechtiget sey, mich am Leben zu strafen, und daß mir obliege diese Strafe zu
leiden.

leiden. Dem Rechte zu thun entspricht allezeit eine
Verbindlichkeit zu leiden. Hat die Republik, wie
jede andere sittliche Person, ein Recht, denjenigen zu
strafen, der sie beleidiget *), und wenn es leichtere
Stra-

*) Das Recht der Ahndung, oder eine Beleidigung durch Zufü-
gung physikalischer Uebel zu vergelten, findet auch im Stande
der Natur statt, und gründet sich nicht, wie einige Weltweisen behaupten, auf den gesellschaftlichen Vertrag, ist
auch von dem eingeführten Eigenthumsrechte unabhängig.
Der Mensch ist auch im Stande der Natur verbunden, für
seine Erhaltung, Gesundheit und Vollkommenheit zu sorgen,
und hat ein Recht, sich der erlaubten Mittel hierzu zu bedie-
nen. Mithin darf er auch andere abhalten, daß sie ihm in
unschuldiger Ausübung dieses Rechts nicht hinderlich seyen.
Er hat also ein vollkommenes Recht, von jedem andern zu
fordern, daß er ihn nicht beleidige, und endlich zu Abhaltung
fernerer Beleidigung, sich der Ahndung oder Strafe zu be-
dienen. Die Grade der Strafen richten sich nach Maßgebung der Beleidigung, und vornehmlich nach der Wahrscheinlichkeit, daß sie hinreichen werden, für künftiges Unrecht zu
beschützen. Daher auch Todesstrafen Rechtens sind, wenn
geringere Strafen nicht hinreichen wollen. Wer mir, im
Stande der ungeselligen Natur, meine Hütte niederreißt,
mein Wasser trübe macht, oder mir gar einen Stein nach-
wirft, um mich zu beschädigen, den kann ich mit Recht strafen,
obgleich kein Eigenthumsrecht noch eingeführet, kein gesellschaftlicher Vertrag zwischen uns geschlossen ist. Es wird
auch niemand in Abrede seyn, daß jeder Staat das Recht habe,

Strafen nicht thun, ihn so gar am Leben zu strafen;
so muß der Beleidiger auch nach der Strenge der
Gerechtigkeit verbunden seyn, diese Strafe zu dulden.
Ohne diese leidende Verbindlichkeit wäre jenes Recht
ein leerer Ton, Worte ohne Sinn und Bedeutung.
So wenig es in der physischen Welt ein Wirken ohne
ein Leiden giebt: eben so wenig kann in der sittlichen
Welt ein Recht auf eine Person ohne eine Verbindlichkeit von Seiten dieser Person gedacht werden *).

Ich

be, einen Auswärtigen, der ihn beleidiget, zu bestrafen, ob
derselbe gleich in keinem gesellschaftlichen Vertrage mit diesem Staate stehet. Ja die Staaten unter sich räumen sich
einander ein Recht zu strafen ein, ob sie gleich sehr ofte noch
im Stande der Natur unter sich leben.

*) Das Gesetz des Stärkern kann in dem Reiche der Wahrheit
keinen Rechtsfall entscheiden. Gewalt und Recht sind Begriffe von so verschiedener Natur, daß die Gewalt so wenig
ein Recht, als das Recht eine Gewalt erzeugen kann. Ein
Recht an der einen, ohne Obliegenheit an der andern Seite,
müßte durch die Gewalt entschieden werden, und dieses ist
ungereimt. Wenn Eltern das vollkommene Recht haben,
von ihren Kindern Gehorsam zu fordern; so müssen diese an
ihrer Seite verbunden seyn, Gehorsam zu leisten. Sind die
Kinder berechtiget, so lange sie sich nicht selbst pflegen
können, ihre Verpflegung von den Eltern zu fordern; so muß
den Eltern obliegen, dafür zu sorgen. Dem unvollkommenen

Ich zweifle nicht, meine Freunde! daß Kriton und
ihr alle hierinn mit mir einstimmet. Aber so könnten wir nicht denken, wenn das Leben uns alles wäre.
Dieser irrigen Meynung zu Folge, käme dem abscheu-
lichsten Verbrecher nicht die Obliegenheit zu, die wohl-
verdiente Strafe zu leiden; sondern wenn er bey der
Republik sein Leben verwirkt hat, so ist er befugt, das
Vaterland, das seinen Untergang will, zu Grunde
zu richten. Das geschehene ist nicht mehr zu ändern, das Leben ist sein höchstes Gut: wie kann er
ihm das Wohl der Republik vorziehen? wie kann
ihm die Natur eine Pflicht vorschreiben, die nicht
auf sein höchstes Gut abzielet? wie kann er verbunden seyn, etwas zu thun, oder zu leiden, das mit
seiner ganzen Glückseligkeit streitet *)? Es wird also

ihm

nen Rechte entspricht von der andern Seite eine unvollkommene Verbindlichkeit. Wer in den Anfangsgründen des Na-
turrechts kein Fremdling ist, kann an diesen Sätzen unmöglich zweifeln.

*) Alle Pflichten, die die Natur dem Menschen vorschreibt, müs-
sen das höchste Gut zum Ziele haben. Ist unser höchstes
Gut die Glückseligkeit; so kann die Pflicht befehlen, das Leben der Glückseligkeit nachzusetzen. Ist aber das Leben selbst
das höchste Gut; so kann es keine Pflicht geben, das Leben
selbst zu verlieren.

ihm nicht unerlaubt seyn, ja sogar obliegen, den
Staat durch Feuer und Schwerd zu verwirren, wenn
er sein Leben dadurch retten kann. Wodurch aber
hätte der Bösewicht diese Befugniß erlangt? Bevor
er das zu bestrafende Verbrechen begangen, war er,
als Mensch, verbunden, das Wohl der Menschen, als
Bürger, das Wohl seiner Mitbürger zu befördern.
Was kann ihn nunmehr von dieser Verbindlichkeit befreyet, und ihm dagegen das entgegengesetzte Recht
gegeben haben, alles neben sich zu vernichten? Was
hat diese Veränderung in seinen Pflichten verursacht?
Wer unterstehet sich zu antworten! Das begang-
ene Verbrechen selbst!

Eine andere unglückselige Folge von dieser Meynung ist, daß ihre Anhänger auch endlich genöthiget
sind, die Vorsehung Gottes zu läugnen. Da, nach
ihren Gedanken, das Leben der Menschen zwischen
die engen Grenzen von Geburt und Tod eingeschränkt
ist: so können sie den Lauf desselben mit ihren Augen
verfolgen und ganz übersehen. Sie haben also Kenntniß der Sache genug, die Wege der Vorsehung, wenn
es eine giebt, zu beurtheilen. Nun bemerken sie in
den Begebenheiten dieser Welt nichts, das offenbar
mit

mit dem Begriffe, den wir uns von den Eigenschaften Gottes machen müssen, nicht übereinkömmt.
Manches widerspricht seiner Güte, manches seiner
Gerechtigkeit, und bisweilen sollte man glauben, das
Schicksal der Menschen sey von einer Ursache angeordnet worden, die am Bösen Vergnügen gefunden.
In dem physischen Theile des Menschen entdecken sie
lauter Ordnung, Schönheit und Harmonie, die allerweisesten Absichten, und die vollkommenste Uebereinstimmung zwischen Mittel und Endzweck: lauter
sichtbare Beweise der göttlichen Weisheit und Güte.
Aber in dem gesellschaftlichen und sittlichen Leben der
Menschen, so viel wir allhier davon übersehen können,
sind die Spuren dieser göttlichen Eigenschaften ganz
unkenntlich. Triumphirende Laster, gekrönte Uebelthaten, verfolgte Unschuld, unterdrückte Tugend sind
wenigstens nicht selten; die Unschuldigen und Gerechten leiden nicht seltener, als die Uebelthäter; Meuterey gelingt so oft, als die weiseste Gesetzgebung, und
ein ungerechter Krieg so gut, als die Vertilgung der
Ungeheuer, oder jede andere wohlthätige Unternehmung, die zum Besten des menschlichen Geschlechts
gereicht; Glück und Unglück trifft Gute und Böse,

M   ohne

ohne merklichen Unterschied, und müssen in den Au
gen dieser Sophisten wenigstens, ganz ohne Absicht
auf Tugend und Verdienst, unter die Menschen ver-
theilt zu seyn scheinen. Wenn sich ein weises, güti-
ges und gerechtes Wesen um das Schicksal der Menschen bekümmerte, und es nach seinem Wohlgefallen
ordnete: würde nicht in der sittlichen Welt eben die
weise Ordnung herrschen, die wir in der physischen
bewundern?

Zwar dürfte mancher sagen: „Diese Klagen rüh-
„ren bloß von unzufriedenen Gemüthern her, denen
„es weder Götter noch Menschen jemals recht ma-
„chen können. Erfüllet ihnen alle ihre Wünsche,
„setzet sie auf den Gipfel der Glückseligkeit: sie finden
„in den düstern Winkeln ihres Herzens noch allemal
„Eigensinn und üble Laune genug, sich über ihre
„Wohlthäter selbst zu beklagen. In den Augen ei-
„nes mäßigen und genügsamen Menschen sind die
„Güter dieser Welt so ungleich nicht ausgetheilt, als
„man glaubt. Die Tugend hat mehrentheils eine
„innere Selbstberuhigung zur Gefährtinn, welche
„eine süßere Belohnung für sie ist, als Glück,
„Ehre und Reichthum. Die unterliegende Unschuld
                                            „würde

„würde ſich vielleicht ſelten an die Stelle des Wü=
„trichs wünſchen, der ihr den Fuß in den Nacken
„ſetzet; ſie würde das in die Augen fallende Glück
„nur allzutheuer durch innere Unruhen erkaufen müſ=
„ſen. Ueberhaupt, wer mehr auf die Empfindun=
„gen der Menſchen Achtung giebt, als auf ihre Ur=
„theile, der wird ihren Zuſtand lange ſo beklagens=
„werth nicht finden, als ſie ihn in ihren gemeinen
„Reden und Unterhaltungen machen „ So dürfte
mancher vorgeben, um die Wege einer weiſen Vor=
ſehung in der Natur zu retten. Allein alle dieſe
Gründe haben nur alsdann ein Gewicht, wann mit
dieſem Leben nicht nur alles für uns aus iſt, wann ſich
die Hoffnungen vor uns hin ins Unendliche erſtrecken.
In dieſem Falle kann es, ja es muß für unſere Glück=
ſeligkeit weit wichtiger ſeyn, wenn wir hienieden mit
dem Unglück ringen, wenn wir Geduld, Standhaf=
tigkeit und Ergebung in den göttlichen Willen lernen
und üben, als wenn wir uns im Glück und Ueber=
fluß vergeſſen. Wenn ich auch das Leben unter tau=
ſend Martern endige, was thut dieſes? Hat nur mei=
ne Seele dadurch die Schönheit der leidenden Un=
ſchuld erworben, ſo iſt ſie für alle ihre Pein mit Wu=

M 2 cher

cher bezahlt. Die Qual ist vergänglich, und der
Lohn von ewiger Dauer. Aber was hält den schad=
los, der unter diesen Qualen sein ganzes Daseyn auf=
giebt? und mit dem letzten Odem auch alle Schön=
heiten seines Geistes fahren läßt, die er durch diesen
Kampf erworben? Ist das Schicksal eines solchen
Menschen nicht grausam? kann der gerecht und gütig
seyn, der es so geordnet? — Und gesetzt, das Be=
wußtseyn der Unschuld hielt allen schmerzhaften Em=
pfindungen, der Todesqual selbst, die der Unschuldige
von den Händen seines Verfolgers leidet, das Gleich=
gewicht: soll jener Gewaltthäter, jener Beleidiger der
göttlichen und menschlichen Rechte so dahin fahren,
ohne jemals aus der blinden Verstocktheit, in wel=
cher er gelebt, gerissen zu werden, und vom Guten
und Bösen richtigere Begriffe zu erlangen? ohne je=
mals gewahr zu werden, daß diese Welt von einem
Wesen regiert wird, welches an der Tugend Wohl=
gefallen findet? Wenn kein zukünftiges Leben zu
hoffen ist, so ist die Vorsehung gegen den Verfolger so
wenig zu rechtfertigen, als gegen den Verfolgten.

Unglücklicher Weise werden viele durch diese aus=
scheinende Schwierigkeiten verführt, die Vorsehung

zu leugnen. Das allerhöchste Wesen, wähnen sie, bekümmere sich um das Schicksal der Menschen gar nicht, so sehr es sich auch die Vollkommenheit seiner physischen Natur hat angelegen seyn lassen. Tugend und Laster, Unschuld und Verbrechen, wer ihm dienet, und wer ihn lästert, sprechen sie, seyn dem allgemeinen Weltgeist vollkommen gleich, und was dergleichen so lächerlicher als strafbarer Meynungen mehr sind, auf die man nothwendig gerathen muß, so bald man den Weg zur Wahrheit verfehlt. Ich halte es für überflüßig, meine Freunde! von dem Ungrunde dieser Meynungen viele Worte zu machen, da wir alle versichert sind, daß wir unter der göttlichen Obhut stehen, und das Gute von seinen Händen, so wie das Böse nicht anders als mit seiner Zulassung, empfangen.

Hingegen wissen wir einen sicherern und leichtern Weg, uns aus diesem Labyrinthe zu finden. In unsern Augen verläugnet das Sittliche so wenig, als das Physische dieser Welt, die Vollkommenheit ihres Urhebers. So wie sich in der physischen Welt Unordnungen in den Theilen, Stürme, Ungewitter, Erdbeben, Ueberschwemmungen, Pest, u. s. w. in Vollkommen

kommen

kommenheiten des unermeßlichen Ganzen auflösen:
eben also dienen in der sittlichen Welt, in dem Schick-
sale und den Begegnissen des geselligen Menschen, alle
zeitliche Mängel zu ewigen Vollkommenheiten, vergängliches Ungemach zu dauerhafter Verbesserung, und
die Leiden selbst verwandeln sich in bloße Uebungen, die
zur Seligkeit unentbehrlich sind. Das Schicksal eines einzigen Menschen in seinem gehörigen Lichte zu
betrachten, müßten wir es in seiner ganzen Ewigkeit
übersehen können. Alsdann erst könnten wir die Wege
der Vorsehung untersuchen und beurtheilen, wann wir
die ewige Fortdauer eines vernünftigen Wesens unter
einen einzigen, unserer Schwachheit angemessenen,
Gesichtspunkt bringen könnten: aber alsdann seyd versichert, meine Lieben! würden wir weder tadeln, noch
murren, noch unzufrieden seyn; sondern voller Verwunderung die Weisheit und Güte des Weltbeherr-
schers verehren und anbeten.

Aus allen diesen Beweißgründen zusammengenommen, meine Freunde! erwächst die zuverläßigste Versicherung von einem zukünftigen Leben, die unser Gemüth vollkommen befriedigen kann. Das Vermögen
zu empfinden ist keine Beschaffenheit des Körpers und

seines

seines feinen Baues; sondern hat seine Bestandheit für
sich. Das Wesen dieser Bestandheit ist einfach,
und folglich unvergänglich. Auch die Vollkommenheit, die diese einfache Substanz erworben, muß
in Absicht auf sie selbst von unaufhörlichen Folgen
seyn, und sie immer tüchtiger machen, die Absichten
Gottes in der Natur zu erfüllen. Insbesondere gehört unsere Seele, als ein vernünftiges und nach
der Vollkommenheit strebendes Wesen, zu dem Geschlechte der Geister, die den Endzweck der Schöpfung
enthalten, und niemals aufhören, Beobachter und
Bewunderer der göttlichen Werke zu seyn. Der Anfang ihres Daseyns ist, wie wir sehen, ein Bestreben und Fortgehen von einem Grade der Vollkommenheit zum andern; ihr Wesen ist des unaufhörlichen Wachsthums fähig; ihr Trieb hat die augen-
scheinlichste Anlage zur Unendlichkeit, und die Natur
beut ihrem nie zu löschenden Durste eine unerschöpfliche Quelle an. Ferner haben sie, als moralische Wesen, ein System von Pflichten und Rechten, das
voller Ungereimtheiten und Widersprüche seyn würde,
wenn sie auf dem Wege der Vollkommenheit gehemmt
und zurück gestoßen werden sollten. Und endlich ver-

weiset

weiſet uns die anſcheinende Unordnung und Ungerechtigkeit in dem Schickſale der Menſchen auf eine lange
Reihe von Folgen, in welcher ſich alles auflöſet, was
hier verſchlungen ſcheinet. Wer hier mit Standhaf-
tigkeit, und gleichſam dem Unglücke zu Trotz, ſeine
Pflicht erfüllet, und die Wiederwärtigkeiten mit Ergebung in den göttlichen Willen erduldet, muß den Lohn
ſeiner Tugenden endlich genießen, und der Laſterhafte
kann nicht dahin fahren, ohne auf eine oder die andere Weiſe zur Erkenntniß gebracht zu ſeyn, daß die
Uebelthaten nicht der Weg zur Glückſeligkeit ſind.
Mit einem Worte, allen Eigenſchaften Gottes, ſeiner
Weisheit, ſeiner Güte, ſeiner Gerechtigkeit würde
es widerſprechen, wenn er die vernünftigen und nach
der Vollkommenheit ſtrebenden Weſen nur zu einer
zeitlichen Dauer geſchaffen hätte.

Es dürfte Jemand von euch ſprechen: „Gut,
„Sokrates! Du haſt uns gezeigt, daß wir uns
„eines künftigen Lebens zu getröſten haben: ſage uns
„aber auch, wo werden ſich unſere abgeſchiedenen Gei-
„ſter aufhalten? welche Gegend des Aethers werden
„ſie bewohnen? womit werden ſie ſich beſchäfftigen?

„auf

„auf welche Art werden die Tugendhaften belohnt,
„und die Lasterhaften zu besserer Erkenntniß gebracht
„werden?„

Wenn jemand mich dieses fragt, so antworte ich:
Freund! du forderst mehr, als meines Berufs ist.
Ich habe dich durch alle Krümmungen des Labyrinths
hindurch geführt, und zeige dir den Ausgang: hier
endiget sich mein Beruf. Andere Wegweiser mögen
dich weiter führen. Ob die Seelen der Gottlosen werden Frost oder Hitze, Hunger oder Durst zu leiden
haben, ob sie in dem Acherusischen Moraste sich her-
umwälzen, in dem düstern Tartarus, oder in den
Flammen des Pyriphlegetons ihre Zeit hinbringen
müssen, bis sie geläutert werden; ob die Seligen auf
einer von lauter Gold und Edelgestein blitzenden Erde
die reinste Himmelsluft einsaugen, und sich in dem
Glanze der Morgenröthe sonnen, oder ob sie in den
Armen einer ewigen Jugend ruhen und sich mit Nek-
tar und Ambrosia füttern lassen: alles dieses, mein
Freund! weiß ich nicht. Wissen es unsere Dichter
und Fabellehrer besser: so mögen sie andere davon versichern. Es schadet vielleicht nicht, wenn gewisser
Leute Einbildungskraft auf eine solche Weise beschäf-

M 5 tiget

tiget und angestrengt wird. Was mich betrifft, so begnüge ich mich mit der Ueberzeugung, daß ich ewig unter göttlicher Obhut stehen werde, daß seine heilige und gerechte Vorsehung in jenem Leben, so wie in diesem, über mich walte, und daß meine wahre Glückseligkeit in den Schönheiten und Vollkommenheiten meines Geistes bestehe: diese sind Mäßigkeit, Gerechtigkeit, Freyheit, Liebe, Wohlwollen, Erkenntniß Gottes, Beförderung seiner Absichten, und Ergebung in seinen heiligen Willen. Diese Seligkeiten erwarten meiner in jener Zukunft, dahin ich eile, und ein mehreres brauche ich nicht zu wissen, um mit getrostem Muthe den Weg anzutreten, der mich dahin führet. Ihr, Simmias, Cebes, und übrigen Freunde! ihr werdet mir folgen, ein jeder zu seiner Zeit. Mir winkt jetzt schon das unbewegliche Schicksal, wie etwa ein Trauerspieldichter sagen würde. Es ist Zeit, daß ich ins Bad gehe; denn ich halte es für anständiger, nach dem Bade erst den Gift zu mir zu nehmen, damit ich den Weibern die Mühe erspare, meinen Leichnam zu waschen.

Als Sokrates ausgeredet hatte, ergriff Kriton das Wort und sprach: Es sey! Was hast du aber diesen

sen Freunden oder mir zu hinterlassen, das deine Kinder oder häußlichen Angelegenheiten angehet? womit
können wir dir zu Gefallen leben? — Wenn ihr so
lebet, Kriton! sprach er, wie ich euch längst empfoh-
len habe. Ich habe nichts Neues hinzuzuthun.
Wenn ihr für euch selbst Achtung habet, so werdet
ihr mir, den Meinigen und euch selbst zu Gefallen
leben, und wenn ihr es auch nicht versprechet, vernachläßiget ihr aber euch selbst, und wollet der Spur nicht
folgen, die euch heute und in vorigen Zeiten vorgezeichnet worden: so wird es nichts helfen, wenn ihr auch
jetzt noch so viel zusaget. — Kriton versetzte: Wir
werden mit allen Kräften streben, dir zu gehorchen,
mein Sokrates! Wie sollen wir aber nach deinem
Tode mit dir verfahren? — Wie ihr wollet, antwortete Sokrates, wenn ihr mich anders habet,
und ich euch nicht entwische? — Zu gleicher Zeit sahe er uns lächelnd an, und sprach: Ich kann den
Kriton nicht bereden, meine Freunde! daß derjenige eigentlich Sokrates sey, der jetzt redet, und euch
eine Zeitlang unterhalten hat; er glaubt immer noch,
der Leichnam, den er bald wird zu sehen bekommen,
und der verjetzo nur meine Hülle ist, das sey Sokrates,

res, und fragt, wie er mich begraben soll. Alle die
Gründe, die ich bisher angeführet, zu beweisen, daß
ich, so bald der Gift gewirket haben wird, nicht mehr
bey euch bleiben, sondern in die Wohnungen der Glückseligen versetzt werde, scheinen ihm eine bloße Erfindung, um euch und mich zu trösten. Seyd so gut,
meine Freunde! und verbürget nun beym Kriton das
Gegentheil dessen, was er bey den Richtern verbürgt
hat. Er ist für mich gut gewesen, daß ich nicht ent-
laufen werde; ihr aber müßet ihm dafür stehen, daß
ich mich, gleich nach meinem Tode, davon mache, damit er meinem Leichnam verbrennen, oder in die Erde senken sehe, und sich nicht so sehr betrübe, als wenn
mir das größte Unglück wiederführe. Er spreche auch
bey meinen Leichenbegängnisse nicht: man legt den
Sokrates auf die Bahre, man trägt den Sokrates hinweg, man beerdiget den Sokrates. Denn
wisse, fuhr er fort, mein werther Kriton! dergleichen Reden sind nicht nur der Wahrheit zuwider, sondern auch eine Beleidigung für den abgeschiedenen
Geist. Sey vielmehr getrostes Muths, und sprich:
mein Leichnam werde beerdiget. Im übrigen magst
du ihn beerdigen, wie es dir gefällt, und wie du glaubest,

best, daß es die Gesetze mit sich bringen. Hierauf gieng
er in ein benachbartes Gemach, um sich zu waschen.
Kriton folgte ihm, und uns hieß er warten. Wir
blieben, und unterhielten uns eines Theils mit dem,
was wir gehört hatten, wiederholten, überdachten,
und erwogen einige Gründe, um uns davon gehörig
zu überzeugen; andern Theils aber beschäftigte uns
die trostlose Erwartung des großen Unglücks, das uns
bevorstund. Denn es kam uns nicht anders vor, als
wenn wir unsern Vater verlören, und von nun an
als Waisen in der Welt leben müßten. Als er sich
gewaschen hatte, brachte man ihm seine Kinder (er
hat ihrer drey, zwey kleine und ein erwachsenes):
und seine Hausweiber traten zu ihm hinein. Er unterhielt sich mit ihnen in Gegenwart des Kriton,
sagte ihnen, was er zu sagen hatte, ließ die Weiber
und Kinder hierauf weggehen, und kam wieder zu
uns heraus. Es war gegen Sonnenuntergang; denn
er hatte sich etwas lange in dem Nebengemache verwei-
let. Er setzte sich nieder, sprach aber sehr wenig;
denn bald darauf kam der Trabante der Eilfmänner,
stellte sich neben ihn, und sprach: O Sokrates!
ich werde an dir etwas ganz anders gewahr, als an an-

dern

dern Verurtheilten. Sie pflegen sich zu entrüsten,
und mir zu fluchen, wenn ich ihnen auf Befehl der
Obrigkeit ankündige, daß es Zeit sey, den Gift zu
trinken; du aber schienst mir schon sonst der gelassen=
ste und sanftmüthigste Mann zu seyn, der jemals
diesen Ort betreten, und jetzt scheinst du mir vornehm=
lich also. Ich weiß gewiß, du bist auch jetzo über
mich nicht ungehalten, sondern über die, (du ken=
nest sie!) die daran Schuld sind. Du merkest nun
wohl, Sokrates! was für eine Botschaft ich dir
zu bringen habe. Gehab dich wohl, und leide mit
Geduld, was nicht zu ändern ist. Er sprach es,
kehrte sich herum und weinte. Sokrates sahe
sich nach ihm um, und sprach: Lebe du wohl, Freund!
wir werden thun, was du verlangest. Zu uns aber
sprach er! Was für ein rechtschaffener Mann! er hat
mich oft besucht, auch sich zuweilen mit mir unterhal=
ten. Es ist ein gar guter und ehrlicher Mensch: se=
het, wie aufrichtig er jetzt um mich weinet! Allein,
Kriton! wir müssen ihn in dieser That gehorchen:
laß den Gift herbringen, wenn er fertig ist; wo
nicht, so mag ihn dieser zurechte machen.

Warum

Warum so eilig, mein Sokrates! versetzte Kriton: ich glaube, daß die Sonne noch auf den Bergen scheinet, und noch nicht untergegangen ist. Andere pflegen, nach der Ankündigung, noch lange zu warten, bevor sie den Gifttrank zu sich nehmen, und vorher sich gütlich zu thun, zu essen, zu trinken, auch wohl gar der Liebe zu pflegen. Wir können noch eine gute Weile verziehen. — Das mögen die thun, Kriton! antwortete Sokrates, welche jede Frist für Gewinn halten; ich aber habe meine Gründe, das Gegentheil zu thun. Ich glaube nichts zu gewinnen, wenn ich verzögere, und würde mir nur selbst lächerlich vorkommen, wenn ich mit dem Leben jetzt geizte und kargte, da es nicht mehr mein ist. Thue mir immer meinen Willen, und halte mich nicht auf.

Hierauf winkte Kriton dem Knaben, der neben ihm stand. Der Knabe gieng heraus, verweilte einige Zeit mit Zubereitung des Gifts, und brachte hierauf den Mann herein, der den Giftbecher in der Hand hatte, um ihn dem Sokrates zu reichen. Sokrates sahe ihn kommen, und sprach: Guter Mann, gieb her! Aber was muß ich dabey thun? du wirst es wissen. Nichts anders, antwortete dieser, als nach

dem

dem Trinken auf und nieder gehen, bis dir die Füße schwer werden; sodann legst du dich nieder: dieses ist alles. Und hiermit reichte er ihm den Becher. Sokrates nahm ihn, lieber Echekrates! mit solcher Gelassenheit, ohne Zittern, ohne Farbe oder Gesichtszüge im geringsten zu verändern, sahe den Menschen mit seinen weit offenen Augen an, und sprach: Was meynest du? darf man den Göttern davon einige Tropfen zum Dankopfer vergießen? Es ist gerade so viel als nöthig ist, versetzte dieser. So mag es bleiben, erwiederte Sokrates: Aber ein Gebet kann ich doch an sie richten: Die ihr mich rufet, ihr Götter! verleihet mir eine glückliche Reise! Mit diesen Worten setzte er den Becher an, und leerte ihn ruhig und gelassen aus.

Bisher konnten sich viele von uns noch der Thränen enthalten; als wir ihn aber ansetzen, trinken und ausleeren sahen, da war es nicht möglich. Mir selbst tröpfelten die Thränen nicht, sondern ergossen sich, wie in Strömen herunter, und ich mußte mir das Gesicht in den Mantel hüllen, um ungestört weinen zu können, nicht über ihn, sondern über mich selbst, daß ich das Unglück hatte, einen solchen Freund zu verlie

verlieren. Kriton, der sich noch vor mir der Thränen nicht enthalten konnte, stand auf und irrete im
Gefängnisse umher; und Apollodorus, der die ganze Zeit mehrentheils geweinet, fieng damals an, überlaut zu heulen und zu jammern, daß einem jeden das
Herz davon brach. Nur Sokrates blieb unbewegt,
und rief uns zu: Was machet ihr? Kleinmüthigen!
deswegen habe ich so eben die Weiber weggeschickt, damit sie hier nicht so klagen und winseln möchten; denn
ich habe mir sagen lassen, man müsse suchen unter
Seegnungen und guten Wünschen den Geist aufzugeben. Seyd ruhig, und zeiget euch als Männer! —
Als wir dieses vernommen, schämeten wir uns, und
hörten auf zu weinen. Er gieng auf und nieder, bis
ihm die Füße schwer wurden, und legte sich sodann
auf den Rücken, wie der Sklave ihm gerathen hatte.
Bald darauf betastete ihn der Mann, welcher ihm den
Gift gereicht, mit den Händen, und beobachtete seine
Füße und seine Hüften. Er drückte ihm den Fuß, und
fragte, ob er es fühlte? Nein, sprach er. Er drückte ihm den Schenkel, ließ aber wieder los, und gab
uns zu verstehen, daß er kalt und steif sey. Er betastete ihn wieder, und sprach: So bald es ihm ans

M Herz

Herz kömmt, wird er verscheiden.   Nun fieng ihm
der Unterleib schon an kalt zu werden.   Er deckte sich
auf, denn man hatte ihn zugedeckt, und sagte zum
Kriton (dieses waren seine letzten Worte): Freund!
vergiß nicht, dem Gott der Genesung einen
Hahn zu bringen, denn wir sind ihm einen
schuldig. — Kriton antwortete: Es soll geschehen.
Hast du sonst nichts mehr zu hinterlassen? Hierauf
erfolgte keine Antwort.   Einige Zeit hernach bekam
er Zuckungen.   Der Mann deckte ihn vollends auf,
und seine Blicke blieben starr.   Als Kriton es sahe,
drückte er ihm Mund und Augen zu.

Dieses war das Ende unseres Freundes, o Eche=
krates! eines Mannes, der unter allen Menschen,
die wir kannten, unstreitig der rechtschaffenste, wei=
seste, und gerechteste gewesen.

E N D E
des dritten Gesprächs.

Att=

Anhang,

Einige Einwürfe betreffend, die dem Verfasser gemacht worden sind.

Verschiedene Freunde der Wahrheit haben die Gewogenheit gehabt, mir ihre Erinnerungen und Anmerkungen über obige Gespräche, theils in Privatbriefen und theils in öffentlichen Blättern, zu Gesichte kommen zu lassen. Nicht wenige derselben habe ich bey dieser zwoten Auflage mit Nutzen gebraucht. Ich habe hier und da verändert, an einigen Stellen mich deutlicher erklärt, und andere durch Noten erläutert. Dieses ist der einzige Dank, den diese würdige Männer von mir erwarten. Aber alles habe ich nicht aus dem Wege räumen können, was meinen Richtern anstößig geschienen. Zum Theil haben mich ihre Gründe nicht überzeugt, und zum Theil giengen ihr Anforderungen über meine Kräfte. Man erlaube, daß ich mich hier über einige Erinnerungen von dieser Art erkläre.

Ueberhaupt muß ich bekennen, daß die Kunstrichter in Ansehung meiner eher nachsichtsvoll, als strenge gewesen sind. Ich habe mich über keinen unbilligen Ta-

del

del zu beschweren, vielleicht eher über unbilliges Lob,
davon mich die Selbsterkenntniß versichert, daß es über=
trieben ist. Unmäßiges Lob pflegt mehr die Absicht zu
haben andere zu demüthigen, als den Gegenstand des=
selben anzuspornen. Ich habe mir niemals in den Sinn
kommen lassen, Epoche in der Weltweisheit zu machen,
oder durch ein eigenes System berühmt zu werden.
Wo ich eine betretene Bahn vor mir sehe, da suche ich
keine neue zu brechen. Haben meine Vorgänger die Be=
deutung eines Worts festgesetzt, warum sollte ich davon
abweichen? Haben sie eine Wahrheit ans Licht gebracht,
warum sollte ich mich stellen, als wüste ich es nicht?
Der Vorwurf der Sektirerey schreckt mich nicht ab, von
andern mit dankbaren Herzen anzunehmen, was ich
bey ihnen brauchbares und nützliches finde. Ich gesteh=
es, der Sektirgeist hat dem Fortgange der Weltweis=
heit sehr geschadet, aber er kann, meines Erachtens,
von Liebe zur Wahrheit eher im Zaume gehalten wer=
den, als die Neuerungssucht.

Jedoch ich soll, selbst in dem ersten Gespräche, als
wo ich genauer beym Plato geblieben zu seyn vorgebe,
Sätze aus Wolf und Baumgarten ohne Beweis
vorausgesetzt haben, die nicht jeder Leser so schlechter=

dings

dings annimmt. — Welches sind denn diese Sätze? Etwa, daß die Kräfte der Natur stets wirksam sind? Ich glaube, dieser Satz sey so alt, als die Weltweisheit selbst. Man hat von je her gewußt, daß ein wirksames Ding, wenn es nicht gehemmet wird, die ihm angemessene Wirkung hervorbringt, und wenn es Widerstand findet; so wirkt es in diesen Widerstand zurück. Es ist also niemals in Ruhe. Das Wort würklich seyn, wodurch man das Daseyn andeutet, giebt nicht ohne Grund zu verstehen, daß alles, was da ist, auch würklich seyn, d. i. etwas thun müsse. Eine Kraft, die nicht wirkt, ist eine Kraft, die nicht vorhanden ist, denn das Können, Vermögen, u. s. w. sind bloße Möglichkeiten, Begriffe, die nicht eher einen Gegenstand haben, als wenn von würklichen Kräften die Rede ist, die auf eine gewisse Art angewendet sind, in so weit sie ihrer Natur nach auch andern Anwendungen nicht widersprechen. Man sagt z. B. von einem Manne in Geschäften, er könne auch dichten, er besitze das Vermögen dazu in einem vorzüglichen Grade. Wenn in dieser Redensart Wahrheit seyn soll, so muß sie folgende Bedeutung haben; die Seelenkräfte dieses Mannes, die itzt mit der Verwaltung eines bürgerlichen

N 3   Amts,

Amts, u. s. w. beschäftiget sind, widersprechen auch
einer Anwendung nicht, wodurch gute Gedichte her-
vorkommen würden. Wenn von einer Kraft gesagt
wird, sie würke nur bey einer gewissen Gelegenheit;
so ist die Frage: und wenn diese Gelegenheit fehlet,
was geschiehet? — Würkt die Kraft alsdann gar
nichts? — So ist sie ja in Abwesenheit der Gelegenheit eine bloße Möglichkeit zu würken, und diese
bloße Möglichkeit soll doch auch vorhanden seyn? —
Die Gelegenheit kann nur die Anwendung der
Kräfte abändern, indem diese Anwendung nicht
von der Kraft selbst; sondern von der Verbindung,
in welcher sie mit andern Dingen stehet, abhänget,
aber die Gelegenheit kann keine Kraft erwecken, die
aufgehört hat zu wirken, auch keine Kraft vernichten,
die einmal vorhanden ist. Wenn also gesagt wird: eine
jede Kraft müsse beständig wirksam seyn; so verstehet
es sich von selbst, daß blos von ursprünglichen Kräften
die Rede ist, nicht von ihrer Anwendung auf besondere
Arten von Gegenständen, wodurch Fähigkeiten entstehen. Diese werden zuweilen, wiewohl etwas unei-
gentlich, auch Kräfte genennt; allein von ihnen ist es
offenbar, daß sie nicht immer wirksam seyn dürfen,

und

und dieſes geſchiehet, wie vorhin ſchon berühret worden, ſo oft ſich von der urſprünglichen Kraft begreiffen
läßt, daß ſie ihrer Natur nach auf eine gewiſſe Art von
Gegenſtänden zwar anwendbar, aber nicht immer
angewendet ſeyn müſſe. So kann das Nachdenken
bey einem Schlafenden, die Erfindungskraft bey einem ſinnlich Beſchäftigten, und die Urtheilskraft bey
einem Bethörten, eine Zeitlang ganz unthätig ſeyn.
Aber alsdann iſt die urſprüngliche Kraft, von welcher
dieſe Fähigkeiten, die zuweilen auch Kräfte heißen,
bloße Ableitungen ſind, nichts weniger als unthätig.
Dieſe Begriffe leuchten der geſunden Vernunft ſo ſehr
ein, daß ſie keines Beweiſes bedürfen, und die Weltweiſen aller Zeiten müſſen ſie gedacht, nur zuweilen in
Worten anders ausgedrückt haben,

Iſt etwa dieſer Satz Wolfiſch; daß alles Veränderliche keinen Augenblick unverändert bleibe? — Nicht doch, die Schriften des Plato ſind voll
davon. Alle vergängliche Dinge, ſagt dieſer Weltweiſe
im Theätetus und an vielen andern Stellen, ſind in
beſtändigem Wechſel von Geſtalten, und bleiben keinen
Augenblick ſich ſelbſt ähnlich. Er ſchreibt ihnen daher
kein wirkliches Daſeyn; ſondern ein Entſtehen

zu*). Sie sind nicht vorhanden, spricht er, sondern entstehen durch die Bewegung und Veränderung, und vergehen. Dieses ist ein Hauptgrundsatz der platonischen
Lehre, und hierauf gründet sich seine Theorie von dem
wahren Daseyn der allgemeinen unveränderlichen Begriffe, sein Unterschied zwischen Wissenschaft und Meynung, seine Lehre von Gott, und von der Glückseligkeit, seine ganze Philosophie.

Alle Schulen der Alten sind beschäftiget gewesen, diesen Satz zu bestätigen, oder zu widerlegen. Man weiß
das Gleichniß von einem Baume, der seinen Schatten
auf ein vorbeyfließendes Wasser wirft. Der Schatten
scheinet immer derselbe zu seyn, obgleich der Grund,
auf welchem er gezeichnet ist, sich beständig fortbewegt.
So, sagten die Anhänger des Plato, scheinen uns die
Dinge Beständigkeit zu haben, ob sie gleich in stetem
Wechsel sind. Daß diese Lehren auch im Wolf und
Baumgarten vorkommen, ist kein Wunder, da sie
seit

---

*) *Plotinus* sagt: Iam vero neque corpus omnino erit
vllum, niſi animae vis extiterit. Nam *ſluit ſemper*
& in motu ipſa corporis natura verſatur, citoque per-
iturum eſt vniuerſum, Si quaecunque ſunt ſine
corpora.

seit den Zeiten des Heraclitus und Pythagoras von jedem Weltweisen haben untersucht werden müssen. Ich
würde durchaus antik geblieben seyn, wenn ich keine
neueren Sätze hätte brauchen dürfen, als diese.

Ich soll aber meine ganze Demonstration auf den
Satz gegründet haben, daß empfinden, denken und
wollen die einzigen Wirkungen der Seele sind,
und dieser Satz soll außer der Schule, der ich anhänge
nicht angenommen werden. Ja, setzt ein Kunstrichter
hinzu, wenn er auch von der Seele, als Seele, zugegeben wird; so kann er doch nicht von der Seele als
Substanz gelten. Als Substanz muß sie auch noch
eine bewegende und widerstehende Kraft haben, die mit
der denkenden gar nichts gemein hat. Durch diese Un-
terscheidung soll einer von meinen Hauptbeweisen über
den Hauffen fallen, denn die Seele kann nach dem Tode als Substanz wirksam bleiben, ohne als Seele zu
empfinden, zu denken und zu wollen.

Wir wollen sehen! Mein Beweis, sagt man, gründe sich auf einen Satz, der nicht wahr ist, und ich? ich
glaube, der Satz sey wahr, aber mein Beweis gründe
sich nicht darauf. Ob eine Substanz nur eine Grund-
kraft, oder mehrere haben könne, ob denken und wol-

len

len aus einer, oder mehrern Grundthätigkeiten fließen,
ob die Seele den Leib bewege, oder nicht bewege, ob
die Seele nach dem Tode ganz körperlos seyn werde;
diese und mehrere dahin einschlagende Untersuchungen
kann ich als unausgemacht dahin gestellt seyn lassen.
Für mich habe ich zwar Partey genommen; allein die
Beweise für die Unsterblichkeit der Seele sollen mit so
wenig andern Streitfragen, als möglich, verwickelt
bleiben. Das Vermögen oder die Kraft zu denken und
zu wollen nenne ich Seele, und mein ganzer Beweis
gründet sich auf folgendes Dilemma: Denken und wollen sind entweder Eigenschaften des Zusammengesetzten,
oder des Einfachen. Jenes wird im zweyten Gespräche
untersucht. In dem ersten betrachte ich sie als Eigenschaften des einfachen Wesens. Die Eigenschaften des
einfachen Wesens sind entweder Grundthätigkeiten,
oder Modificationen anderer Thätigkeiten. Man ge-
stehet ein, daß denken und wollen nicht bloße Modifikationen anderer Kräfte; sondern ursprüngliche Thätigkeiten seyn müssen. Eine, oder mehrere, das thut
nichts; die einfachen Wesen mögen auch außer dem
Denken und Wollen noch andere Kräfte haben, bewegende, widerstehende, stoßende und anziehende, so
viel

viel man nur will, und Namen erdenken kann. Genug, daß denken und wollen nicht bloße Abänderungen dieser ungenannten Kräfte; sondern von ihnen unterschiedene Grundthätigkeiten sind. Nun können alle natürliche Kräfte nur Bestimmungen abändern, nur Modifikationen mit einander abwechselnd machen, niemals aber Grundeigenschaften und für sich bestehende Thätigkeiten der Dinge in Nichts verwandeln; daher kann die Kraft zu denken und zu wollen, oder können die Kräfte zu denken und zu wollen niemals durch natürliche Veränderungen vernichtet werden, wenn sie auch noch so viel von ihnen verschiedene Kräfte zurücklassen. Eine wunderthätige Allmacht gehört dazu, ein solches Vermögen hervorzubringen, oder zu zernichten.

Daß durch alle Kräfte der Natur nichts wahrhaftig zernichtet werden könne, ist, so viel ich weiß, von keinem Weltweisen noch in Zweifel gezogen worden. Eine natürliche Handlung, hat man von je her gesagt, muß Anfang, Mittel und Ende haben, das heißt, es muß ein Theil der Zeit verstreichen, bevor sie vollendet wird. Dieser Theil der Zeit mag so klein seyn, als mann will, er verläugnet doch niemals die Natur der Zeit, und hat aufeinanderfolgende Augenblicke. Sollen die Kräfte

der

der Natur eine Wirkung hervorbringen; so müssen sie sich dieser Wirkung allmählig nähern, und sie vorbereiten, bevor sie erfolget. Eine Wirkung aber, die nicht vorbereitet werden kann, die in einem Nu erfolgen muß, hört auf natürlich zu seyn, kann nicht von Kräften hervorgebracht werden, die alles in der Zeit thun müssen. Alle diese Sätze sind den Alten nicht unbekannt gewesen, und sie schienen mir in dem Raisonnement des Plato *) von den entgegengesetzten Zuständen und den Uebergängen von einem auf den andern, nicht undeutlich zu liegen. Darum suchte ich sie meinen Lesern nach Platons Weise, aber mit der unsern Zeiten angemessenen Deutlichkeit, vorzutragen. Sie leuchten zwar der gesunden Vernunft ziemlich ein; allein durch die Lehre von der Stetigkeit erlangen sie meines Erachtens einen hohen Grad der Gewißheit. Ich ergriff auch nicht ungern die Gelegenheit, meine Leser mit dieser wichtigen Lehre bekannt zu machen, weil sie uns auf richtige Begriffe von den Veränderungen des Leibes und der Seele führet, ohne welche man Tod und Leben, Sterblichkeit und Unsterblichkeit nicht aus dem rechten Gesichtspunkte betrachten kann.

Wie

*) Im Phädon.

Wie aber? fragte man, kann wohl irgend eine Veränderung ohne alle Zernichtung vorgehen? Muß nicht die
Bestimmung einer Sache zernichtet werden, wenn die
entgegengesetzte Bestimmung an ihr wirklich werden soll?
Und wie ist dieses möglich, wenn die Kräfte der Natur
nichts zernichten können? — Ich glaube, man mis-
braucht hier das Wort zernichten. Wenn ein harter
Körper weich, oder ein trockener feuchte wird; so darf
nicht etwa die Härte oder Trockenheit zernichtet, und
die Weichheit oder Feuchtigkeit dafür hervorgebracht werden. So kann auch ohne die geringste Zernichtung das Lange kurz, das Kurze lang, das Kalte
warm, und das Warme kalt, das Schöne häßlich und
das Häßliche schön werden. Alle diese Modificationen
sind durch allmählige Uebergänge mit einander verbunden, und wir sehen gar deutlich, daß sie ohne die geringste Zernichtung oder Hervorbringung mit einander abwechseln können. Ueberhaupt sind die entgegengesetzten Bestimmungen, die durch natürliche Veränderungen an einer Sache möglich sind, alle von der Art, daß
zwischen beiden äußersten auch ein Mittel statt findet.
Im Grunde sind sie nur durch das Mehr und Weniger
von einander unterschieden. Verändert gewisse Theile

in

in ihrer Lage, bringet diese näher zusammen, jene weiter von einander; so wird das Schöne häßlich, das Lange kurz, u. s. w. Verdunkelt diese Begriffe, und heitert jene auf, schwächet diese Begierden, stärket jene Neigungen, so habet ihr die Einsichten und den Charakter eines Menschen verändert. Alles dieses kann durch einen allmähligen Uebergang, ohne die geringste Zernichtung, geschehen, und solche Veränderungen sind der Natur allerdings möglich. Aber zwo entgegengesetzte Bestimmungen, zwischen welchen es kein Mittel giebt, können niemals natürlicher Weise auf einander folgen, und ich kenne kein Gesetz der Bewegung, das diesem Satz zuwider seyn sollte. Hierüber verdienet der Pater Baſcovich *) nachgelesen zu werden, welcher das Gesetz der Stetigkeit in ein vortreffliches Licht gesetzt hat.

Allein wozu alle diese stachelichten Untersuchungen in einem sokratischen Gespräche? Sind sie nicht für die einfältige Manier des athenienſiſchen Weltweisen viel zu spitzfündig?

Ich antworte: man ſcheinet zu vergeſſen, daß ich dem Plato, und nicht dem Xenophon nachahme. Dieser

---

*) In ſeiner Abhandl. de lege continui, und in ſeinen Princ. phil. nat.

ser letztere vermied alle Spitzfindigkeiten der Dialektik, und ließ seinen Lehrer und Freund dem gesunden ungekünstelten Menschenverstande folgen. In sittlichen Materien ist diese Methode unverbesserlich; allein in metaphysischen Untersuchungen führet sie nicht weit genug. Plato, der der Metaphysik hold war, machte seinen Lehrer zum pythagorischen Weltweisen, und ließ ihn in den dunkelsten Geheimnissen dieser Schule eingeweihet seyn. Wenn Xenophon auf ein Labyrinth stößt; so läßt er den Weisen lieber schüchtern ausweichen, als sich in Gefahr begeben. Plato hingegen führet ihn durch alle Krümmungen und Irrgänge der Dialektik, und läßt ihn in Untersuchungen sich vertiefen, die weit über die Sphäre des gemeinen Menschenverstandes sind. Es kann seyn, daß Xenophon dem Sinne des Weltweisen, der die Philosophie von dem Himmel herunter geholt, treuer geblieben ist. Ich mußte nichts destoweniger der Methode des Plato folgen, weil diese Materie, meines Erachtens, keine andere Behandlung leidet, und ich lieber subtil seyn, als von der Strenge des Beweises etwas vergeben wollte. Diese Sophisterey hat sich in unsern Tagen unter gar verschiedenen Gestalten gezeigt. Bald mit Spitzfündigkeiten gewaffnet, bald unter der

Larve

Larve der gesunden Vernunft, bald als Freundin der
Religion, jetzt mit der Dreistigkeit eines vielwissenden
Thrasymachus, dann wieder mit der unschuldigen Laune eines nichtswissenden Sokrates. Mit allen diesen
Proteuskünsten hat sie gesucht, die Lehre von der Unsterblichkeit der Seele ungewiß zu machen, und die
Gründe jetzt zu verspotten, jetzt im Ernste zu widerlegen.
Wie sollen die Freunde dieser Wahrheit sie vertheidigen?
Durch sokratische Unwissenheit kann man den Dogmati-
ker rasend machen, aber nichts festsetzen. Durch Ge-
genspott wird niemand überzeugt. Ihnen bleibt also
kein anderer Weg, als die Gaukeleyen der Zweifelsüchtigen für das zu halten, was sie sind, und nach Vermögen zu beweisen.

Daß ich dem Sokrates Gründe in den Mund gelegt,
die ihm zu seiner Zeit, nach den damaligen Zustande der
Weltweisheit, nicht haben bekannt seyn können, gestehe ich in der Vorrede mit ausdrücklichen Worten.
Ich nenne sogar die neueren Weltweisen namentlich, von
denen ich das mehreste entlehnt habe. Es konnte also
meine Absicht nicht gewesen seyn, den Neuern etwas von
ihren Verdiensten um die Lehre von der Unsterblichkeit
zu entziehen, und es den Alten zuzulegen. Ueberhaupt

ist

ist mein Sokrates nicht der Sokrates der Geschichte.
Jener lebte in Athen, unter einem Volke, welches das
erste sich um wahre Weltweisheit bekümmerte, und zwar
damals noch seit nicht langer Zeit. Weder die Sprache,
noch die denkende Köpfe, waren noch zur Philosophie
gebildet. Er war ein Schüler von Weltweisen, die
selten einen Blick auf ihre Seele zurückgeworfen, die
alles eher als sich selbst zum Vorwurfe ihrer Betrachtungen gemacht haben. Daher muste in der Lehre von
der menschlichen Seele und ihrer Bestimmungen noch
die größte Dunkelheit herrschen. Die hellesten Wahrheiten sahe man nur in der Ferne schimmern, ohne die
Wege zu kennen, die zu ihnen hinführen. Ein Sokrates selbst konnte in solchen Zeiten nicht mehr thun,
als die Augen unverrückt auf diese einzelne Wahrheiten
richten, und sich in seinem Lebenswandel von ihnen lei-
ten lassen. Die Evidenz philosophischer Begriffe und
ihr vernünftiger Zusammenhang ist eine Wirkung der
Zeit und der anhaltenden Bemühung vieler nachdenken-
den Köpfe, die die Wahrheit aus verschiedenen Gesichts-
punkten betrachten, und dadurch von allen Seiten ins
Licht setzen.

Nach so manchen barbarischen Jahrhunderten, die auf
jenen schönen Morgen der Philosophie gefolgt sind,
Jahrhunderte, in welchen die menschliche Vernunft dem
Aberglauben und der Tyranney hat fröhnen müssen, hat

die Weltweisheit endlich beſſere Tage erlebt. Alle Theile
der menſchlichen Erkenntnis haben durch eine glückliche
Beobachtung der Natur anſehnliche Progreſſen gemacht.
Unſere Seele ſelbſt haben wir auf dieſem Wege beſſer kennen lernen. Durch eine genauere Beobachtung ihrer
Wirkungen und Leiden hat man mehrere Data feſtgeſetzt,
und daraus ließen ſich, vermittelſt einer bewährten Methode, auch richtigere Folgen ziehen. Die vornehmſten
Wahrheiten der natürlichen Religion haben durch dieſe
Verbeſſerung der Philoſophie eine Evidenz erlangt, die
alle Einſichten der Alten verdunkelt, und wie in den
Schatten zurückwirft. Noch hat zwar die Philoſophie
ihren hellen Mittag nicht erreicht, in welchem ſie vielleicht unſere Enkel dereinſt erblicken werden; allein man
müßte auf die Verdienſte ſeiner Zeitgenoſſen ſehr neidiſch
ſeyn, wenn man den Neuern nicht in Abſicht auf die
Philoſophie große Vorzüge einräumen wollte. Ich habe
niemals den Plato mit den Neuern, und beide mit den
düſtern Köpfen der mittlern Zeiten vergleichen können,
ohne der Vorſehung zu danken, daß ſie mich in dieſen
glücklichern Tagen hat gebohren werden laſſen.

Als ich über die Unſterblichkeit der Seele nachzuden-
ken hatte, und es mir einige Mühe koſtete, Glauben
von Ueberzeugung zu unterſcheiden, fiel mir der Gedanke
ein: durch welche Gründe würde ein Sokrates in unſern Tagen ſich und ſeinen Freunden die Unſterblichkeit
beweiſen

beweisen können? Ein Freund der Vernunft, wie er war,
würde ganz gewis von andern Weltweisen mit Dank angenommen haben, was in ihrer Lehre auf Vernunft gegründet ist, sie möchten übrigens einem Lande, oder
einer Religionspartey zugehören, welcher sie wollten.
Man kann in Absicht auf Vernunftwahrheiten mit jemanden übereinstimmen, und dennoch verschiedenes unglaub-
würdig finden, das er auf Glauben annimmt. Da die
brüderliche Duldung der politischen Welt so sehr empfoh-
len wird; so müssen sie Freunde der Wahrheit billig zuerst unter sich hegen. Was des Glaubens ist, wollen
wir dem Gewissen und der Beruhigung eines jeden
überlassen, ohne uns zu Richtern darüber aufzuwerfen.
Aus wahrer Menschenliebe wollen wir da nicht streiten,
wo das Herz lauter spricht, als die Vernunft, und zu
dem allgnädigen Gott das Zutrauen haben, daß er uns
alle rechtfertigen wird, wenn uns unser Gewissen rechtfertiget. Aber die Vernunftwahrheiten wollen wir mehr,
als brüderlich theilen, wir wollen sie, wie das Licht der
Sonne, gemeinschaftlich genießen. Hat es dich Bru-
der! eher beleuchtet, als mich; sey vergnügt, aber nicht
stolz darauf, und, was noch unmenschlicher wäre, suche
mir es nicht gar zu verstellen. — —

Der diese, oder jene Wahrheit ins Licht gesetzt hat,
war deines Vaterlandes, deines Glaubens? Gut! Es
ist angenehm, mit den Wohlthätern des menschlichen

Geschlechts

Geschlechts in einem engern Verhältnisse zu stehen. Aber
deswegen ist das, was deine Landsleute, deine Glau-
bensgenossen herausgebracht, nicht minder eine Wohl-
that, die uns allen beschieden ist. Die griechische Weisheit hat auch Barbaren genützt, und euch, die ihr erst
seit kurzer Zeit diesen Namen nicht mehr verdienet, euch
selbst hat sie aus der Barbarey befreyen helfen. Die
Weisheit kennet ein allgemeines Vaterland, eine allgemeine Religion, und wenn sie gleich Abtheilungen dul-
det; so billiget sie doch das Unholde, Menschenfeind-
liche derselben nicht, das ihr zum Grunde eurer politischen Einrichtungen gelegt habet. — So würde,
dünkt mich, ein Mann wie Sokrates in unsern Tagen
denken, und aus diesem Gesichtspunkte angesehen, dürfte
ihm der Mantel der neuern Weltweisheit, den ich ihm
umgehangen, so unschicklich nicht lassen.

Der Beweis, daß die Materie nicht denken könne,
im zweiten Gespräche, haben folgende Betrachtungen
veranlasset. Cartesius hat gezeigt, daß Ausdehnung und
Vorstellungen von ganz verschiedener Natur sind, und
daß die Eigenschaften des denkenden Wesens sich nicht
durch Ausdehnung und Bewegung erklären lassen. Ihm
war dieses Beweises genug, daß sie nicht eben derselben
Substanz zugeschrieben werden können, denn nach einem
bekannten Grundsatze dieses Weltweisen kann eine Eigenschaft, die sich nicht durch die Idee einer Sache deutlich

lich begreiffen läßt, dieſer Sache nicht zukommen. Allein
dieſer Grundſaz ſelbſt hat vielfältigen Widerſpruch ge=
funden, und was die Eigenſchaften des ausgedehnten
und denkenden Weſens betrifft; ſo hat man den Beweis
gefordert, daß ſie nicht nur von diſparater Natur ſind,
ſondern ſich einander widerſprechen. Von Eigenſchaf=
ten, die ſich einander ſchnurſtra?s widerſprechen, ſind
wir verſichert, daß ſie nicht eben dem Subjecte zukom=
men können; allein von Eigenſchaften, die nichts mit
einander gemein haben, ſchien dieſes ſo ausgemacht noch
nicht.

Als ich die Immaterialität zu erweiſen hatte, ſtieß
ich auf dieſe Schwierigkeit; und ob ich gleich der Mey=
nung bin, daß der Grundſatz des Carteſius, deſſen ich
vorhin erwähnt, gar wohl auſſer Zweifel geſetzt werden
könnte; ſo ſahe ich mich dennoch nach einer Beweisart
um, die mit weniger Schwierigkeit nach der ſokratiſchen
Methode abgehandelt werden könnte. Ein Beweis des
Plotinus, den einige Neuere weiter ausgeführt haben,
ſchien mir dieſe Bequemlichkeit zu verſprechen.

„Einer jeden Seele, ſchließt Plotinus *), wohnet
„ein Leben (ein inneres Bewußtſeyn) bey. Wenn
„nun die Seele ein körperliches Weſen ſeyn ſollte; ſo
„müßten die Theile, aus welchen dieſes körperliche We=
„ſen beſtehet, entweder ein jeder, oder nur einige, oder

O 3

„gar

*) Ennead. 14. L. VII.

„gar keine derselben ein Leben (inneres Bewußtseyn)
„haben. Hat nur ein einziger Theil Leben; so ist dieser
„Theil die Seele. Mehrere sind überflüßig. Soll aber
„jeder Theil insbesondere des Lebens beraubt seyn; so
„kann solches auch durch die Zusammensetzung nicht er-
„halten werden; denn viele leblose Dinge machen zusam-
„men kein Leben aus, viele verstandlose Dinge keinen
„Verstand.„

In der Folge wiederholet Plotinus denselben Schluß,
mit einigen Veränderungen: „Ist die Seele körperlich,
„wie stehet es um die Theile dieses denkenden Körpers?
„Sind sie auch Seelen? Und die Theile dieser Theile?
„Gehet dieses anders immer so fort; so siehet man ja,
„daß die Größe zum Wesen der Seele nichts beyträgt,
„welches doch geschehen müßte, wenn die Seele eine kör-
„perliche Größe hätte. In unserm Fall würde jedem
„Theile die Seele ganz beywohnen, da bey einer körperlichen Größe kein Theil dem Ganzen an Vermögen gleich
„seyn kann. Sind aber die Theile keine Seelen; so
„wird auch aus Theilen, die keine Seele sind, keine
„Seele zusammengesetzt werden können.„ — Diese
Gründe haben allen Schein der Wahrheit; allein zur
völligen Ueberzeugung fehlt ihnen noch vieles. Plotinus
setzet als unzweifelhaft voraus, daß aus unlebenden
Theilen kein lebendes Ganze, aus undenkenden Theilen
kein denkendes Ganze zusammengesetzt werden könne.
Warum

Warum aber kann aus unregelmäßigen Theilen ein regelmäßiges Ganze, aus harmonielosen Tönen ein harmonisches Concert, aus unmächtigen Gliedern ein mächtiger Staat zusammengesetzt werden?

Ich wußte auch, daß nach dem System jener Schule, der ich zu sehr anhängen soll, die Bewegung aus solchen Kräften, die nicht Bewegung sind, und die Ausdehnung aus Eigenschaften der Substanzen, die etwas ganz anders, als Ausdehnung sind, entspringen sollen. Diese Schule also kann den Satz des Plotinus gewiß nicht in allen Fällen gelten lassen, und gleichwohl scheinet derselbe in Absicht auf das denkende Wesen seine völlige Richtigkeit zu haben. Ein denkendes Ganze aus undenkenden Theilen dünkt einem jeden der gesunden Vernunft zu widersprechen.

Um von diesem Satze also überzeugt zu seyn, war noch zu untersuchen, welche Eigenschaften dem Ganzen zukommen können, ohne daß sie den Bestandtheilen zukommen, und welche nicht. Zuerst fiel in die Augen, daß solche Eigenschaften, welche von der Zusammensetzung und Anordnung der Theile herrühren, den Bestandtheilen nicht nothwendig zukommen. Von dieser Art ist Figur, Größe, Ordnung, Harmonie, die elastische Kraft, die Kraft des Schießpulvers u. d. g. — Sodann fand sich auch, daß öfters Eigenschaften der Bestandtheile Erscheinungen im Ganzen hervorbringen, die,

O 4 unserer

unserer Vorstellung nach, von ihnen völlig unterschieden
sind. Die zusammengesetzten Farben scheinen uns den
einfachen unähnlich zu seyn. Wir fühlen die zusammengesetzten Gemüthsbewegungen ganz anders, als die einfachen, aus welchen sie bestehen. Wohlriechende Theile,
die gehäuft werden, erzeugen einen ganz verschieden scheinenden, zuweilen sehr unangenehmen Geruch, so wie
im Gegentheil durch Vermischung übelriechender Gum-
men ein angenehmer Geruch erhalten werden kann (s. Hal-
leri Physiol. T. V. p. 169. 170.). Der Dreyklang in der
Tonkunst, wenn er zugleich angestimmt wird, thut eine
ganz andere Wirkung, als die einzelnen Töne, aus welchen er bestehet.   .

Die Eigenschaften des Zusammengesetzten also, die
den Bestandtheilen nicht nothwendig zukommen, fliessen
entweder aus der Anordnung und Zusammensetzung dieser Theile selbst, oder sind bloße Erscheinungen, nehmlich die Eigenschaften und Wirkungen der Bestandtheile,
die unsere Sinne nicht aus einander setzen und unterscheiden können, stellen sich uns im Ganzen anders vor,
als sie wirklich sind. Nunmehr machte ich die Anwendung von dieser Betrachtung auf den Satz des Plotinus.

Das Vermögen zu denken kann keine Eigenschaft von
dieser Art seyn; denn alle diese Eigenschaften sind offenbar Wirkungen des Denkungsvermögens, oder setzen
dasselbe zum voraus. Die Zusammensetzung und Anordnung

nung der Theile erfordert ein Vergleichen und Gegeneinanderhalten dieser Theile, und die Erscheinungen sind
nicht sowohl in den Sachen aufer uns, als in unserer
Vorstellung anzutreffen. Beide Arten sind also Wirkungen der Seele, und können das Wesen derselben
nicht ausmachen. Daher kann aus undenkenden Theilen kein denkendes Ganze zusammengesetzt werden.

Auch der andere Theil des Beweises erforderte eine
weitere Ausführung. Es hat Weltweise gegeben, die
den Atomen der Körper dunkle Begriffe zugeschrieben,
woraus denn, ihrer Meynung nach, im Ganzen klare
und deutliche Begriffe entspringen. Hier war zu beweisen, daß dieses unmöglich sey, und daß wenigstens einer
von diesen Atomen so deutliche, so wahre, so lebendige
u. s. w. Begriffe haben müßte, als der ganze Mensch.
Ich bediente mir zu diesem Behufe den Satz, den Hr.
Plouquet, so schön ausgeführt, daß viele geringere
Grade zusammen keinen starkern Grad ausmachen.
Es giebt nehmlich eine Größe der Menge (quantitas
extensiva), die in der Menge der Theile bestehet, aus
welcher sie zusammengesetzt ist, und eine Größe der Kraft,
(quantitas intensiva), die auch Grad genennt wird.
Wenn mehrere Theile hinzukommen, so nimmt die Größe
von der ersten Art zu, aber der Grad erfordert eine innerliche Verstärkung, keine größere Ausbreitung. Man
gieße laulichtes Wasser zu laulichem Wasser; so wird die

Menge

Menge des Waſſers, aber nicht der Grad der Wärme
vermehret. Viele Körper, die ſich mit einer gleichen
Geſchwindigkeit bewegen, machen, wenn ſie zuſammen=
hängen, eine gröſſere Maſſe, aber keine gröſſere Geſchwin=
digkeit aus. Der Grad iſt in jedem Theile ſo groß, als
im Ganzen, daher kann die Menge der Theile den Grad
nicht verändern. Wenn dieſes geſchehen ſoll; ſo müſſen
die Wirkungen der Menge in Eine concentrirt werden,
da denn an innerer Stärke ſo viel gewonnen werden kann,
als die Ausdehnung abgenommen. So können viele
ſchwache Lichter Eine Stelle ſtärker beleuchten, viele
Brennſpiegel Einen Körper ſtärker in Brand ſetzen.
Je mehr Merkmale ein und eben daſſelbe Subject an
einem Gegenſtande wahrnimmt, deſto klärer wird die
Vorſtellung dieſes Subiects von dieſem Gegenſtande.
Es folget hieraus ſehr natürlich, daß alle dunkele Be=
griffe der neben einander ſeyenden Atomen zuſammen kei=
nen deutlichen, ja nicht einmal einen minder dunkeln
Begriff ausmachen können, wenn ſie nicht in einem
Subiecte concentrirt, von eben demſelben einfachen We=
ſen geſammelt und gleichſam überſehen werden.

Die mehreſten Gründe meines dritten Geſprächs ſind
aus Baumgartens Metaphyſik und Reimarus vor=
nehmſten Wahrheiten der natürlichen Religion ent=
lehnt. Von dem Beweiſe aus der Harmonie unſerer
Pflichten und Rechte habe ich bereits in dem Vorbe=
richte

richte erinnert, daß ich ihn noch nirgend gefunden habe.
Ich setze dabey zum voraus, daß die Todesstrafen in ge=
wissen Fällen Rechtens sind. Nun scheinet aber der
Marquis Beccaria in seiner Abhandlung von den Ver=
brechen und Strafen diesen Satz in Zweifel zu ziehen.
Da dieser Weltweise der Meynung ist, daß sich das Recht
zu strafen einzig und allein auf den gesellschaftlichen Ver=
trag gründe, woraus denn die Unrechtmäßigkeit der To=
desstrafen freylich folget; so habe ich die Meynung selbst,
in dieser zwoten Auflage, in einer Anmerkung zu widerle=
gen gesucht. Der Marquis selbst kann sich nicht entbre=
chen, die Todesstrafe in einigen Fällen für unvermeidlich zu
halten. Er will zwar eine Art von Nothrecht daraus ma=
chen; allein das Nothrecht muß sich auf eine natürliche Be=
fugniß gründen, sonst ist es bloße Gewaltthätigkeit. Ueber=
haupt ist wohl der Satz nicht in Zweifel zu ziehen, daß alle
Verträge in der Welt kein neues Recht erzeugen; son=
dern unvollkommene Rechte in vollkommene verwandeln.
Wenn also die Befugniß zu strafen nicht in dem Rechte
der Natur gegründet wäre; so könnte solches durch kei=
nen Vertrag hervorgebracht werden. Gesetzt aber, das
Recht zu strafen sey, ohne Vertrag, ein unvollkomme=
nes Recht, wiewohl ich dieses für ungereimt halte; so
verliert mein Beweis dennoch nichts von seiner Bün=
digkeit, denn vor dem Richterstuhle des Gewissens sind
die unvollkommenen Rechte eben so kräftig, die unvoll=

kommne

kommenen Pflichten eben so verbindlich, als die vollkommenen. Ein unvollkommenes Recht, jemanden am Leben zu
strafen, setzet wenigstens eine unvollkommene Obliegenheit
voraus, diese Strafe zu leiden. Diese Obliegenheit wäre
aber ungereimt, wenn unsere Seele nicht unsterblich wäre.

In der Neuen Biblioth. der schönen Wissenschaften
(B. VI.) findet sich eine ausführliche Anzeige und Be-
urtheilung des Phädons, die vortrefliche Anmerkungen
enthält. Die Gedanken über das philosophische Dialog,
die der Recensent vorausschickt, können zum Muster dienen, wie ein Kunstrichter sich als Sachverständigen rechtfertigen sollte, bevor er meistert. — Daselbst wird wider den Beweis von der Collision der Pflichten erinnert,
daß er einen Zirkel enthalte. „Daß es eine Pflicht sey,
„wird gesagt (S. 331.), für irgend jemanden der Erhal-
„tung unsers Lebens zu entsagen, wissen wir ja nirgends
„anders her, als weil wir höhere Endzwecke als das Le-
„ben zu kennen glauben; würde dieses als ein Irrthum
„bewiesen; so fielen jene Pflichten weg, und mit ihnen
„zugleich der Widerspruch.„ Ich glaube hierdurch auf
keinerlei Weise widerlegt zu seyn. Der Beweis kann
verschiedene Wege nehmen, die ohne Zirkel zum Ziele
führen. Einmal gehe man von der Verbindlichkeit zum
geselligen Leben aus. Diese kann unabhängig von der
Unsterblichkeit der Seele erwiesen werden, gründet sich
also, wie alle moralische Wahrheiten, auf metaphysische
Sätze.

Säße. Der Ausführung hiervon wird man mich hoffent-
lich überheben, da sie mich offenbar zu weit führen würden, und diese Säße von andern schon hinlänglich bearbeitet worden sind. Nun kann keine menschliche Gesellschaft bestehen, wenn das Ganze nicht in gewissen Vor-
fällen das Recht hat, das Leben eines ihrer Glieder
dem gemeinen Besten aufzuopfern. Diesen Saß hat
Epikur, Spinoza und Hobbes nicht läugnen können, ob
sie gleich keine höhere Endzwecke, als das Leben, erkennen wollten. Sie sahen wohl ein, daß kein geselliges
Leben unter den Menschen statt finden könne, wenn dem
Ganzen dieses Recht nicht eingeräumt würde. Allein
da die Begriffe von Recht und Pflicht nicht entwickelt
genug waren, so merkte man nicht, daß dieses Recht
auch auf Seiten des Bürgers die Pflicht voraus setzet,
sich dem Wohl des Ganzen aufzuopfern, und daß diese
Pflicht der Natur nicht gemäß sey, wenn die Seele
nicht unsterblich ist.

Ich kann auch, wie in dem letzten Gespräche geschse-
hen, von der Gerechtigkeit eine Beleidigung zu ahnden,
ausgehen, die in der That auch im Stande der Natur
dem Menschen zukommen muß, wie in der Note zu
S. 195. ausgeführt worden. Der Recensent macht
zwar wider meine Gründe folgende Erinnerung. „Das
„Recht der Wiedervergeltung in dem natürlichen Zu-
„stande, und das Recht zu strafen in der bürgerlichen

„Gesell-

„Gesellschaft sind in der That zwey verschiedene Rechte.
„Das erste bezieht sich blos auf die Person, die beleidiget
„hat, ihr das Vermögen und den Willen zu benehmen,
„uns künftig wieder zu beleidigen: das andere gehet
„auch auf alle übrige Personen der Gesellschaft, die uns
„nicht beleidiget haben, sie von dem Verbrechen, durch
„die Erfahrung der physischen Uebel, die sie daraus zu
„erwarten haben, abzuschrecken; das erste gründet sich
„lediglich auf das Recht sich zu vertheidigen, oder
„ist vielmehr mit demselben einerley; bey diesem aber
„bleibt dem Beleidiger selbst das Recht, sich auch
„unsrer Rache entgegen zu setzen; das andere gründet
„sich auf die freywillige Uebertragung aller seiner voll=
„kommenen Rechte an die Gesellschaft; wodurch also auf
„Seiten des Beleidigers das Recht aufgehoben wird,
„sich gegen die Rache zu vertheidigen, die von der gan=
„zen Gesellschaft herkommt u. s. w.‟ Allein ich sehe
nicht ein, wie ihm diese Unterscheidungen eingeräumt
werden können. Das Recht der Widervergeltung in
dem natürlichen Zustande? Ich kenne kein Recht der
blossen Vergeltung, oder der Rache, in der menschlichen
Natur, das Böses thut, weil Böses geschehen ist, wo=
durch das physische Uebel vermehrt wird, ohne mora=
lisch Gutes zu befördern. Und warum soll der Mensch
im Stande der Natur nicht die Absicht haben dür=
fen, andere von Beleidigungen abzuschrecken? Gehört
etwa

etwa hiezu ein gesellschaftlicher Vertrag? Muß der
Mensch erst einen Theil seiner Rechte an die Gesellschaft übertragen haben, bevor er andern zeiget, daß er
eine Beleidigung zurück geben kann? — Endlich hebet
das Gegenrecht, das den Beleidigern zukommen soll, sich
der Rache zu widersetzen, offenbar die Harmonie der moralischen Wahrheiten auf, und setzet einen Fall fest, wo
das Recht auf beiden Seiten gleich seyn kann, wo die
Stärke also nothwendig entscheiden muß, einen natürlichen Zweykampf. Einen Satz, der in dem System
der moralischen Wahrheiten Unordnung anrichtet, halte ich für nicht minder ungereimt, als wenn die Harmonie metaphysischer Wahrheiten dadurch gestört werden
sollte. Diese Dissonanz zu vermeiden, müssen wir auch
im Stande der Natur von Seiten des Beleidigers eine
Pflicht annehmen, die Ahndung zu dulden. — Käme
dem Beleidiger im Stande der Natur ein Recht der
Vertheidigung zu; so würde es auch in der Gesellschaft
nicht ohne Wirkung bleiben können. Denn wenn der
Beleidigte sein Recht der Vergeltung und der Beleidiger sein Recht der Vertheidigung an die Gesellschaft
übertrüge; so würde sie sich einander aufheben, und es
könnte keine Strafe erfolgen. Es ist also nicht möglich,
die moralische Welt von Widersprüchen zu befreyen,
wenn man kein zukünftiges Leben gestatten will.

Daß

Daß es aber Fälle gebe, wo die Todesstrafe das einzige Mittel ist, künftige Beleidigungen zu verhüten, hat Beccaria selbst nicht in Zweifel gezogen, wiewohl er mit Recht sie für so häufig nicht hält, als in den eingeführten peinlichen Rechten angenommen wird. Ueberhaupt hält die Strafe mit dem Verbrechen gleiche Schritte. Wie dieses keine Grenzen kennet, so auch jene, und es ist kein Grad so hoch, den sie nicht erreichen könne. Es giebt auch zwischen Marter und Tod keine bestimmte Schranken, die man der Strafgerechtigkeit anweisen konte; daher wenn in einigen Fällen erlaubt ist, jemanden zur Strafe zu peinigen; so muß es auch Fälle geben, in welchen es erlaubt ist, zur Strafe zu tödten, weil von Marter zum Tode ein allmäliger Uebergang ist, der nirgend durch bestimmte Grenzen unterbrochen wird. — Was der Recensent in der Folge noch erinnert, daß zwar aus der Natur der Dinge auf das Recht, nicht aber aus dem Rechte auf die Natur der Dinge geschlossen werden könne, scheinet mir so nothwendig nicht. Wenn der Rückgang in einem Zirkel geschiehet; so ist er verboten. Wenn aber in der Einrichtung der Natur von meinem Gegner manches zugegeben, und manches geläugnet wird, soll ich nicht von dem Zugegebenen auf das Recht, und von dem Rechte auf den Theil der Natureinrichtung schließen können, der nicht hat zugegeben werden wollen?

Moses Mendelssohns

Abhandlung

von der

Unkörperlichkeit

der

menschlichen Seele.

Izt zum erstenmal zum Druck befördert,

————————

Wien 1785.

Bey Sebastian Hartl, Buchhändler und
Buchbinder in der Singerstrasse.

Vorbericht des Herausgebers.

———————

Der Gegenstand philoso-phisch, und der Verfasser Herr Mendelssohn, dächte ich, wäre eben so viel gesagt, als ein vollständig gutes Werk. Das aller gelehrten Welt bekannte Erhabene des mendels-sohnschen Geistes würde hier nur verdunkelt werden, wenn man zur Empfehlung dieser Abhandlung

über

über die Unkörperlichkeit der menschlichen Seele in Lobsprüche des Verfassers sich einlassen wollte.

Den Ursprung dieser Schrift haben wir einer preußisch-königlichen Hochheit zu verdanken, die bisherige Zurückhaltung derselben aber der herablassenden Bescheidenheit des Herrn Verfassers zuzuschreiben. Zu erzählen, wie sich die ganze Sache ereignete, wäre eine Beleydigung beyder erlauchten Geister; die Beleydigung für jedem insbesondere in ihrem ächten Verstande genommen.

Nach-

Nachdem ich diese Schrift schon in lateinischer Sprache herausgab, und der Herr Verfasser durch seinem Freund R * * mich versichern ließ, daß ihm meine Uibersetzung nicht mißgefallen habe, so nahm ich mir die Freyheit, selbe auch im deutschen Original abdrucken zu lassen. Ich habe hiemit nicht mich für meine mit der Uibersetzung gehabte Mühe, sondern die gelehrte Welt für die bey der Lesung meiner Uibersetzung gehabte Gedult schadlos halten wollen.

Warum ich den Eingang, den der Herr Verfasser in diese Abhandlung machte, weggelassen habe?

be? Herr Mendelssohn wird
verläßig die Ursache leicht einsehen, nnd mir es verzeihen: die gelehrte Welt aber verliert am Werth
eben nichts dabey.

Wien den 1. März 1785.

J. G.

Erste Frage:

Kann die Materie in sich selbst die Kraft zu denken haben?

Ich glaube, die Unmöglichkeit sey er=
wiesen, und die Einwürfe wider die da=
von geführte Beweise betreffen meistens
nur Ausdrücke, die man nicht vorsichtig
genug wählen kann, weil die Sprache
selbst für die Subtilligkeit dieser Unter=
suchung zu ungelenkig ist. — Unter an=

dern

dern hat mir folgende Beweisesart sehr
überzeugend geschienen. Man setzet als
zugestanden voraus; daß die Vorwürfe
in der Natur, das heißt, ausserhalb den
denkenden Wesen jeder für sich sein eigenes Daseyn hat. Ihre Verbindung gründet sich auf wechselsweise Verhältnisse
und Beziehungen, die nicht in den Objekten allein anzutreffen sind, sondern um
zu seyn erst gedacht werden müssen. Ein
Haus z. B. ist als Vorwurf genommen
von einem Steinhaufen nicht unterschieden. Wenn aber das denkende Wesen
hinzu kömmt, die Theile vergleichet, und
ihre Verhältnisse zum Ganzen wahrnimmt,
so nimmt es in einem Steinhaufen Unordnung, in einem Gebäude aber Symmetrie und Regelmäßigkeit gewahr. Ein
wohlgeordneter Staat; und ein Haufe
zusammengelaufenen Volks worinn un-

ter

terscheiden die sich? Bloß durch die Verhältnisse und regelmäßige Beziehungen
auf das Ganze, die aber nicht in jedem
Bürger, wie er objektive existiret; sondern in der Vergleichung eines jeden mit
allen übrigen anzutreffen ist. — Vater
und Sohn, Stammen und Frucht sind
an und für sich isolirte Geschöpfe, aber
in ihrem Verhältnisse als Ursache und
Wirkung betrachtet, stehen sie in Verbindung.

Gesetzt, jedes Objekt werde auch in
einem besonderem Theile der denkenden
Materie eingedrückt, so hat jeder Eindruck, so wie jeder Vorwurf sein isolir-
tes Daseyn. Wenn nun z. B. A. B. C.
D. Objekte, und a. b. c. d. Theilchen
der denkenden Materie sind, so wird jedes denkende Atom a. sich den ihm zusa-

gen-

genden Vorwurf A. vorstellen, u. s. w.
Wo werden aber die Verhältnisse und
Beziehungen dieser Objekte wahrgenom=
men werden? Nicht in einem von die=
sen Atomen; denn jedes kennet nur sei=
nen Gegenstand, und zu den Verhält=
nissen muß jedes mit allem verglichen
werden. Auch nicht in allen zusammen=
genommen; denn das zusammennehmen
selbst setzet ein Wahrnehmen der Bezie=
hungen und Verhältnisse voraus, ohne
welches jedes ewig für sich bleibet, und
mit andern kein Ganzes ausmacht. Wir
müssen also zum Wahrnehmen der Ver=
hältnisse und der Beziehungen, die eine Ver=
gleichung erfordern, ausser den Theilchen
a. b. c. d. noch ein besonderes Theilchen
der denkenden Materie e. z. B. anneh=
men, dem wir dieses Geschäfte auftra=
gen. Dieses Theilchen würde die Ein=
brü=

drücke an den Vorwürfen A. B. C. D.
alle haben müssen, um sie mit einander
vergleichen zu können. Wenn dieses kleine Theilchen c. wiederum aus kleinen
Theilchen bestünde, so würden sich die
Eindrücke abermals entweder zerstreuen,
oder jedes kleinere Theilchen sie alle besitzen müssen. In dem ersten Falle verschwindet die Möglichkeit der Gegeneinanderhaltung; in dem letzteren aber müssen wir doch am Ende auf ein untheilba-
res kommen, das die Eindrücke aller
Vorwürfe A. B. C. D. vereiniget, und
zugleich die Fähigkeit hat sie miteinander
zu vergleichen, und ihre Verhältnisse,
und gegenseitige Beziehungen wahrzu-
nehmen.

Dieses untheilbare, einfache Wesen,
das alle Eindrücke aufnimmt, das sie

gegeneinander halten, auf einander beziehen, und mit einander vergleichen kann, ist von der theilbaren, zusammgesetzten Materie wesentlich unterschieden. Wir nennen es zum Unterschelde S e e l e.

Ich kann dem Gegner die Wahl lassen, ob er die Materie aus lauter solchen untheilbaren denkenden Atomen bestehen, oder nur eine einzige, untheilbare, denkende Substanz in die organisirte Materie setzen will, welche von allen Objekten Eindrücke annimmt und vergleichet. In beyden Fällen ist es nicht Materie, oder das zusammengesetzte Wesen, welches denkt, sondern das einfache, das untheilbare, nur das wir in dem ersten Falle, anstatt die Seele mit den Materialisten zu einem körperlichen Wesen zu machen, vielmehr den Körper selbst

selbst in eine Sammlung von Seelen verwandeln. Mit einem Worte: zum Denken muß vieles in einem versammelt werden; die Materie aber ist niemals eine Substanz, denn sie besteht aus trennbaren Theilen, deren jedes für sich bestehen kann.

Zweyte Frage:

Wenn die Materie auch ihrer Natur nach des Denkens unfähig ist, kann ihr der Allmächtige nicht diese Eigenschaft mittheilen?

Dieser Einwurf pflegt durch das Ansehen eines grossen Mannes unterstützet zu werden. Locke hat ihn irgendwo in seinen Schriften vorgebracht, und seit der Zeit ist er von manchem Schriftstel-

ler

ler wiederholet worden, mit einem Triumphe wiederholet worden, als wenn sich gar nichts darauf antworten liesse. Allein ich glaube, der Engeländer selbst hat seinen Einfall für so unüberwindlich nicht gehalten.

Die Carthesianer lehrten: wenn der Körper des Denkens fähig seyn sollte, so müßte sich durch Ausdehnung und durch Bewegung die Natur der Gedanken begreiflich machen lassen. Nun sind aber Gedanken und Ausdehnung, Bewegung und das Wahrnehmen, oder inneres Bewußtseyn der Bewegung von ungleicher Natur, von disparaten Eigenschaften; denn man mag die Theilchen versetzen und verbinden, wie man will, so entstehet daraus noch kein Begrif, keine Vorstellung von der Versetzung, kein

Wahr-

Wahrnehmen der dadurch erzeugten Ver=
änderung. Daraus schlossen sie also,
daß das Ausgedehnte bloß beweglich sey,
das Denken aber einer nicht ausgedehn=
ten Substanz, die der Bewegung unfä=
hig ist, zukommen müsse.

Da man durch diese Gründe nur zu
beweisen schien, daß die Gedanken der
Materie nicht natürlich sind, so fragte
Locke mit Recht, ob nicht die Allmacht
der Materie eine Kraft verleihen könnte,
die sie von selbsten nicht haben würde?

Wenn aber das wahr ist, was in
Vorhergehenden ist bezeigt worden, wenn
zum Denken viele Substanzen in einer
einzigen durch die Vorstellung zusammen
kommen müssen, und die Materie nie=
mals aufhört aus vielen zu bestehen;
so

so ist das Denken der Materie so schlechterdings unmöglich, so unmöglich es ist,
daß ein Viereck zugleich ein Zirkel seyn
sollte.

Sich in einem solchen Fall auf die Allmacht berufen hieße mit jener guten Frau,
ohne in eine Lotterie gesetzt zu haben,
sich den höchsten Gewinnst wünschen;
denn bey Gott ist alles möglich.

Ich leugne es indessen nicht, daß selbst
nach der angeführten Carthesianischen
Methode der Zweifel des englischen Weltweisen auf eine sehr einleuchtende Weise
gehoben werden könne. Man kann beweisen, daß die Eigenschaften sich nicht
mittheilen lassen, und daß die Allmacht
selbst keinem Wesen eine Eigenschaft zu-
legen kann, die ihm seiner Natur nach
                                nicht

nicht zukömmt. Ich werde hier ein Ge=
spräch herseben, das über diesem Punkt
zwischen Hylas und Philonous vorge=
fallen, in welchem der letztere diesen Ge=
danken durch ein in die Augen leuchten=
des Gleichniß ausführt:

Hylas.

Und wenn auch die Materie an und
für sich nicht denken kann, wird ihr die
Allmacht Gottes nicht die Kraft zu den=
ken mittheilen können?

Philonous.

Wir wollen sehen. Die Allmacht läßt
am Dorne Rosen wachsen; wie fängt
sie dieses an? Erschaft sie etwa jährlich
in der Rosenzeit frische Knospen aus
dem Nichts, und befestigt sie an den
Strauch?

Hy=

Hylas.

Das thut sie nicht; sie hat vielmehr in den Dorn den Saamen gelegt, aus welchen zu ihrer Zeit Rosen hervorsprossen.

Philonous.

Wer den Rosensaamen zergliedern, und seinen inneren Bau mit mikroskopischen Augen betrachten kann, wird er nicht deutlich einsehen, wie aus dem fein organisirten Saamen durch die Entwicklung Rosen aufblühen können?

Hylas.

Wenn seine Sinne zart, oder die Instrumente vergrösserend genug sind.

Philinous.

Wenn aber die Allmacht am Rosenstocke, der nur Rosensaamen führet, Zitronen wollte wachsen lassen, würde sie nicht diese dem Strauche unnatürliche

Früch-

Früchte besonders erschaffen , und an
den Stängeln befestigen müssen?

Hylas.

Nicht anders; aber alsdenn würden
die Früchten nur am Rosenstocke zu wachsen scheinen, nicht wirklich wachsen.

Philinous.

Mehr als einen blossen Schein, dünkt
mich , kann die Allmacht selbst in diesem
Fall nicht erhalten , sie müßte denn den
Rosendorn in einen Zitronenbaum verwandeln, das heißt, nach der Sprache
einer gesunden Philosophie , den Rosendorn vernichten, und einen Zitronenbaum
an die Stelle setzen.

Hylas.

Es verstehet sich, daß in diesem Fall
die Allmacht noch weit weniger ihren
Endzweck erreichen würde.

Phi-

Philonous.

Sie wird also die Zitronen erschaffen,
und mit dem Rosenstrauche verbinden.
Wie aber? der Stamm führet ja keine
Zitronensäfte, woher werden die Früchte
ihre Nahrung nehmen?

Hylas.

Die Allmacht würde sie aus der Luft,
oder sonst woher versorgen müssen.

Philonous.

Gut! wenn also der Stock vergehet,
haben die Zitronen mehr als ihre Stütze
verlohren?

Hylas.

Sicherlich nicht, da sie den Stammen
weder hervorgebracht, noch genähret hat;
aber was thut dieses zu meiner vorgeleg-
ten Frage?

Phi=

Philinous.

Ich glaube von ihrer Auflösung nicht weit entfernt zu seyn. Man hat mir eingeräumt, daß die Materie an und für sich nicht denken könne; das heißt, daß sie vermöge ihrer inneren Struktur unendlicher Gestalten, Farben, und Bewegungen, aber keines Gedanken fähig sey.

Hylas.

Richtig! ich gebe es zu, daß Descartes dieses so gut, als erwiesen hat.

Philinous.

Der Grund zu den Gedanken ligt also nicht in der Materie, so wenig, als Zitronensaamen im Rosendorne. Aber Gott soll der Materie die Kraft zu denken mittheilen, muß er nicht diese Kraft besonders erschaffen, und mit der Materie verbinden?

Hy=

Hylas.

Nicht anders; so wie wir an unserm Beyspiel gesehen.

Philonous.

Dadurch aber erlanget die Materie nur dem Scheine nach die Kraft zu denken, und sie kann ihr in der That so wenig eigenthümlich werden, als am Rosenstocke wirklich Zitronen wachsen können.

Hylas.

Ich muß auch dieses zugeben.

Philonous.

Die Frage war also nicht, ob die Allmacht der Materie die Eigenschaft zu denken mittheilen könne; denn dieses ist unmöglich: sondern ob sie nicht eine Kraft zu denken erschaffen, und mit der Materie verbinden könne; und siehe, mein Freund! dieses hat sie wirklich gethan.

than. Sie hat mit gewissen Portionen
von organisirter Materie eine besonders
erschaffene Kraft zu denken verbunden,
und beyde zusammen machen das leben=
dige Thier aus. Wie die Früchte zu
einem fremden Stamme, so verhält sich
die Kraft zu denken zur organisirten Ma=
terie. Am Ende kann diese vergehen,
ohne daß jene mehr als ihre Stütze ver=
liehret.

Drit=

Dritte Frage:

Sollte die Seele nicht mit dem Kör=
per vergehen? Sie wachset mit dem=
selben, leidet mit demselben, richtet
sich in allen ihren Veränderungen
nach demselben, und im Alter wird
sie schwächer, so wie der Körper
nach und nach abnimmt. Ein der=
ber Schlag auf die Hirnschale ver=
wandelt das größte Genie in einen
Dummkopf. Sollte nicht die Kraft
zu denken ganz aufhören, wenn der
Körper nicht mehr ist?

Ich habe Spiegel in meinem Zimmer,
in welchen sich alles abbildet, was in
dem Zimmer vorgehet. Die Bilder in
demselben richten sich nach den Gegen=
ständen in Absicht auf ihre Lage, Far=

be,

be, Grösse, Figur, und Bewegung.
Aber die Spiegel haben ihr besonders
Daseyn, und hangen in Absicht auf die-
selben nicht von den Gegenständen ab.

Sollte es mit der Seele des Menschen
eine andere Beschaffenheit haben?

Es scheinet nicht. Sie stellet sich alles treulich vor, was irgendwo im Gehirne, da wo der Sammelplatz der Empfindung seyn mag, vorgehet; dieses
deutlich, jenes dunkel; dieses mit leb-
haften, jenes mit schwächeren Farben;
manches mit Lust, manches mit Unlust,
nachdem das materiale Bild, oder der
Eindruck im Gehirne diese oder jene Beschaffenheit hat. So lange diese materiale Bilder jedes seinen angemessenen Grad
von Licht und Stärke hat, siehet auch

die

die Seele das Hervorstehende und Lebhafte in dem Bilderreiche mit Bewußtseyn, oder in einer Erhellung, in welcher sich auch die Theile unterscheiden
lassen; das übrige aber zeigt sich ihr in
einer allmähligen Abnahme von Licht und
Schatten, die ihrer Fähigkeit sehr angemessen ist. In diesem Zustande hat sie
auch das Vermögen zu denken, das ist,
ihre Aufmerksamkeit, auf welchen Theil
des Vorwurfs ihr gutdünkt, mit Freyheit zu richten, die Begriffe abzusondern,
mit willkührlichen Zeichen zu verbinden,
und sie nach Belieben zu zergliedern, zu-
sammenzusetzen, mit dem Vergangenen
zu vergleichen, und das Zukünftige zu
vermuthen. Sind die materiälen Bilder im Gehirne zerrüttet, und ihr Hell-
dunkel mit der Wahrheit nicht übereinstimmend; so wird die Seele nach sehr

rich-

richtigen Regeln und falschen Berichten
nicht anderst als auf falsche Folgen kommen können. So scheinet es dem Wahn-
sinnigen und Fieberkranken zu gehen.
Räumet dem Wahnwitzigen das ein,
was er durch die Evidenz der Sinnen
nicht in Zweifel ziehen zu können glaubet;
so werdet ihr auch den größten Theil
seiner Folgen zugeben müssen, die euch
nur unsinnig schienen, so lange ihr die
Voraussetzung nicht wisset, zu welcher
die Seele durch die falsche Berichte der
materiälen Begriffe verleitet worden.

Sind aber die Farben gleichsam ver-
loschen, dergestalt, daß alle Bilder ohn-
gefähr gleiches Licht haben, und keines
merklich hervorsticht, so höret das Bewußtseyn der Seele auf, und zugleich
ihre Herrschaft über die Aufmerksamkeit.

Die-

Dieses geschiehet, wie es scheinet, im Schwindel, im Schlafe, und in der Ohnmacht: daß sich alle Vorstellungen der Seele in diesem Zustande völlig verliehren sollten, ist nicht möglich. Wenn ein starker Eindruck in die Sinne den Schlafenden aufwecket; so muß der Schwächste nicht unterlassen, wenigstens eine sehr schwache Empfindung zu erregen. So auch mit dem Ohnmächtigen: wenn der flüchtigste Geist, oder ein Stich in die Haut ihn wieder zu sich bringen können, so muß der unmerklichste Geruch, die leiseste Berührung der Haut eine ihr angemessene Wirkung im Gehirne, und folglich auch in der Seele hervorbringen. Das Starke, und Schwache ist sich, der Natur so wie der Wirkung nach, gleich, und nur dem Grade nach unterschieden. Wenn die

star=

starke Ursach eine Wirkung zeuget, so
kann auch die schwächste Ursach nicht ganz
ohne Wirkung seyn. Da nun die Glied=
massen der Sinne eines Betäubten, ei=
nes Ohnmächtigen, eines Schlafenden
nicht ganz ohne Eindrücke sind, so müs=
sen diese, so schwach sie auch immer seyn
mögen, im Gehirne einige Veränderung
hervorbringen, und diese Vorstellungen
erzeugen aber schwache, der Ursach ge=
mässe, unter welchen sich keine ausnimmt,
und die Aufmerksamkeit auf sich lenkt.
Daher die Betäubung, der Mangel des
Bewußtseyns und der Besinnung in die=
sem Zustande; der auch aufhören muß,
sobald ein Gegenstand mit Heftigkeit in
die äussere Sinne wirkt, und einen Ein=
druck von ausnehmender Stärke hervor=
bringt. Daher das größte Genie in ei=
nen Dummkopf verwandelt werden kann,

wenn

wenn durch eine gewaltsame Erschütte-
rung des Gehirns die Bilder verrücket,
in Unordnung gebracht, in ein schwaches,
oder gar falsches Licht gesetzet worden
sind. Der grosse Geist wird im Wachen
nicht viel anders seyn, als er sonst im
Schlafen gewesen ist.

Alle Veränderungen im lebendigen
Körper beweisen also nur, daß die Gedanken mit den sinnlichen Eindrücken im
Gehirne in Verbindung stehen. Aber
wo im Gehirne?

Die Erfahrung lehret, daß man an-
sehnliche Stücke vom Gehirne ohne Ver-
letzung der Seelenkräfte verliehren kann,
zur Verwunderung für diejeni en Weltweisen, die schon jeder Portion des Gehirns ihre Seelenkraft, und beynahe

je-

jeder Fiber ihren Begrif angewiesen haben. Man sahe nunmehr wenigstens,
daß das Gehirn nicht allenthalben eine
Werkstatt der Seele seyn kann. Andere,
die einen bestimmten Theil des Gehirns
zum Sammelplatz der Empfindung an-
gegeben haben, sind nicht weniger durch
die Erfahrung widerleget worden. Man
kennet noch fast keine Stelle im Gehirne,
die nicht hätte weggenommen, verhärtet,
aufgelöset, oder verweset seyn können,
ohne daß der ganze Tod unmittelbar
darauf gefolget wäre. Eine harte Er-
schütterung des Gehirns scheinet die Werkzeuge des Lebens und der Empfindung
mehr zu verletzen, als die Beschädigung
oder Hinwegnehmung irgend eines Theils
des Gehirns selbst. Gleichwohl können
wir aus allen, was wir von der menschlichen Natur wissen, nicht anders schlief-

sen

fen, als daß die Empfindungen aller
Sinnen vermittelst der Nerven irgendwo
im Gehirne zusammenlaufen und sich ver=
einigen müssen.

Die Zergliederung von der einen Sei=
te giebt den größten Anlaß dieses zu ver=
muthen, und die Natur der sinnlichen
Erkenntniß setzet es ausser allen Zweifel.
Ja nach der Voraussetzung der Mate=
rialisten ist dieses noch nothwendiger;
denn wenn die Eindrücke des Gesichts
und des Gefühls z. B, nicht irgendwo
in der Materie zusammen kämen, wie
könnte die denkende Materie sie mitein=
ander vergleichen, wie doch augenblick=
lich geschehen muß, wenn wir die Ur=
theile des einen Sinns durch dem an=
dern Sinn verbessern und berichtigen.

Ich

Ich halte es nicht für unmöglich, daß irgend ein unsichtbarer Theil im Gehirne, den die Zergliederer vielleicht vergebens suchen, der Vereinigungspunkt aller Eindrücke seyn könne. Der kleinste Theil der Materie kann noch zusammengesetzet, und mannigfaltig genug gebildet seyn, um alle diese Eindrücke anzunehmen; ja nach den Begriffen, die ich mir von der Materie mache, getraue ich mir nicht mit Gewißheit zu behaupten, daß nicht die kleine wundervolle Maschine in Nervensaft anzutreffen, und das Gehirn selbst blos die Werkstatt seye, in welcher dieser empfindende und bewegende Lebenssaft abgesondert und zubereitet werde. Von dieser Werkstatt des Nervensafts — — jedoch es ist hier der Ort nicht, diese Hypothese auseinander zu setzen. Wenn ich sie noch so

e   wahr-

wahrscheinlich machen könnte, so würde
ich mich dennoch nicht getrauen auf der=
selben weiter fortzubauen, oder sie für
mehr als eine bloße Hypothese zu halten.
Man nehme an, welche Vermuthung
man will, oder welches noch rathsamer
ist, man lasse die Frage den Vergnü=
gungsort der Empfindungen betreffend
noch dahingestellet seyn, so scheinet doch
dieses wenigstens ausgemacht, daß von
dem Untergange des Körpers, von dem
Verwesen des sichtbaren Gehirns nicht
auf dem Untergang, oder die Verwe=
sung der Seele zu schliessen sey. Ein
beschädigtes Glied, ein gereizter Nerv
kann die Seele durch die Schmerzen,
die er verursachet, verwirren, oder durch
angenehme Empfindungen vergnügt ma=
chen; aber ein abgesondertes Glied, ein
zertrümter Nerv steht mit der Seele in

kei=

keiner Verbindung mehr, und läßt sie
gleichgültig. Das Gefühl verbreitet sich
auf alle Nerven, die mit dem eigenthümlichen Werkzeuge der Seele ein Ganzes
ausmachen, und ziehet sich gleichsam
aus allen Theilen zurück, die vom Ganzen abgesondert werden. Nicht anders
ist es mit dem Gehirne. So lange es
das Werkzeug der Seele ist, muß diese
alle Unordnung fühlen, die in jenen vorgehen. Durch die Verwesung höret es
auf, mit der Seele in Gemeinschaft zu
stehen, und verliehret die Eigenschaft eines Werkzeuges der Empfindungen. Die
Seele kann nicht, wie das Gehirne, aufgelöset werden; denn sie bestehet nicht,
wie das Gehirne, aus kleineren Theilen,
die nach den Gesetzen der körperlichen
Natur zusammenhangen. Sie ist eine
unzertrennliche Einheit, die den Gesetzen

der Mechanik nicht unterworfen seyn
kann. Entweder sie muß völlig in Nichts
verwandelt werden, oder sie schränkt sich
auf ein feines Werkzeug ein, das mit
dem Gehirne nicht zugleich aufgelöset
werden kann, und vielleicht, wie überhaupt in der Natur zu geschehen pflegt,
mit der Verwesung des Gehirns, eine
neue Organisation annimmt. In der
gesammten Schöpfung geschieht keine
Trennung ohne eine neue Zusammensetzung, keine Zerstörung einer Form,
ohne daß in den unsichtbaren Theilen derselben sich eine neue Form zu bilden anfange, die mit der Zeit sich dem Sinne
offenbaret. Jeder Untergang zielet auf
eine Entstehung, jeder Tod bahnet den
Weg zu einem neuen Leben.

Wenn

Wem diese Vermuthung zu kühn scheinet, dem bleibet kein andrer Weg, als die Seele schlechterdings vernichtet werden zu lassen, denn auf keine andre Weise kann ein einfaches Wesen aufhören zu seyn; und eine Kraft zu denken muß entweder wirklich denken, oder aufhören zu seyn. Allein wo finden wir Vernichtung in der ganzen Natur? — Welches Stäubchen gehet in dem gesammten Weltall verlohren? — Welches Wesen höret auf zu seyn? — Welche ursprüngliche Kraft verlieret ihre Thätigkeit? — Das Zusammengesetzte wird aufgelöset, ein Theil wird von dem andern in Bewegung gesetzt, eine Kraft von der andern in ihrer Richtung verändert. Bald kommen Grundkräfte zusammen innere Thätigkeit des Ganzen zu bilden; bald wird die Thätigkeit des Ganzen wieder in ih-

re Grundkräfte aufgelöset; aber Zernichtung übersteigt die Kräfte der gesammten
Natur. Alle Weltkörper zusammengenommen können kein Sonnenstäubchen in
Nichts verwandeln, können die Bewegungskräfte eines Atoms nicht unterdrü-
cken. Sie werden auf dasselbe wirken,
aber nicht ohne von demselben durch eine
verhältnißmässige Gegenwirkung in etwas verändert zu werden. So gering
diese Veränderung auch seyn möchte, so
beweiset sie doch das Daseyn des Gegen-
wirkenden, und die Aeußerung seiner
Kraft, die der ganzen Natur unüberwindlich ist. Zwischen seyn, und nicht
seyn ist eine Kluft, die die Natur nicht
übersteigen kann; sie kann so wenig Etwas in Nichts verwandeln, als sie aus
Nichts Etwas hervorbringen kann.

Ich

Ich fordere nicht mehr für die Seele, als man mir für jedes Dunſttheilchen einräumt; nicht mehr für die Kraft zu denken, als man jeder einfachen Bewegungskraft zugeſtehet. Wäre ſie die Kraft eines zuſammgeſetzten Weſens; ſo würde ſie, wie die zuſammengeſetzte Bewegungskräfte in ihre Elemente aufgelöſet werden; da ſie aber nicht aus Elementen beſtehet, ſo findet dieſe Art des Unterganges nicht Statt, und eine völlige Zernichtung iſt allen Naturkräften unmöglich.

Vier-

Vierte Betrachtung.

Ueber die Gedanken des Herrn D'A-
lembert, die Spiritualität der Seele
betreffend.

Herr D'Alembert (siehe desselben Me-
langes de Litterature d'Histoire & Philosophie Tom. II. pag. 105.) führet einige Schwierigkeiten an, die dem Weltweisen im Wege stehen sollen, ohne Hilfe der Religion, und, wenn man seinen
Worten trauen darf, sogar ohne Hilfe
einer entscheidenden Kirche sich von der
Immaterialität der Seele zu versicheren.
Er giebt zwar das Uibergewicht der
Gründe für die Geistigkeit der Seele
zu; allein die Dunkelheiten, die man
gleichwohl nach dieser Voraußsetzung allenthalben wahrnimmt, sollen sich nicht
an-

anders, als durch den Glauben zer=
streuen lassen. Man erlaube mir die
Gedanken dieses Weltweisen zu prüfen.
Wir wollen sehen, ob wir das Ansehen
eines Pabstes, oder einer Kirche brau=
chen, um diesen Knoten zu zerhauen.

Zuförderst muß ich erinnern, daß
Herr D'Alembert die Beweise für die
Spiritualität eben nicht in ihrer größten
Stärke vorträgt. Er schränkt sich bloß
auf die schwache Bemerkung ein, das
zwischen Ausdehnung und Gedanken nicht
das geringste Verhältniß zu bemerken
sey; qu'il n'y a en effet aucun *rapport
apparent* &c. und dieses sind die Grün=
de, die er davon anführt;

Ein

Ein Marmorblock scheint weder Empfindung, Begriffe, Willen zu haben, noch derselben fähig zu seyn; zwischen der Materie, aus welcher der Marmorblock, und derjenigen, aus welcher der menschliche Körper bestehet, sind oder scheinen keine andere als materiále Unterscheidungen zu seyn, in Figur, Farbe, Weichheit, und Härte der Theile, und in der Flüssigkeit einiger derselben; zwischen dem menschlichen Körper, und einem Uhrwerke, das einige Verrichtungen desselben nachahmet, wie die Mechanik zuweilen hervorbringet, ist der Unterscheid noch geringer. Warum sollte jener Empfindung und Gedanken haben, dieses aber nicht? Was scheinet zwischen der Hand eines Leichnams, die man am Feuer hält, und der Hand eines Lebendigen, die demselben ausgesetzt ist, für

ein

ein anderer Unterscheid zu seyn, als die
Bewegung des Bluts, die in jener gehemmt ist? Und was für Verhältniß
scheinet zwischen der Bewegung des Bluts
und der Empfindung Statt zu finden,
die der Lebendige hat, der Leichnam aber
nicht hat? Diese einfältige Betrachtungen, setzt Herr D'Alembert hinzu, beweisen sie nicht hinreichend, daß Empfinden
und Denken einer anderen Quelle zuzuschreiben sey, als der Materie? Ich
glaube den Leser in den Stand gesetzt
zu haben, diesen in der That etwas zu
leicht scheinenden Gründen einiges Gewicht beyzulegen. Alles, was der menschliche Körper von Marmorblock verschiedenes hat, läßt sich auf Bewegung zu-
rückführen; denn die Organisation selbst
ist nichts anderes, als die Zusammensetzung gewisser materiálen Theile, wo-

durch)

durch das Ganze zu diesen oder jenen
Bewegungen aufgelegt wird. Nun ist
die Bewegung nichts anderes, als die
Veränderung des Orts, oder der Lage;
diese Veränderung selbst aber ist noch
von der Vorstellung dieser Veränderung
sehr weit unterschieden, und es leuchtet
in die Augen, daß durch alle mögliche
Veränderungen in der Welt, sie mögen
noch so zusammengesetzt seyn, kein Wahrnehmen dieser Veränderungen zu erhalten sey, und daß also durch die künstli-
che Organisation der Materie keine Vorstellung hervorgebracht werden könne.
So weit reichen die Gedanken des Cartesius; die zwar überführend sind, aber
noch einige Dunkelheit zurücklassen. Hingegen setzet die Betrachtung die oben hin-
zugefügte Streitfrage in das helleste
Licht und entscheidet völlig für die Spi-

                                    ritua-

ritualität. Alle Materie bestehet aus
Theilen; das Ganze kann keine Kraft
haben, davon die Elemente nicht auch
den Theilen zukommen. Wenn die ein=
zelne Vorstellungen, so in den Theilen
der Seele isolirt wären, wie die Gegen=
stände in der Natur, so wäre das Gan=
ze nirgend anzutreffen. Wir würden kein
Haus, sondern isolirte Steine, keine
Harmonie, sondern isolirte Töne; kein
Ganzes, sondern einzelne Theile denken;
wir würden die Eindrücke verschiedener
Sinnen nicht vergleichen, die Vorstel=
lungen nicht gegeneinander halten, keine
Verhältnisse wahrnehmen, keine Bezie=
hungen erkennen, das ist, weder denken,
noch empfinden können. Denn in den
einfachsten sinnlichen Empfindungen lie=
gen Verhältnisse und Beziehungen ver=
borgen, die wir wahrnehmen müssen,

wenn

wenn die Maſſe unſrer Erkenntniß nicht
ein Chaos ausmachen ſoll, darinn ſich
nicht das geringſte unterſcheidet. Hieraus iſt klar, daß nicht nur zum Denken,
ſondern auch zum Empfinden vieles in
Einem zuſammen muß. Da aber die
Materie niemals ein einziges Subjekt
wird, ſondern allezeit aus vielen Theilen beſtehet, ſo muß das Denken und
Empfinden ein einfaches unmateriáles
Weſen zur Quelle haben.

Wir wollen uns nunmehr gefaßt machen die Menge von Fragen anzuhören,
die Herr D'Alembert dem Weltweiſen
vorlegt, der ſich von der Unkörperlichkeit ſeiner Seele überzeugt zu ſeyn glaubet. Wir müſſen aber folgende Maxi-
men nicht aus den Augen laſſen. 1)
Ein jeder Liebhaber der Wahrheit ſey

ſtolz

stolz genug, sich durch kein Ansehen der Person blenden, durch keine Schwierigkeit abschröcken zu laßen, mit eigenen Augen zu sehen. Grosse Männer haben diese Schwierigkeit unauflöslich gefunden? — Vielleicht gelingt es unserer Kleinigkeit sie aufzulösen? — Jahrhunderte hat man hierüber vergeblich philosophirt? — Wer weiß, was morgen geschieht; ein jeder prüfe seine Kräfte, und versuche, wie weit er kommen kann. 2) Der Weltweise seye nie zu eitel, zur rechten Zeit mit der Antwort einzutreten, die unserer Schwachheit so angemessen anständig ist: Dies weis ich nicht. Aus dem Wahne, auf alle Frage eine Antwort in Bereitschaft zu haben, sind die ungereimtesten Meynungen entsprungen, die der Philosophie zur Unehre gereichen. 3) Weil wir dieses und jenes nicht wis-

sen,

sen, folget daraus noch nicht, daß wir
gar nichts wissen. Wenn wir gleich vom
Zirkel das Verhältniß des Durchmessers
zum Umkreise nicht ganz genau wissen,
so sind die Wahrheiten, die in der Geo=
metrie von dem Zirkel gelehret werden,
nichts destoweniger unumstößlich. So
wenig wir die Völker kennen, die in den
innersten Theilen von Afrika sich aufhal=
ten, so sind uns doch die Völker nicht
unbekannt, die hier und da an der Küste
wohnen. Und nunmehro zu den Fragen
selbst:

Wenn die Materie, und die denken=
de Substanz gar nichts gemein haben,
woher kömmt es dann, daß das Zu=
nehmen und Abnehmen die Verände=
rung und überhaupt die Vollkommen=
heit, oder die grössere und geringere

Ge=

Gewalt unserer Organen auf unsere
Empfindungen Neigung und Begriffe
einen so merklichen Einfluß haben?

Ich glaube den Leser in dem Stand
gesetzt zu haben, auf diese Fragen mit einiger Befriedigung zu antworten. Zwischen der Materie, und der denkenden
Substanz findet doch wenigstens folgendes Verhältniß Statt. Jene ist das Objekt, das vorgestellet wird, dieses das
Subjekt, dem diese Vorstellungen zukommen. Das nämliche Verhältniß ungefähr, wie zwischen Spiegel und Objekt,
wenn der Spiegel die Bilder wahrnehmen könnte, die sich hinter ihm abma-
len. Die Bilder verhalten sich zu den
Objekten, wie die sinnliche Begriffe in
der Seele zu der Materie, die sie veranlasset. Mit diesen sinnlichen Begriffen

D   ste-

stehen unsere Kräfte des Verstandes und
des Willens in der genauesten Verbindung. Daraus siehet man schon etwas
deutlicher, wie die Materie einen sehr
starken Einfluß haben könne auf die Kräfte des Geistes, ob sie gleich von dispa-
rater Natur sind. Was haben einige
Züge und Karaktere auf einem weissen
Blatte, oder einige Worte, die mir jemand leise ins Ohr sagt, mit den Leidenschaften meiner Seele gemein? wie
können sie meinen Zorn, meine Betrübniß, Schrecken, Wuth, Freude, und
welche Leidenschaft man will, erregen?
Geschieht dieses nach mechanischen Gesetzen, nach den Regeln der stossenden und
anziehenden Kräfte, oder muß hier der
Materialist selbst höhere philosophische
Gesetze zugeben, nach welchen dieser
Uebergang geschieht?

Wie

Wie kann man begreifen, daß zwey
Substanzen, die schlechterdings verschieden seyn, nicht das geringste gemein haben sollen , und gleichwohl
auf einander einen so starken und wirklichen Einfluß haben?

Aufrichtig! das weiß ich nicht.
Aber kann der Materialist besser begreifen, wie Materie auf Materie wirken
kann? Der Uebergang der Handlung
aus dem Wirkenden in das Leidende ist
sowohl in Materiälen als Unmateriälen
etwas sehr unbegreifliches. Durch die
Aehnlichkeit des Wirkenden mit dem Leidenden wird die Sache nicht deutlicher.
Man sieht keinen Grund, warum ähnliche Dinge sich einander leichter etwas
mittheilen können, als unähnliche. Wer
hat noch zu erklären gewußt , wie eine

Kus

Kugel die andere in Bewegung setzen
kann? Mich dünkt, die Schwierigkeiten,
die der Materialist nicht heben kann,
darf der Dualist getröst unerörtert lassen.

Was können wir uns wenigstens
nach den Begriffen, die wir durch die
Gewohnheit erlanget haben, für einen Unterscheid vorstellen, zwischen
dem absoluten Nichts und einem Wesen, das keine Materie ist? Diesem
Einwurf zu begegnen, sagt man zwar,
daß die Gedanken, der Wille weder
lang, noch breit, noch gefärbt, und
dennoch etwas wären. Dieses ist wahr,
allein die Bewegung, die Schwere,
u. s. w. sind weder breit, noch lang,
noch gefärbt, und sind auch etwas,
und gehören sogar der Materie zu.
Die Schwierigkeit ist nicht Abänderun-

gen

gen zu begreifen, die nicht ausgedehnt
sind, sondern sich das Subjekt dieser
Abänderung ohne Ausdehnung zu denken.

Gut, daß Herr D'Alembert selbst diese Schwierigkeit nur nach den Begriffen, die uns die Gewohnheit beybringt,
für erheblich hält. In der That sind
wir der sinnlichen Eindrücke so sehr gewohnt, und sie überführen uns auch mit
einer solchen Evidenz von dem Daseyn
ihrer Gegenstände, daß wir geneigt sind,
uns alles unter einem sinnlichen Bilde
vorzustellen; und was ein solches Bild
nicht annehmen will, für nichts zu achten. Allein die Wahrheit redet nicht immer die Sprache der Gewohnheit. Herr
d' Alembert hat im Vorhergehenden die
Materie erklärt durch etwas ausgedehn-

tes,

tes, das undurchdringlich ist. Beide,
sowohl die Ausdehnung, als Undurchdringlichkeit sind Begriffe, die eigentlich
in der Seele ihren Sitz haben. Wir
schreiben aber die Ursachen dieser Begriffe einem aufferen Objekte zu, und dieses
Objekt nennen wir Materie. Das
Subjekt hingegen, in welchem diese Begriffe entstehen, nennet man Seele.
Mit welchem Rechte können wir ver-
verlangen, daß das Subjekt nothwendig
die Eigenschaft des Objekts haben müsse? Die Materie ist am Ende (mehr
wissen wir in der That nicht davon) ein
Wesen, daß in der Seele Begriffe von
Ausdehnung und Undurchdringlichkeit,
u. s. w. hervorbringen kann, die Seele,
sagen wir, ist ein Wesen, das diese Begriffe mit allen ihren Abänderungen haben kann. Die Gewohnheit, spricht die-

se

se Seele, ist nichts, wenn sie nicht Materie ist; das heißt, antwortet die Vernunft, ein Wesen, das Begriffe von
Ausdehnung und Undurchdringlichkeit
hat, ist nichts; wenn es auch nicht Begriffe von Ausdehnung und Undurchdringlichkeit erregen kann. Mit welchem
Grunde können wir dieses behaupten?
Müssen wir nicht erst Begriffe von Ausdehnung und Undurchdringlichkeit haben,
bevor wir von diesen Modifikazionen, die
in uns vorgehen, auf ein Objekt schliessen, das ausser uns anzutreffen ist,
und das wir Materie nennen? Wie
kommen wir also dazu, uns selbst zu einem solchen Objekte zu machen? Herr
d'Alembert kann sich wohl Modifikazionen denken, die nicht ausgedehnt sind,
und damit es keine Schwierigkeit; allein
wir sollen uns kein Subjekt dieser Mo-

D 4   difi-

difikazionen denken können, das nicht
ausgedehnt sey. Ich wünschte, daß es
diesem Weltweisen gefallen hätte, sich
zu erklären, was er unter Modifikazion
im Gegensatz mit Subjekt eigentlich verstehe. Nach meinen Begriffen sehe ich
gar nicht ein, warum er denken und Wollen für Modifikazionen hält, Ausdehnung und Undurchdringlichkeit aber lieber
zu Subjekten machen möchte.

Warum kann ein Wesen, das denkt,
nicht eben sowohl ein Subjekt seyn, als
ein Wesen, das die Nerve drückt, und
widerstehet?

Wir hören sehr oft klagen, daß wir
nicht wissen, was die Seele sey?
Ich wünschte, daß man mir zuförderst
antwortete, was die Materie sey?

Wir

Wir sehen und fühlen sie, nicht was sie
ist, sondern was sie wirken kann; denn
wir sehen und fühlen nicht die Objekte,
sondern ihre Eindrücke. Ich frage aber,
was die Materie *sey*, nicht was sie
wirke. Am Ende finden wir die Frage ungereimt; denn man begreifet sehr
wohl, daß es unmöglich sey, die Dinge
anders als durch ihre Wirkungen zu erkennen. Nun auf die Seele! Wir wissen, daß sie wirken kann; denn sie ist
ein Wesen, das empfindet, denket, be-
gehret, verabscheuet, u. s. w. Wir haben sogar ein inneres Selbstgefühl, eine
anschauende Erkenntniß von derselben;
denn wir sind es selbst, die wir empfinden, denken, begehren, und verabscheuen.

Wir dürfen nicht erst, wie bey der
Materie, von den Wirkungen auf die

Ursachen schliessen, um zu erkennen, daß
ein ausgedachtes Objekt vorhanden sey,
sondern wir fühlen unmittelbar uns selbst,
und unsere Wirkungen; und gleichwohl
wollen wir noch wissen, was die See=
le sey?

Wenn die Materie von dem Wesen,
das denkt, empfindet, und will, un=
terschieden ist, wenn überdem dieses
Wesen, das denken, empfinden, und
wollen kann, untheibar ist, wie kömmt
es, daß wir von der einen Seite gleich=
sam durch einen unüberwindlichen Na=
turtrieb unsere Empfindungen in die
verschiedene Theile des Leibes setzen,
die ihre Organen sind; und warum
beziehen wir auf der anderen Seite
niemals unsern Willen auf einen Theil
unsers Leibes auch auf den nicht, der

wohl

wohl der Gegenstand derselben seyn
könnte; als z. B. auf die Füsse den
Willen zu gehen, so wie die Wärme
und Kälte, die wir in diesen Gliedern
empfinden, auch in dieselbe zu setzen.

Was Herr d'Alembert einen unwiderstehlichen Naturtrieb nennet, scheint sich
durch Gewohnheit, Erfahrung, und Vergleichung verschiedener Sinnen begreiflich machen zu lassen. Warum setzen wir
das Gesicht in die Augen? aus keiner
Ursache, dünkt mich, als weil nur wir
die Augen verschliessen, oder wegwenden
dürfen, um nicht zu sehen. Gleiche Bewandniß hat es mit dem Geruche, Geschmack, und Gehör. Sobald diese Organen in den Umständen sind, daß die
empfindbaren Dinge nicht in sie wirken
können, so höret auch die Empfindung
auf.

auf. Dahero die Empfindung auf die
Gliedmaſſen. Worum ſetzen wir, fragt
Herr d' Alembert, Wärme und Kälte,
die wir in den Füſſen empfinden, wirklich in dieſe Glieder; und den Willen zu
gehen, den wir mit den Füſſen ausüben,
nicht? Ich frage, warum können wir
ſogar in einem Gliede zu empfinden glauben, das wir nicht mehr haben? Die
Aerzte bezeugen, daß jemand, dem der
Fuß abgenommen worden, noch eine Zeit
lang bey jeder Veränderung des Wetters
in einem Zehen dieſes Fuſſes hat Schmerzen zu empfinden geglaubt. Geſetzt alſo,
wir machten den ganzen Körper zum Sitz
der Empfindung. Wie können wir in
einem Gliede empfinden, das von unſerm
Körper abgeſondert iſt, das nicht mehr
zu uns gehört? — Die Wahrheit ſcheint
zu ſeyn, daß Sitz der Empfindung, und

Ur

Urſach der Empfindung nicht einerley iſt.
Wir empfinden nicht da, wo wir die Urſache dieſer Empfindung hinzuſetzen ge-
wohnet ſind. Wir ſetzen die ſichtbaren
Dinge auſer uns , ohne ſie daſelbſt zu
empfinden. Auf eine ähnliche Weiſe ſetzen wir die Urſache des Schmerzens in
die Füſſe, obgleich der Sitz der Empfindung daſelbſt nicht ſey der Nerv, der
dahin gehet, oder vielmehr der Urſprung
dieſes Nervs im Gehirne muß wohl der
eigentliche Sitz der Empfindung ſeyn.
Erfahrungsſchlüſſe und Gewohnheit, die
bey dem Menſchen zum Naturtriebe werden können, veranlaſſen uns die Urſache
der Empfindung auf verſchiedene Theile
unſers Leibes zu beziehen , und zuweilen in die Extremitäten derſelben zu ſetzen ; und die Täuſchung der Sinnen
macht es möglich , daß wie ſie in eine

Ex-

Extremität setzen können, die von uns
getrennet worden ist, so lange, bis der
Erfahrungssatz, daß wir diese Extremität nicht mehr besitzen, sich dem Gemüthe genug eingeprägt, und die Täuschung
zernichtet hat.

Es ist eine ausgemachte Sache, eine
unläugbare Wahrheit, daß wir ohne
langer Erfahrung, und wiederholtes Vergleichen des Gesichts mit dem Gefühl
die Gegenstände des Gesichts weder außer uns, noch in gehörigen Abstand von
einander setzen würden. Alle Gegenstände würden aus gefärbten Flächen, und
die ganze sichtbare Natur, wie jenem
Blinden, der sein Gesicht plötzlich wieder erhielt, unmittelbar auf dem Auge
zu liegen scheinen; oder vielmehr sie werden einen verwirrten Eindruck machen,

in

in welchem die Gegenstände wie in einem Chaos zwar liegen, aber nicht unterschieden werden können. Durch Hilfe
und Verbindung des Gefühls mit dem
Gesichte, und durch Vergleichung der verschiedenen Gesichtspunkte lernen wir Körper und Flächen unterscheiden, die Entfernung wahrnehmen, den Abstand sicht-
barer Dinge sowohl von einander, als
von unserm Körper erkennen; und dadurch erlangen wir den deutlichen Anblick der Natur, in welchem wir alles
durch einen Blick zu unterscheiden glauben. Die verwickelteste Erfahrungsurtheile können uns durch öftere Wieder-
holung so zur Gewohnheit werden, daß
wir sie zuletzt für unmittelbare Empfindungen, oder Aeuserungen eines eingepflanzten Naturtriebs halten. Durch
eben so verwickelte Erfahrungsurtheile
ler-

lernen wir den übrigen Empfindungen
ihre Stelle im Körper anzuweisen, und
wo nicht den Sitz, wenigstens die Ursa=
che der Empfindungen in diese Stelle zu
setzen. Wir setzen Wärme und Kälte in
den Fuß, z. B. wenn durch Anwährung
oder Berührung eines warmen oder kal=
ten Körpers ähnliche Empfindungen ent=
standen. Wir setzen den Schmerzen in
den Finger, wenn wir etwa eine Verän=
derung an demselben sehen, oder fühlen
können: wenn durch äusere Wirkung in
demselben sehr oft ähnliche Schmerzen
erzeugt worden sind: wenn der Schmerz
durch die Berührung des Fingers ver=
mehrt oder vermindert wird: wenn die
willkührliche Bewegung des Fingers
schmerzhaft ist: oder vielmehr wir setzen
den Schmerzen in den Finger durch ein
Erfahrungsurtheil, das aus allen diesen

be=

besonderen Wahrnehmungen zusammengesetzt ist, und eine Art von Naturtrieb ausmacht. An und für sich ist die Empfindung des Schmerzens mit keinem Bewußtseyn einer bestimmten Stelle verbunden,
und ohne Hilfe und Verbindungen mit
andern Sinnen würden wir dem Schmerz
eben so wenig als dem Willen einen gewissen Ort im Körper anweisen. Daher
es schwer ist anzuzeigen, wo wir Schmerzen fühlen, wenn der Ort weder gesehen
noch betastet werden kann. In diesem Falle begnügen wir uns dem Schmerzen eine unbestimmte Stelle anzuweisen, im
Kopfe, in der Brust, im Unterleibe, weil
hier die Erfahrung nicht weiter reichet.

Am Ende wirft Herr d'Alembert noch
diese Frage auf, die uns zwar weniger
angehet, aber doch allhier mitgenommen
werden kann.   e   Wenn

Wenn die Seele verschieden ist von
dem Körper, spricht er, wenn sie ein
einfaches Wesen ist, wie sollen wir die
Ungleichheit der Geister begreifen?
Eben so, als wenn man sagen wollte:
Zwey mathematische Punkte wären sich
ungleich. Die natürliche Gleichheit
scheinet dahero eine unläugbare Folge
von der Verschiedenheit der beyden
Substanzen zu seyn.

Diese Frage, sage ich, gehet uns hier
so nahe nicht an; denn da die Meinun=
gen der Weltweisen über die Gleichheit
der Geister ohnedem getheilet sind, so
könnten wir am Ende denen beypflichten,
die für die Gleichheit sind, wenn wir nur
erst überzeugt wären, daß diese Folge
mit der Lehre von der Immaterialität
nothwendig verbunden sey. Herr d'Alembert

bert nimmt ohne Beweis an, daß es keine andere Ungleichheit gebe, als die Ungleichheit in der nämlichen Ausdehnung,
allein mit welchem Rechte?

In der Geometrie setzen wir alle übrige Eigenschaften der Körper bey Seite,
und betrachten diese nur in Absicht auf
ihre Ausdehnung im Raume; daher siehet man wohl, wie in der Geometrie
sich alle Ungleichheit auf Ausdehnung
beziehen muß. Der mathematische Punkt
soll endlich die Gränze der Ausdehnung,
aber selbst nicht ausgedehnt seyn. Man
betrachtet ihn blos als den Ort, wo die
Linie sich endet, oder wo sich zwo Linien
durchschneiden; daher können wir uns
zwischen mathematischen Punkten gar keine Ungleichheit denken. Ist aber die ganze Natur blos Geometrie? Giebt es nicht

au-

außer der Ausdehnung noch einige andre Eigenschaften, worinn die Dinge unterschieden seyn können, und selbst Eigenschaften von einerley Art können sie nicht von ungleichen Graden seyn?

In der Lehre von der Bewegung werden dem mathematischen Punkte verschiedene Sollicitationen zur Bewegung zugeschrieben, und dieses ist schon eine Eigenschaft, darinnen sie sich ohne Ausdehnung ungleich seyn können; denn jeder Ansatz zur Bewegung hat seinen bestimmten Grad der Geschwindigkeit, und dieser kann es in dem einen Punkte größer, in dem andern kleiner seyn.

Je mehr Eigenschaften der Dinge wir zulassen, desto mehr Ungleichheit finden bey demselben Statt. Herr d'Alembert hat

hat im Vorgehenden selbst bemerkt, daß
es keine Schwierigkeit habe sich Modifikazionen zu denken, die nicht ausgedehnt
sind, als z. B. Schwere, Bewegung,
Denken, Wollen, u. d. g. Wenn nun diese Modifikazionen verschiedene Grade zulassen, wie z. B. die Schwere ungleiche Geschwindigkeiten, die Gedanken ungleiche Klarheit, der Willen ungleiche
Heftigkeit, oder überhaupt wie die Kräfte der Dinge von ungleicher Stärke seyn
können, so ist ja nicht zu läugnen, daß
es, außer der räumlichen Ausdehnung,
so viel Ungleichheiten als Eigenschaften
der Dinge gebe. Wer also dem einfachen Wesen eine Kraft zu empfinden und
zu denken zuschreibet, was hindert ihn dieser Kraft in jedem Individuo einen bestimmten Grad der Lebhaftigkeit, Einheit,
Stärke, u. s. w. zuzuschreiben, und hier-

aus

aus die unendliche Verschiedenheit und
Ungleichheit der Geister entstehen zu lassen.

In der That, da die Erkenntniß und
Begehrungskräfte der Menschen so viele
besondere Fähigkeiten und Neigungen erhalten, so hat Herr d'Alembert zweyerley zu beweisen, wenn wir die Nothwendigkeit seiner Folgen einräumen sollen.
Er muß beweisen

1.) Daß alle einfache Substanzen
dieselbe Fähigkeiten und Neigungen besitzen, und

2.) Daß ihnen diese auch in glei-
chem Grade zukommen müssen.

Das Erste bin ich geneigt zuzugeben,
denn es scheinet mir wirklich keine Fähigkeit, keine Neigung irgend einem vernünftigen Wesen ganz versagt zu seyn. Allein
alle diese Kräfte und Neigungen können

von

von verschiedener Stärke und Wirksam=
keit seyn, und daraus in der Mischung
die unendliche Ungleichheit entstehen, die
wir unter den Menschen wahrnehmen.

Diesemnach können wir die Seele für
eine einfache Substanz halten, und die
Frage noch immer unerörtert lassen, ob
die Seele der Menschen nicht sich von
Natur gleich, und blos der Organisazion
und der Erziehung ihre Ungleichheit zu
verdanken habe? Diese Frage ist in übri=
gen, wie Herr d'Alembert wohl bemerkt,
blos spekulativ; denn einmal ist es aus=
gemacht, daß unsre Seele von der Be=
schaffenheit der Organen abhänge, daß
die Erziehung, worunter ich das Klima,
die Nahrungsmittel, die Regierungsform,
den Umgang, u. s. w. mitbegreiffe, zum
Theil vermittelst der sinnlichen Werkzeu=

ge

ge, zum Theil auch unmittelbar einen großen Einfluß auf die Seele haben, und endlich, daß es niemals zween Menschen gegeben, die vollkommen gleiche Werkzeuge gehabt, und eine vollkommen gleiche Erziehung genossen hätten. Mithin kann die Entscheidung der Frage von der natürlichen Gleichheit oder Ungleichheit der Geister keinen praktischen Nutzen haben. Beide Fälle gelten uns gleich, wenn wir die Geister nehmen, wie sie die Natur giebt, mit ungleichen Organen verbunden, und jeden in seiner besonderen Sphäre von äuserlichen Umständen, die ihn verschiedentlich bestimmen; die Geister mögen sich gleich oder ungleich gesetzt werden, die Menschen können nicht anders als verschieden seyn.

Verlanget man indessen einige Gründe, um diese Frage ohne Rücksicht auf einen

prak=

praktischen Nutzen zu entscheiden, so scheinet es mir der Harmonie und der vollkommensten Ordnung gemäß, daß die Geister und Körperwelt sich beständig parallell bleiben, und daher mit ungleichen Werkzeugen auch ungleiche Geister gegeneinander vollkommen so verhalten, wie die Organen, die sie beseelen. Die Regeln der Weisheit scheinen diese vollkommene Uebereinstimmung zu fordern, und so lange man die Unmöglichkeit derselben nicht bewiesen hat, kann man sie in den Werken der Natur keck voraussetzen. Man muß, wie ich glaube, die Ungleichheit der Geister entweder für schlechterdings unmöglich halten, oder zugeben, daß der allerweiseste Werkmeister der Natur nicht Gleiches mit Ungleichen verbunden haben wird. Man fragt : wenn die Seele eines Menschen plöszlich in dem Körper

eines anderen Menschen versetzet wer=
den sollte, wie würden sie sich verhal=
ten? Nach meinen Grundsätzen würde
ich antworten: so wie diese Versetzung
nicht ohne Wunderwerk geschehen kann,
eben so muß ein zweytes Wunderwerk
geschehen, die Seele mit ihrem neuen
Werkzeuge gleichsam bekannt zu machen,
wenn sie in ihrem neuen Zustande empfin=
den und denken soll. Ich glaube, daß
ohne ein Wunderwerk die Seele weder von
aller organisirten Materie abgesondert,
noch mit andern Organen verbunden seyn
könne, als mit welchen ihre Kräfte über=
einstimmen, und daß sie mit keinen an=
dern Organen übereinstimmen, als mit
denen, die von ihnen wirklich beseelt wer=
den.

Ich sage, die Seele kann weder em=
pfinden, noch denken, wenn sie nicht ei=

ne

ꝛe Porzion organisirter Materie zum Werkzeuge der Empfindungen hat; und hierin werden die mehresten Weltweisen wohl mit mir übereinstimmen. Der Grund davon? — Der eingeschränkte Geist des Menschen kann nicht alle Gegenstände unmittelbar empfinden: wenn er die nächsten Gegenstände unmittelbar wahrnimmt, so wird er die entferntere nur vermittelst der Veränderungen erkennen, die sie in den nächsten hervorbringen: dieses sind die Eigenschaften, die allen Gliedmassen der Sinne, oder vielmehr dem gemeinschaftlichen Werkzeuge derselben zukommen. Es sind Porzionen organisirter Materie, deren Veränderungen die Seele unmittelbar empfindet, und dadurch sie auch andere sinnliche Dinge, aber nur mittelbar wahrnimmt. So empfindet die Seele bey dem schon zunächst nur die Eindrüdrücke auf dem netzförmigen Häutchen, oder gar im Gehirne; aber vermittelst derselben auch andere sichtbare Dinge, und ihre Eigenschaften. Eine ähnliche Beschaffenheit hat es mit den übrigen Sinnen; und wie ist es auch anders möglich, wenn die Seele nicht alles Sinnliche unmittelbar empfinden soll? Diejenige Porzion Materie also, deren Modifikazionen die Seele unmittelbar empfindet, wird ihr Werkzeug genennet; weil sie vermittelst derselben auch von andern Gegenständen unterrichtet wird, die nicht unmittelbar auf sie wirken können. Nur derjenige Geist bedarf keines Werkzeuges, der allenthalben gegenwärtig ist; das heißt: der alle Theile dieses unermeßlichen Weltalls unmittelbar durchschaut.

Daß

Daß aber die Seele nur mit ihren eigenen Organen umzugehen wisse, und in jedem andern Gehirne nicht zu Hause seyn würde, werden einige Weltweisen nicht zugeben, diejenigen nämlich, welche der Seele selbst keine bleibende Eigenschaft zukommen lassen. Nach ihrer Meinung erwerbt die Seele in der Verbindung mit dem Körper nichts, das in ihr fortdauere. Sie behält weder Begriffe, noch Fertigkeit, noch Neigungen: denn alles dieses sind Modifikazionen der Organen, nicht der Seele. Dieser schreiben sie bles das Vermögen zu, in dem gemeinschaftlichen Werkzeuge gleichsam zu lesen. In einem andern Werkzeuge würde sie die Züge, die demselben eingedrückt sind, eben so gut lesen können. Sie würde vollkommen so empfinden und denken, als wenn sie niemals ein ande-

re

res Gehirn gekannt hätte, sondern von
jeher mit diesem in Verbindung gewesen
wäre. Allein ich denke mir in den Werken des Schöpfers eine weit grössere Harmonie. Ich glaube, was in den Organen der Seele nach den Gesetzen der körperlichen Natur geschieht, gienge zu gleicher Zeit und mit gleichen Schritten auch
in der Seele nach ihren eigenen Gesetzen
vor; so wie in den Organen Eindrücke
des Vergangenen zurückbleiben, so müssen auch in der Seele Begriffe des Vergangenen zurückbleiben. Sind im Gehirne materiále Spuren der erworbenen
Fähigkeiten und Neigungen anzutreffen,
so muß das Geistige auch in der Seele
fortdauern. Da wir nun gesehen, daß in
unsern sinnlichen Empfindungen selbst das
Vergangene sich einmische, indem viele
durch Gewohnheit und Uebung erlangte

Er-

Erfahrungsurtheile unvermerkt miteins
fliessen, und die sinnliche Empfindung mo-
dificiren; so ist offenbar, daß auch die
Begriffe des Vergangenen in dem Gehirne harmoniren müssen, wenn die Seele
das Gegenwärtige wahrnehmen soll. Mit
einem andern Werkzeuge, als das sich
gleichsam mit ihr zugleich gebildet hat,
kann sie ohne Wunderwerke niemals in
Harmonie kommen; und ohne diese Harmonie können die Verrichtungen der Seele niemals von statten gehen, als wenn
man das Haupt eines Thieres auf den
Rumpf eines andern Thieres setzen wollte. Ohne Wunderwerk würde weder Nerv
auf Nerv, noch Muskel auf Muskel, noch
Ader auf Ader passen, und die sich fremden Theile niemals zusammen ein ganzes
Thier ausmachen.